会计与财务专业"十四五"精品教材

会计信息化

（用友U8 V13.0）

主　编◎王少营　张根连　杨丹熹
副主编◎周智敏　宗晓雪　李　慧
　　　　杨　敏　易珍珍　谭根尧
　　　　黄国钰　叶　娟

北京希望电子出版社
Beijing Hope Electronic Press
www.bhp.com.cn

内 容 简 介

本书覆盖了系统管理、基础档案构建、总账系统初始化配置、日常财务操作流程、期末结账流程、报表编制与分析、应收款项管理系统、应付款项管理等多个关键领域，为学习者搭建了一个系统的会计信息化知识框架，以提升理论和实践能力。

本书共 10 章，第 1 章至第 3 章主要介绍了会计信息化的系统管理、基础档案设置和总账系统初始化设置；第 4 章至第 6 章详细讲解了总账日常业务处理、总账期末处理和利用报表模板生成报表的方法；第 7 章和第 8 章重点阐述了报表格式的定义和报表数据处理的技巧；第 9 章和第 10 章分别介绍了应收款管理和应付款管理的相关知识和技能。

本书配套资源包含案例解析和强化实训的操作素材。本书既可作为应用型本科、职业院校会计与财务专业的教材使用，也可作为会计信息化培训教材使用。

图书在版编目（CIP）数据

会计信息化 / 王少营，张根连，杨丹熹主编.
北京 : 北京希望电子出版社，2024. 8.
ISBN 978-7-83002-889-3

Ⅰ．F232
中国国家版本馆 CIP 数据核字第 2024QY8806 号

出版：北京希望电子出版社	封面：赵俊红
地址：北京市海淀区中关村大街 22 号	编辑：周卓琳
中科大厦 A 座 10 层	校对：龙景楠
邮编：100190	开本：787 mm×1092 mm　1/16
网址：www.bhp.com.cn	印张：17.5
电话：010-82620818（总机）转发行部	字数：448 千字
010-82626237（邮购）	印刷：三河市中晟雅豪印务有限公司
经销：各地新华书店	版次：2024 年 8 月 1 版 1 次印刷

定价：59.80 元

前 言　PREFACE

　　会计信息化作为会计与现代信息技术深度融合的产物，是信息社会对企业财务管理模式提出的新要求，也是企业适应数字化、网络化时代潮流的关键战略举措。它并非技术层面的简单应用，而是将会计信息视为企业核心管理资源，通过全面运用计算机、网络通信等信息技术手段，对会计数据进行高效、精准的获取、处理、传输及应用，进而为企业的经营管理、内部控制、战略决策提供实时、全面、深入的信息支持。

　　会计信息化的发展，不仅解决了传统会计电算化中存在的"信息孤岛"问题，促进了财务信息与其他业务信息的无缝对接与共享，还极大地提升了会计工作的效率与准确性，增强了企业的竞争力。它使企业能够基于更广泛、更及时的数据分析，做出更加科学、合理的决策，推动企业管理水平向更高层次迈进。

　　用友 U8 不是一款单纯的 ERP 产品，更是一个集财务管理、供应链管理、销售管理、生产制造、客户关系管理、人力资源管理等多功能于一体的企业管理平台，它还具备灵活性和可定制化等特点，企业可以根据自身需求进行定制开发，满足不同行业、不同规模企业的管理需求。

　　本书深入讲解了用友 U8 的关键内容和操作技能，让读者能够从基础到高级逐步掌握必要的知识和技能。每个章节都精心设计了基本认知、技能解析、案例解析、强化训练和课后习题等内容，以促进理论与实践的有效结合。

　　本书具有以下特点。

　　1. 结构清晰，内容全面

　　本教材对系统管理、基础档案设置、总账系统初始化设置、日常业务处理、期末处理、报表生成与处理、应收款管理、应付款管理等方面进行了全面的阐述，为读者提供了一套完整的会计信息化知识体系。

　　2. 实用性强

　　本教材在介绍理论知识的同时，注重实际操作技能的培养。通过大量的样题解答和强化训练，读者应能将理论知识应用于实际工作中，提高会计工作的效率和质量。

　　3. 语言简练，通俗易懂

　　本教材力求用简练的语言、通俗易懂的方式讲解会计信息化的相关知识，使读者能够快速掌握会计信息化的基本技能。

  本教材由王少营（聊城职业技术学院）、张根连（吉林工商学院）、杨丹熹（广东轻工职业技术学院中职部）担任主编，由周智敏（广东轻工职业技术学院）、宗晓雪（武汉市青少年宫）、李慧（泰安技师学院）、杨敏（重庆电讯职业学院）、易珍珍（都安瑶族自治县职业教育中心）、谭根尧（广州市从化区职业技术学校）、黄国钰（青岛华夏职业学校）、叶娟（重庆财经职业学院）担任副主编。

  本书在编写过程中力求严谨细致，但由于编者水平有限，疏漏之处在所难免，望广大读者批评指正。

编 者
2024 年 6 月

目 录 CONTENTS

第1章 系统管理

1.1 基本认知 …………………………… 002
   1.1.1 用友U8概述…………………… 002
   1.1.2 系统管理的主要功能 ………… 004
   1.1.3 系统管理的应用流程 ………… 005
1.2 技能解析 …………………………… 006
   1.2.1 登录系统管理 ………………… 006
   1.2.2 增加用户 ……………………… 007
   1.2.3 建立企业核算账套 …………… 010
   1.2.4 系统启用 ……………………… 012
   1.2.5 设置用户权限 ………………… 013
   1.2.6 账套输出 ……………………… 014
1.3 案例解析 …………………………… 015
1.4 强化训练 …………………………… 029
本章小结 ………………………………… 036
课后习题 ………………………………… 036

第2章 基础档案设置

2.1 基本认知 …………………………… 038
   2.1.1 认识企业应用平台 …………… 038
   2.1.2 基础档案设置注意事项 …… 041
2.2 技能解析 …………………………… 042
   2.2.1 机构人员 ……………………… 042
   2.2.2 客商信息 ……………………… 043
   2.2.3 存货 …………………………… 045
   2.2.4 财务 …………………………… 048
   2.2.5 收付结算 ……………………… 053
   2.2.6 其它 …………………………… 054
2.3 案例解析 …………………………… 054

2.4 强化训练 …………………………… 078
本章小结 ………………………………… 089
课后习题 ………………………………… 089

第3章 总账初始化设置

3.1 基本认知 …………………………… 091
   3.1.1 总账系统的基本功能 ……… 091
   3.1.2 总账初始化的意义 …………… 094
3.2 技能解析 …………………………… 094
   3.2.1 总账选项设置 ………………… 094
   3.2.2 录入期初数据 ………………… 099
3.3 案例解析 …………………………… 100
3.4 强化训练 …………………………… 106
本章小结 ………………………………… 110
课后习题 ………………………………… 110

第4章 总账日常业务处理

4.1 基本认知 …………………………… 112
   4.1.1 总账管理日常业务
       处理的工作流程 ……………… 112
   4.1.2 总账日常业务处理的
       主要内容 ……………………… 112
4.2 技能解析 …………………………… 118
   4.2.1 填制凭证 ……………………… 118
   4.2.2 复核凭证 ……………………… 120
   4.2.3 记账 …………………………… 121
   4.2.4 修改凭证 ……………………… 121
   4.2.5 删除凭证 ……………………… 122
   4.2.6 冲销凭证 ……………………… 123

I

4.2.7	查询凭证	124
4.2.8	登记支票登记簿	125
4.2.9	银行对账	126
4.2.10	基本会计账簿查询	127
4.2.11	辅助核算账簿查询	129

4.3 案例解析 130
4.4 强化训练 140
本章小结 145
课后习题 145

第 5 章　总账期末处理

5.1 基本认知 147
  5.1.1 总账期末处理的工作流程 147
  5.1.2 总账期末处理的主要内容 147
5.2 技能解析 149
  5.2.1 自定义转账凭证 149
  5.2.2 生成自定义凭证 151
  5.2.3 对自定义凭证进行审核记账 152
5.3 案例解析 152
5.4 强化训练 159
本章小结 162
课后习题 163

第 6 章　利用报表模板生成报表

6.1 基本认知 165
  6.1.1 报表模板的作用 165
  6.1.2 利用报表模板生成报表的步骤 166
6.2 技能解析 166
  6.2.1 调用报表模板 166
  6.2.2 录入关键字 166
6.3 案例解析 167
6.4 强化训练 171
课后小结 173
课后习题 173

第 7 章　报表格式定义

7.1 基本认知 176
  7.1.1 UFO 报表基本功能 176
  7.1.2 报表编制的工作流程 178
  7.1.3 报表格式设计 178
7.2 技能解析 181
  7.2.1 单元类型 181
  7.2.2 关键字 181
  7.2.3 报表公式设置 182
7.3 案例解析 184
7.4 强化训练 193
本章小结 199
课后习题 200

第 8 章　报表数据处理

8.1 基本认知 202
  8.1.1 表页管理 202
  8.1.2 数据计算 203
  8.1.3 报表审核 204
  8.1.4 舍位平衡 204
  8.1.5 图形处理 204
  8.1.6 报表输出 205
8.2 技能解析 205
  8.2.1 格式状态与数据状态 205
  8.2.2 生成报表 205
8.3 案例解析 206
8.4 强化训练 209
本章小结 211
课后习题 212

第 9 章　应收款管理

9.1 基本认知 214
  9.1.1 应收款管理系统基本功能 214
  9.1.2 应收款管理系统的应用流程 215
  9.1.3 应收款管理系统初始化 216

9.1.4 应收款管理系统日常业务处理 …… 221
9.2 技能解析 …………………… 226
  9.2.1 设置基本科目 ………… 226
  9.2.2 结算方式科目设置 …… 226
  9.2.3 录入应收期初余额 …… 226
  9.2.4 与总账对账 …………… 227
  9.2.5 收款单据录入、审核制单 ………………… 227
  9.2.6 核销处理 ……………… 227
  9.2.7 转账处理并生成凭证 … 228
9.3 案例解析 …………………… 228
9.4 强化训练 …………………… 237
课后小结 …………………………… 243
课后习题 …………………………… 243

第10章 应付款管理

10.1 基本认知 ………………… 245
  10.1.1 应付款管理系统基本功能 ……………… 245
  10.1.2 应付款管理系统的应用流程 …………… 246
  10.1.3 应付款管理系统初始化 ………………… 246
  10.1.4 应付款管理系统日常业务处理 ………… 252
10.2 技能解析 ………………… 255
  10.2.1 设置基本科目 ……… 255
  10.2.2 结算方式科目设置 … 255
  10.2.3 录入期初余额 ……… 255
  10.2.4 与总账对账 ………… 256
  10.2.5 核销处理 …………… 256
  10.2.6 转账处理并生成凭证 … 256
10.3 案例解析 ………………… 256
10.4 强化训练 ………………… 263
本章小结 ………………………… 268
课后习题 ………………………… 268

参考答案 ………………………… 269
参考文献 ………………………… 271

第1章
系统管理

本章导读

随着计算机技术、网络通信及管理软件的日益成熟，企业信息化得到迅速普及，越来越多的企业通过选购商品化管理软件来管理企业日常业务，提高了工作效率和管理水平。

会计信息化是企业信息化的一个重要组成部分，它是指企业利用计算机、网络通信等现代信息技术手段开展会计核算，以及利用上述技术手段将会计核算与其他经营管理活动有机结合的过程。本教程将以用友U8 V13（以下简称用友U8）为蓝本介绍企业会计信息化的核心应用，主要包括用友U8中的系统管理、企业应用平台、总账、UFO报表、应收款管理和应付款管理。本章所介绍的系统管理是企业会计信息化的起点。

学习目标

- 理解系统管理的作用
- 用户管理
- 企业建账
- 权限管理
- 账套输出及引入

> **素质要求**

> **会计人员职业道德规范**
>
> 一、坚持诚信，守法奉公。牢固树立诚信理念，以诚立身、以信立业，严于律己、心存敬畏。学法知法守法，公私分明、克己奉公，树立良好职业形象，维护会计行业声誉。
>
> 二、坚持准则，守责敬业。严格执行准则制度，保证会计信息真实完整。勤勉尽责、爱岗敬业，忠于职守、敢于斗争，自觉抵制会计造假行为，维护国家财经纪律和经济秩序。
>
> 三、坚持学习，守正创新。始终秉持专业精神，勤于学习、锐意进取，持续提升会计专业能力。不断适应新形势新要求，与时俱进、开拓创新，努力推动会计事业高质量发展。

1.1 基本认知

1.1.1 用友U8概述

用友U8是一款经典的财务软件，主要聚焦成长型、创新型企业，提供企业级云ERP整体解决方案，全面支持多组织业务协同、营销创新、智能财务、人力服务，构建产业链制造平台，融合用友云服务，实现企业互联网资源连接、共享、协同。它主要从4个方面协助企业进行经营管理。

1. 全面整合财务、生产制造和供应链，延伸客户管理至客户关系管理，实现零售和分销的全面应用

系统管理将财务管理、生产制造和供应链管理等多个模块进行了全面集成，这意味着企业可以在同一个平台上进行多个业务领域的管理和操作，提高了工作效率和数据准确性。系统管理不仅涵盖了传统的客户管理功能，还进一步延伸到客户关系管理（CRM）。通过CRM模块，企业可以更好地了解客户需求，建立和维护客户关系，提高客户满意度和忠诚度。系统管理针对零售和分销行业的特点进行了全面整合，这意味着企业可以在同一个平台上进行零售和分销业务的管理和操作，实现销售、库存、订单等数据的实时同步和管理。

2. 完善预算管理和费用管控体系，精细管理和控制日常费用

系统管理具有完善的预算管理和费用管控体系，这意味着它能够为企业提供全面的费用管理解决方案。

系统管理能够帮助企业制定预算计划，包括收入、支出和利润等方面的预测和规划。通过设定预算指标和限制条件，企业可以更好地控制和管理各项费用，确保资金的合理分配和使用。

系统管理对日常费用进行精细管理和控制。它提供了多种费用管理功能，包括费用报销、差旅费管理、采购管理等。企业可以通过系统记录和跟踪各项费用的发生和支付情况，实现费用的实时监控和分析。同时，系统还支持设置费用审批流程和权限，确保费用的合规性和准确性。

3. 用友报账集成后，将费用管控从"预算+报销"的模式转变为"预算+报销+行为管理"的新模式

用友报账集成后，模式的转变意味着在原有预算和报销的基础上，增加了对员工行为的管理。这种模式不仅提高了费用管控的效率和准确性，还加强了对员工行为的管理和引导，有助于企业对费用的有效控制和管理。

首先，预算管理是企业费用管控的基础。通过制定预算计划，企业可以明确各项费用的支出限额和用途，从而实现对费用的有效控制。报账集成后，预算管理更加便捷高效。企业可以通过系统进行预算编制、审批和调整，实现预算的动态管理。同时，系统还可以提供预算执行情况的实时监控和分析，帮助企业及时发现和解决费用超支等问题。

其次，报销管理是企业费用管控的重要环节。传统的报销流程烦琐、耗时长，容易出现报销单据丢失、报销金额不准确等问题。用友报账集成后，报销管理更加规范和高效。员工可以通过系统提交报销申请，填写相关费用明细和提交附件，系统会自动进行费用核算和审批流程。同时，系统还可以提供报销记录的查询和统计功能，方便企业进行费用分析和决策。

最后，行为管理是企业费用管控的新趋势。传统的费用管控主要关注费用的发生和支出情况，而忽视了员工的行为对费用的影响。用友报账集成后，行为管理成为费用管控的重要组成部分。企业可以通过系统设置费用使用规则和行为准则，对员工的费用使用行为进行约束和监督。例如，系统可以设置费用的使用权限、限制费用的报销范围等，防止员工滥用费用。同时，系统还可以提供员工费用使用行为的数据分析和报告，帮助企业了解员工的费用使用情况。

4. 创新平台聚焦智能制造、数字营销和智慧财税三大领域

用友U8创新平台专注于智能制造、数字营销和智慧财税三大领域的综合性解决方案。它通过整合先进的技术和创新的思维，为企业提供了一套全面的商业管理工具，帮助企业实现数字化转型和业务创新，提高了企业的竞争力和盈利能力。

在智能制造领域，用友U8商业创新平台致力于推动制造业的智能化升级。它通过引入物联网、大数据、人工智能等技术，实现了生产过程的自动化和智能化。企业可以通过平台实时监控生产数据，对数据进行分析和预测，提高生产效率和质量。同时，平台还提供了供应链管理、设备维护等功能，帮助企业实现全面的生产管理。

在数字营销领域，用友U8商业创新平台为企业提供了一套完整的数字化营销解决方案。它通过整合线上线下渠道，实现了全渠道的营销管理和数据分析。企业可以通过平台进行市场调研、客户分析、广告投放等活动，提高市场营销效果。同时，平台还提供了电

子商务、社交媒体营销等功能，帮助企业拓展市场份额和提升品牌影响力。

在智慧财税领域，用友U8商业创新平台为企业提供了一套智能化的财务管理工具。它通过整合财务数据和税务信息，实现了财务核算和税务申报的自动化。企业可以通过平台进行财务报表生成、税务申报、风险控制等活动，提高财务管理效率和准确性。同时，平台还提供了财务分析、预算管理等功能，帮助企业进行财务决策和战略规划。

1.1.2 系统管理的主要功能

系统管理是用友U8中的一个特殊模块，如图1-1所示。如同建造高楼大厦要预先打牢地基一样，系统管理模块的作用是对整个系统的公共任务进行统一管理，用友U8中任何其他模块的运行都必须以此为基础。

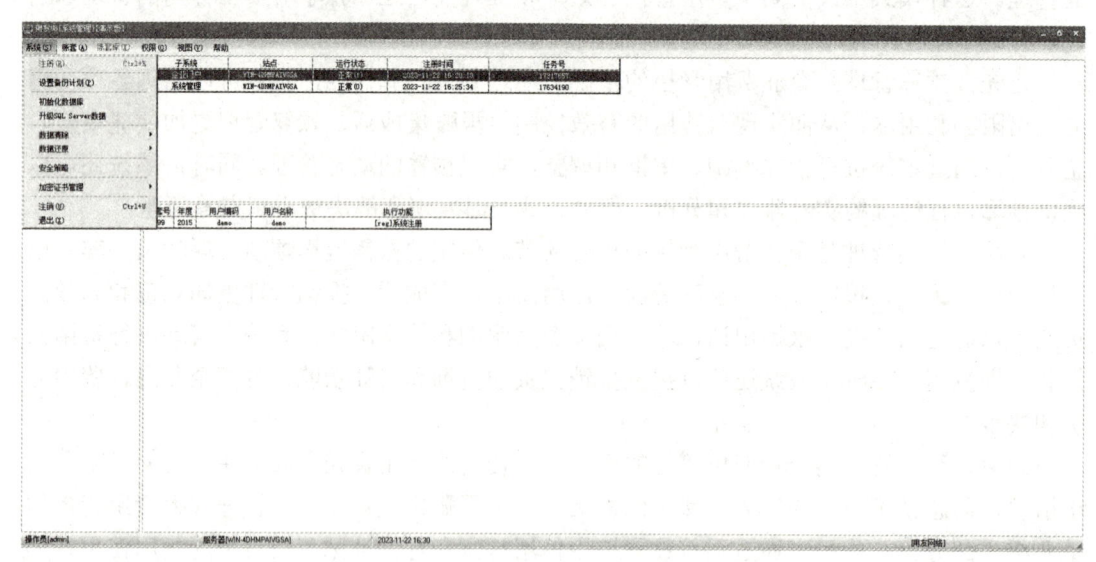

图1-1 系统管理窗口

系统管理的主要功能包括以下几个方面。

1. 账套管理

账套是一组相互关联的数据。每一个独立核算的企业都有一套完整的账簿体系，把这样一套完整的账簿体系建立在计算机系统中就是一个账套。每一个企业也可以为其每一个独立核算的下级单位建立一个核算账套。换言之，在用友U8中，可以为多个企业（或企业内多个独立核算的部门）分别立账，且各账套数据之间相互独立、互不影响，使资源得到充分的利用，系统最多允许建立999个企业账套。

账套管理功能一般包括建立账套、修改账套、删除账套、引入/输出账套等。

2. 账套库管理

账套库和账套是两个不同的概念。账套是账套库的上一级，账套是由一个或多个账套库组成的。一个账套对应一个经营实体或核算单位，账套中的某个账套库对应这个经营实体的某年度区间内的业务数据。例如，通达机械建立"102账套"并于2022年启用，然后在2023年初建2023的账套库，则"101通达机械"账套中有两个账套库，即"101通达机械

2022年"和"102通达机械2023年"。如果连续使用，也可以不建新库，直接录入2023年数据，则"102通达机械"账套中就只有一个账套库，即"102通达机械2022~2023年"。

设置账套和账套库两层结构的优点是：第一，便于企业的管理；第二，方便数据备份、输出和引入；第三，减少数据的负担，提高使用效率。

账套库管理包括账套库的建立、引入、输出、账套库初始化和清空账套库数据。

3. 用户及权限管理

为了保证系统及数据的安全，系统管理提供了权限管理功能。通过设定用户的权限，一方面可以避免与业务无关的人员进入系统，另一方面可以协调U8系统包含的各个模块的操作，以保证各负其责，流程顺畅。

用户及权限管理包括设置角色、设置用户及为用户分配功能权限。

4. 系统安全管理

对企业来说，系统运行安全、数据存储安全是非常重要的，U8系统管理中提供了3种安全保障机制。第一，在系统管理界面，可以监控整个系统运行情况，随时清除系统运行过程中的异常任务和单据锁定；第二，可以设置备份计划，让系统自动进行数据备份，在账套管理和账套库管理中也可以随时进行人工备份；第三，可以管理上机日志，上机日志会详细记录系统的所有操作，为快速查明问题原因提供了线索。

1.1.3 系统管理的应用流程

为了帮助读者快速掌握系统管理的应用，以图示的方式总结初次使用系统管理的应用流程，如图1-2所示。

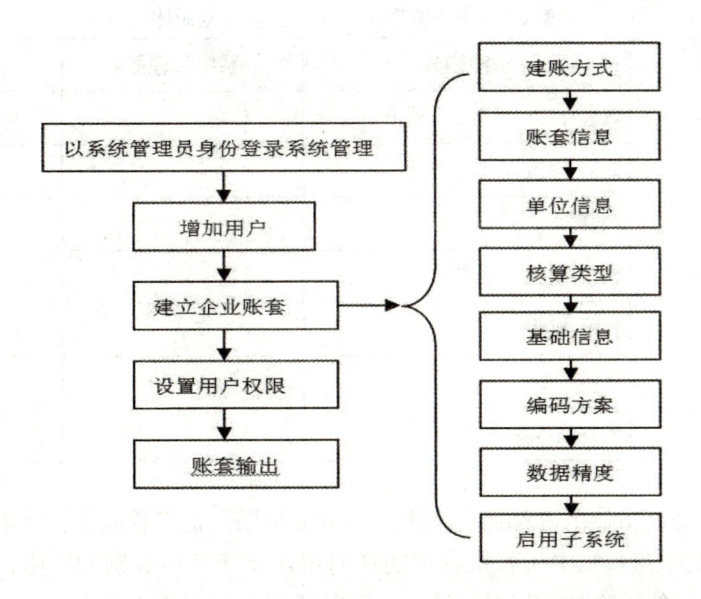

图1-2 初次使用系统管理的应用流程

1.2 技能解析

1.2.1 登录系统管理

1. 谁能登录系统管理

鉴于系统管理模块在用友U8中的重要地位,对系统管理模块的使用予以严格控制。系统仅允许两种身份登录系统管理:一种是系统管理员的身份,另一种是账套主管的身份。系统管理员和账套主管无论是工作职责还是在U8中的权限都是不同的。

在企业中,系统管理员主要负责信息系统安全,具体包括数据存储安全、系统使用安全和系统运行安全。系统管理员的主要工作包括监控系统日常运行、网络及系统维护、防范安全风险、数据备份、系统用户权限管理等内容。系统管理员的工作属于技术性的,不能参与企业的实际业务处理工作。

账套主管是企业中某业务领域的业务主管,如财务主管,他要根据企业发展需要及业务现状,确定企业会计核算的规则、U8各个系统的参数设置、组织企业业务的处理按规范流程运行。账套主管是U8中权限最高的用户,拥有所有系统的操作权限。

系统管理员和账套主管工作性质不同,在U8中拥有的权限也就不同。两者权限的对比如表1-1所示。

表1-1 系统管理员和账套主管权限对比

U8中的系统	功能细分	系统管理员	账套主管
系统管理	账套-建立、引入、输出	√	
	账套-修改		√
	账套库		√
	权限-角色、用户	√	
	权限-权限	√	√
	视图	√	
企业应用平台	所有业务系统		√

需要注意的是,虽然两者都拥有为用户赋权的权限,但在权限范围上有很大的差别。系统管理员可以为U8系统中所有账套中的任何用户赋予任何级别的权限;账套主管只能对其所登录的账套的用户赋予权限,并且不能赋予某用户账套主管权限。

2. 如何登录系统管理

无论登录用友U8中的哪个模块,其登录界面都是相同的,如图1-3所示。

图1-3 U8登录界面

登录系统时，需要输入以下内容。

（1）登录到哪个应用服务器？

"登录到"后面的文本框中为U8应用服务器的名称或IP地址。在教学环境中以单机方式应用时，应用服务器即为本机；企业信息化应用模式下，U8安装完成后要进行应用服务器和数据服务器、客户端和应用服务器的互联。

（2）什么人登录系统？

在信息系统中，与手工操作时代依赖签字盖章来明确责任人身份的传统方式不同，系统采用"操作员+密码"的登录机制来验证用户身份。用户需在登录界面的"操作员"字段后的文本框中输入系统中已预设的操作员编号或姓名，并通过相应的密码完成身份认证。一旦成功登录，系统便会自动追踪并记录该操作员处理各项业务时的活动，通过这一方式清晰界定经济责任归属，确保操作的可追溯性和责任的明确化。

（3）登录到哪个企业账套？

U8系统支持多账套，每个账套代表不同的企业。操作员登录时需要从"账套"下拉列表中选择自己所属的企业。

（4）语言区域。

在右上角，用友U8系统提供简体中文、繁体中文、英文等多个语言版本，默认为"简体中文"。

1.2.2 增加用户

企业开始应用U8管理业务之前，首先要确定企业中哪些人员可以操作系统，并对操作人员的操作权限进行限定，以避免无关人员对系统进行非法操作。同时也可以对系统所包含的各个功能模块的操作进行协调，使得流程顺畅，并保证整个系统和会计数据的安全。

1.角色与用户

在用友U8中,角色与用户是不同的概念。

角色是指在企业管理中具有某一类职能的组织,这个组织可以是实际的部门,也可以是由具有同一类职能的人构成的虚拟组织。例如,实际工作中最常见的是会计和出纳,他们既可以是同一个部门的人员,也可以分属不同的部门,但工作职能是一样的。设置角色后,则可以定义角色的权限,在用户归属某一角色后,也相应地拥有了该角色的权限。设置角色的优点在于可以根据职能统一划分权限,方便授权。图1-4所示为账套主管的角色情况。

用户是指有权登录系统,并能在系统中进行操作和查询的企业人员,即通常意义上的"操作员"。每次注册及登录系统,都需核实用户身份。用户和角色的设置不分先后顺序,但对于自动传递权限而言,应该首先设定角色,然后分配权限,最后进行用户的设置。在设置用户时,选择其角色,它会自动拥有该角色的权限(包括功能权限和数据权限)。一个角色可以拥有多个用户,一个用户也可以分属于多个不同的角色。

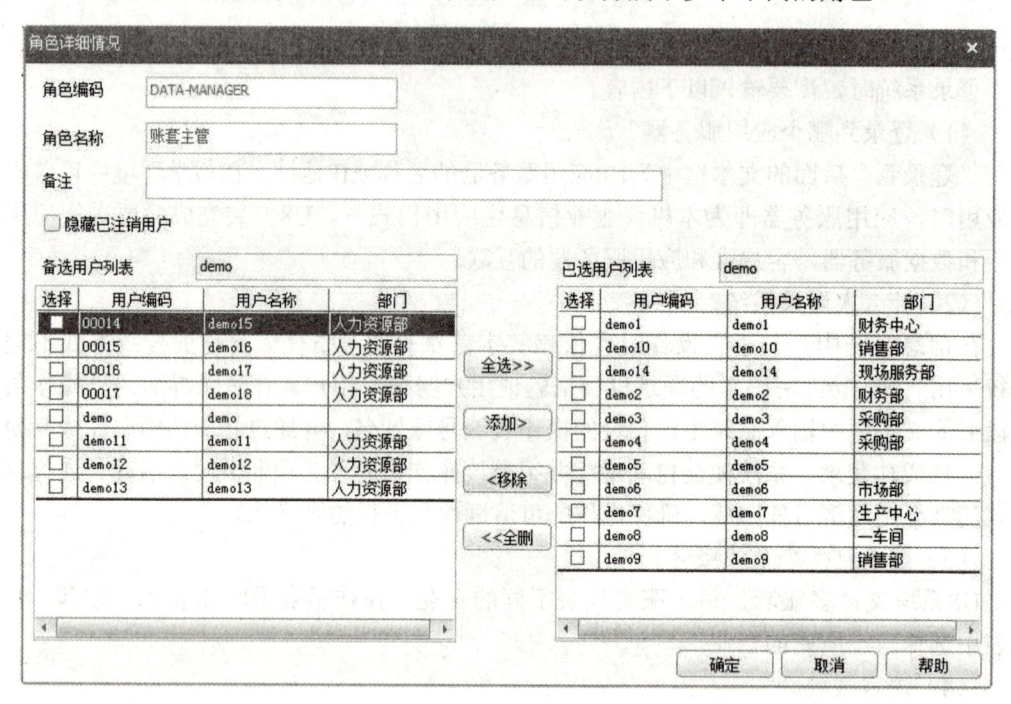

图1-4 角色-账套主管

2.用户管理

用户管理包括增加用户、修改用户和删除用户。

(1)增加用户。

企业中每一个需要使用U8的人员都需要建立用户。在U8系统中,用户编码和登录密码是唯一的。用户登录时,U8系统以此识别用户身份,并开放该用户的操作权限。增加用户需填写操作员的详细情况,其界面包括的信息如图1-5所示。

图1-5 增加用户

- 编号：用户编号在U8系统中必须唯一，即使是不同的账套，用户编号也不能重复。
- 姓名：准确输入该用户的中文姓名。用户登录U8操作业务时，此处的姓名将会显示在业务单据上，以明确经济责任。
- 用户类型：分为普通用户和管理员用户两种。普通用户指登录系统进行各种业务操作的人；管理员用户的性质与admin相同，他们只能登录系统管理进行操作，不能接触企业业务。
- 认证方式：提供用户+口令（传统）、动态密码、CA认证、域身份验证4种认证方式。用户+口令（传统）是U8默认的用户身份认证方式，即通过系统管理中的用户管理来设置用户的安全信息。
- 口令：设置操作员口令时，为保密起见，输入的口令在屏幕上以"*"号显示。
- 确认口令：再次输入口令，通过验证口令一致性来确保口令正确。
- 所属角色：系统预置了账套主管、预算主管、普通员工3种角色。

（2）修改用户。

当用户工作岗位发生变化或因故调离时，需要对该用户信息进行修改。如果工作调整涉及工作权限的更改，则要修改用户所属角色；如果该用户从企业离职，则要注销当前用户。

1.2.3 建立企业核算账套

为了方便操作，用友U8中设置了建账向导，用来引导用户完成建账，如图1-6所示。建立企业账套时，需要向系统提供账套信息、单位信息、核算类型、编码方案和数据精度。

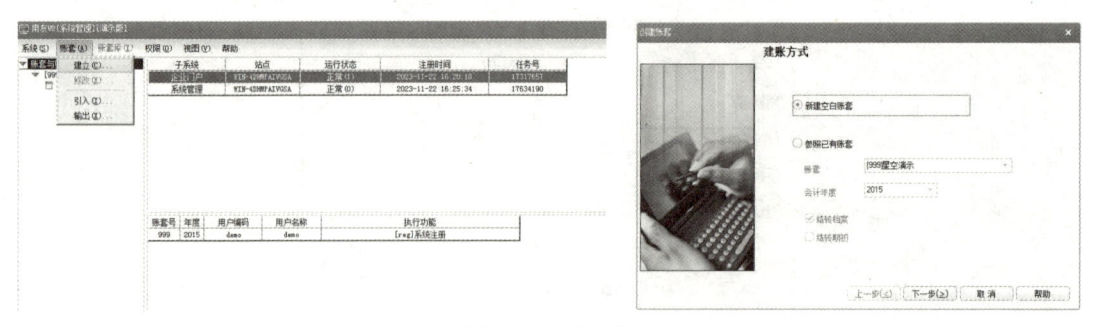

图1-6 建账向导

1. 账套信息

账套信息包括"账套号""账套名称""账套语言""账套路径""启用会计期"等，如图1-7所示。

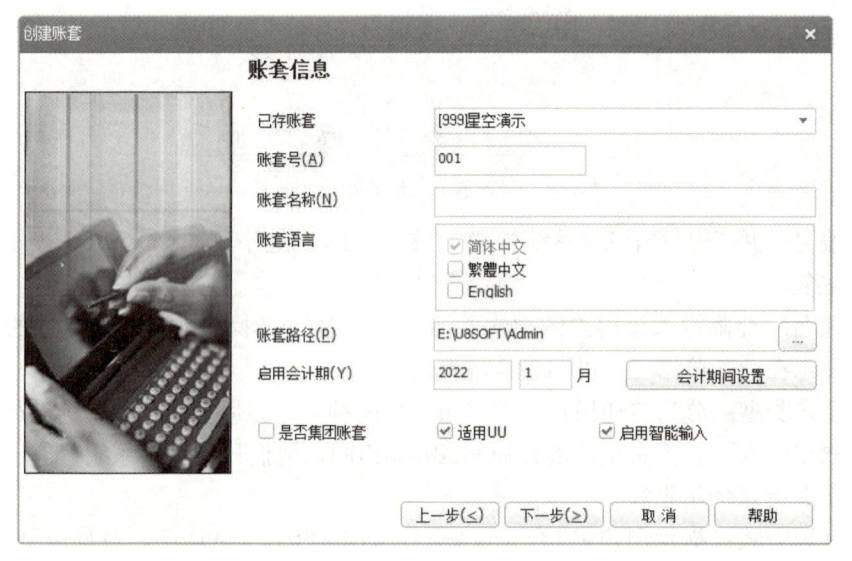

图1-7 账套信息

用友U8支持建立多个企业账套，因此必须设置账套号作为区分不同账套数据的唯一标识。

账套名称一般用来描述账套的基本特性，可以用核算单位简称或该账套的用途来命名。账套号与账套名称是一一对应的关系，共同代表特定的核算账套。

账套路径用来指明账套在计算机系统中的存放位置，为方便用户，应用系统中一般预设一个存储位置，称其为默认路径，但允许用户更改。

账套启用日期用于规定该企业使用计算机进行业务处理的起点，一般要指定年、月。"启用会计日期"在第一次初始设置时设定，一旦启用便不可更改。在确定账套启用日期的同时，一般还要设置企业的会计期间，即确认会计月份的起始日期和结账日期。

2. 单位信息

核算单位基本信息包括单位的名称、简称、地址、邮政编码、法人代表、通信方式等。

以上各项信息中，必填项是单位全称，若没输入单位名称，则会弹出"系统管理"对话框，提示输入单位名称，如图1-8所示。打印发票时需要使用企业全称，其余情况使用企业的简称。

3. 核算类型

核算类型包括本币代码、本币名称、企业类型、行业性质、科目预置语言和账套主管等，如图1-9所示。

记账本位币是企业必须明确指定的，通常系统默认为人民币，很多软件也提供以某种外币作为记账本位币的功能。为了满足多币种核算的要求，系统都提供设置外币及汇率的功能。

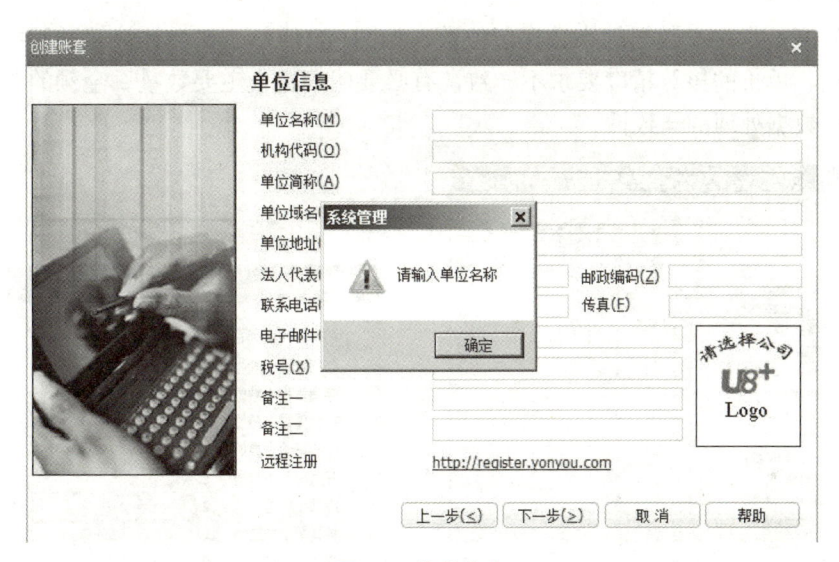

图1-8 单位信息

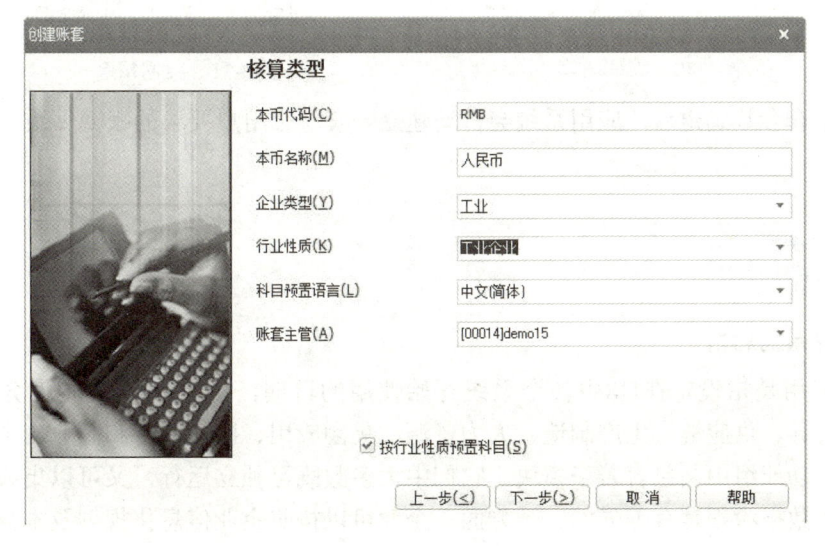

图1-9 核算信息

011

企业类型是区分不同企业业务类型的必要信息，选择不同类型的企业，系统在业务处理范围上会有所不同。

行业性质决定企业所执行的会计制度。为了方便用户，系统一般内置不同行业的一级科目供用户选择，在此基础上，用户可以根据本单位的实际需要增设或修改必要的明细核算科目。

4．编码方案

编码方案是对企业关键核算对象进行分类级次及各级编码长度的指定，以便于用户进行分级核算、统计和管理，如图1-10所示。可分级设置的内容一般包括科目编码、客户分类编码、存货分类编码、部门编码、地区分类编码、结算方式编码和供应商权限组等。编码方案的设置取决于核算单位经济业务的复杂程度及其核算与统计要求。

5．数据精度

数据精度是指定义数据的小数保留位数，如图1-11所示。在会计核算过程中，由于各企业对数量、单价的核算精度要求不一致，有必要明确定义主要数量、金额的小数保留位数，以保证数据处理的一致性。

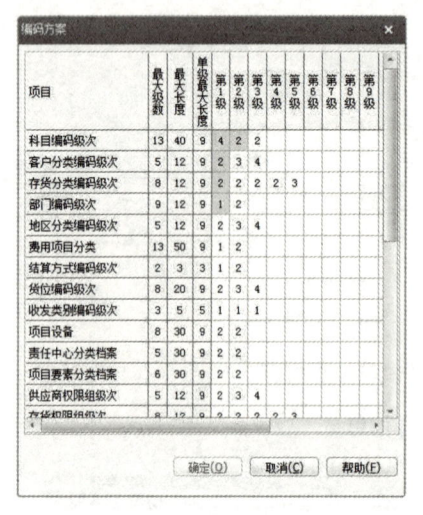

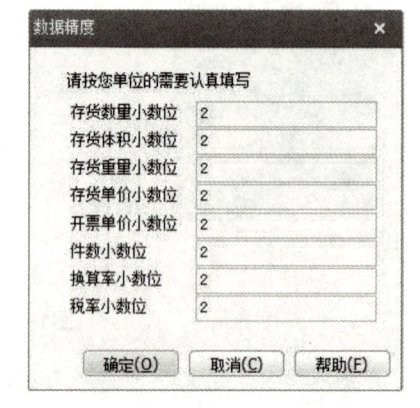

图1-10 编码方案　　　　　图1-11 数据精度

以上账套参数确定后，应用系统会自动建立一套符合用户要求的账簿体系。

1.2.4 系统启用

1．理解系统启用

系统启用是指设定在U8中各个系统开始使用的日期。用友U8管理软件分为财务会计、管理会计、供应链、生产制造、人力资源、集团应用、决策支持和企业应用集成等功能组，每个功能组中又包含若干模块，它们中大多数既可独立运行，又可以集成使用，但两种用法的数据流程是有差异的。一方面，企业可以按照企业信息化规划及本身的管理特点选购不同的系统；另一方面，企业也可以采取循序渐进的策略，有计划地先启用一些模块，之后再启用另外一些模块。系统启用为企业提供了选择的便利，它可以表明企业在何时启用了哪些系统。只有设置了系统启用的模块才可以登录。

2．系统启用的方法

系统启用有两种方法。一种是由系统管理员在系统管理中创建企业账套时进行系统启用设置，如图1-12所示；另一种是在建立账套时未设置系统启用，则由账套主管在企业应用平台基本信息中进行系统启用的设置。

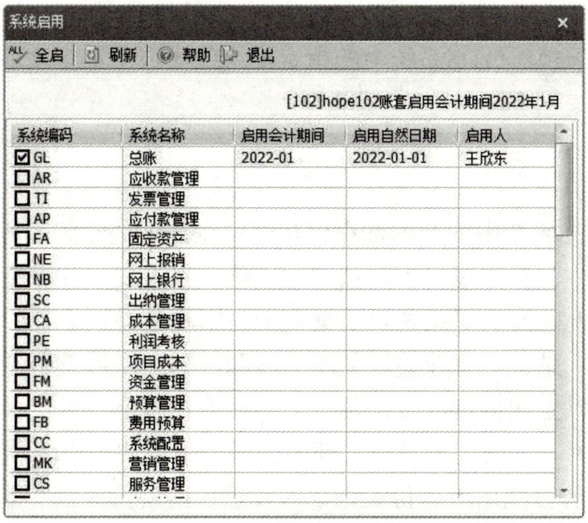

图1-12　系统启用

1.2.5　设置用户权限

在U8系统中增加操作员之后，若没有赋予操作员任何权限，则该操作员虽然能登录用友U8，却无法进行任何操作。因此，需要按照企业内部控制的要求，根据工作岗位为操作员分配操作权限，如图1-13所示。

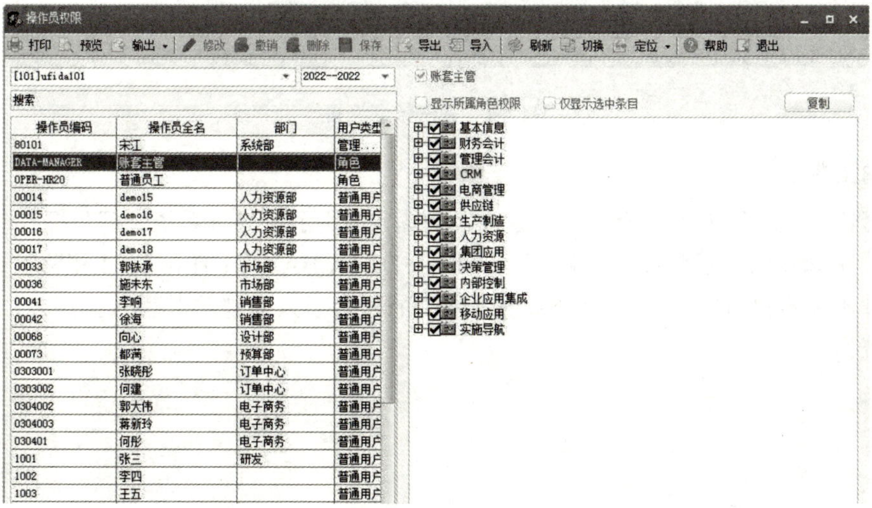

图1-13　设置操作员权限

013

1. 谁可以为操作员赋权

系统管理员和账套主管都可以为操作员赋权,但两者在行使赋权功能时略有区别。系统管理员可以给操作员赋账套主管权限,而账套主管没有该项权利。

2. 如何为操作员赋权

为操作员赋权时,首先要选择企业账套,即确定为操作员赋予哪个账套的权限;然后选择操作员,即确定给谁赋权;最后选择要给操作员赋予的权限。

从权限级别上,账套主管是U8系统中权限最高的操作员,一个账套可以有多个账套主管。此外,可以赋予操作员U8系统中的指定模块或模块中某个功能的操作权限。

1.2.6 账套输出

所有输入到用友U8系统中的数据都存储在SQL Server数据库管理系统中。

企业在实际运营中,存在很多不可预知的风险,如火灾、计算机病毒、误操作、人为破坏等,任何一种情况的发生对系统及数据安全的影响都是致命性的。如何在意外发生时将企业损失降至最低,是每个企业共同关注的问题。因此,系统必须提供一个保存机内数据的有效方法,并可以定期将机内数据备份到不同的介质上。备份数据一方面用于意外发生后恢复数据之用,另一方面用于异地管理的公司,可以解决审计和数据汇总的问题。

用友U8提供了两种方式用于备份数据,即设置自动备份计划和账套输出。

1. 设置自动备份计划

设置自动备份计划是一种自动备份数据的方式。该功能可以实现定时、自动输出多个账套,有效减轻了系统管理员的工作量,保障了系统数据的安全。

以系统管理员或账套主管身份登录系统管理,执行"系统"→"设置备份计划"命令,开始设置自动备份计划,如图1-14所示。系统管理员既可以对账套设置自动备份计划,也可以对年度账设置自动备份计划。账套主管只能对年度账设置自动备份计划。

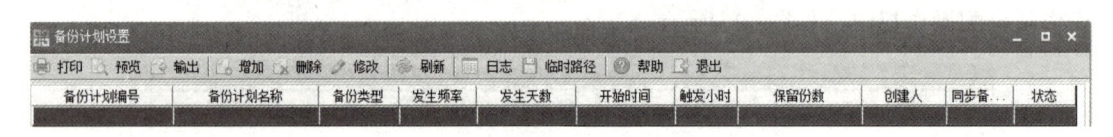

图1-14 备份计划设置

2. 输出账套

账套输出是一种人工备份数据的方式,如图1-15所示。只有系统管理员拥有账套输出的权限。账套输出之后将在指定路径下形成UFDATA.BAK和UfErpAct.Lst两个文件。这两个文件不能直接打开,只能通过系统管理中的账套引入功能将其引入到用友U8后,才能正常查询。

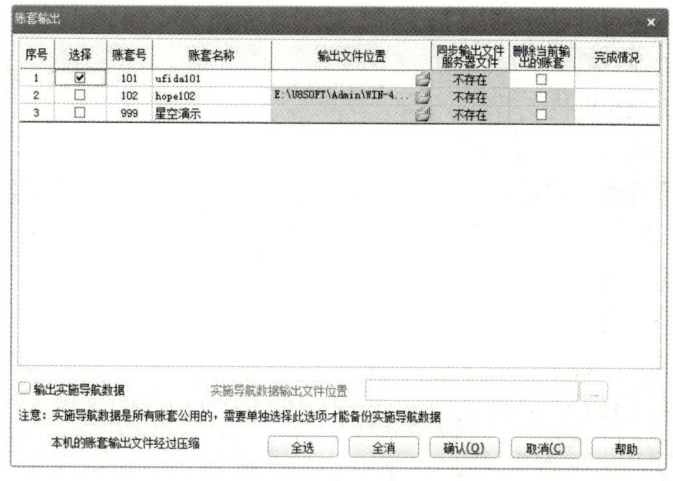

图1-15　账套输出

1.3　案例解析

案例素材

1. 登录系统管理

以系统管理员admin（密码为空）的身份登录用友U8系统管理。

2. 增加用户

增加以下用户，如表1-2所示。

表1-2　用户信息

编号	姓名	口令	所属角色
1011	王欣东	011	账套主管
1012	张华	012	无

3. 建立账套

新建空白账套，账套主要信息如下，其他采用系统默认设置。
（1）账套信息。
账套号：102
账套名称：hope102
启用会计期：2022年1月
（2）单位信息。
单位名称：通达机械设备公司
单位简称：通达
（3）核算类型。
本币代码：RMB

本币名称：人民币
企业类型：工业
行业性质：工业企业
账套主管：王欣东
按行业性质预置科目：是
（4）基础信息。
存货是否分类：是
客户是否分类：是
供应商是否分类：否
有无外币核算：有
（5）编码方案。
科目编码级次：4 2 2
部门编码级次：1 2
结算方式编码级次：1 2
（6）数据精度。
全部采用默认值。
（7）系统启用。
启用总账系统，启用日期为"2022-01-01"。

4.设置用户权限

设置用户张华拥有102账套."公用目录设置"和"总账"的操作权限。

5.输出账套

将102账套输出至"案例解析"文件夹中。

操作步骤

1.登录系统管理

（1）执行"开始"→"所有程序"→"用友U8+V13.0"→"系统服务"→"系统管理"命令，打开"用友U8[系统管理]"窗口，如图1-16所示。

图1-16 "系统管理"窗口

第 1 章 系统管理

(2) 执行"系统"→"注册"命令,打开"登录"系统管理对话框。

(3) 系统中预先设定了一个系统管理员admin,系统管理员的初始密码为空,如图1-17所示。

图1-17 以系统管理员身份登录系统管理

(4) 单击"登录"按钮,以系统管理员身份进入"系统管理"窗口。"系统管理"窗口最下方的状态栏中会显示当前操作员为"admin",如图1-18所示。"系统管理"窗口中显示为黑色的菜单项即为系统管理员在系统管理中可以执行的操作。

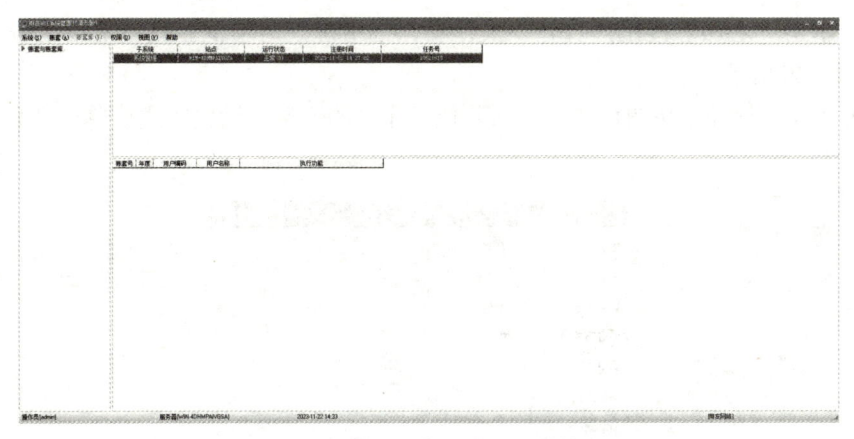

图1-18 以系统管理员身份进入系统管理的界面

> **提示**
>
> 系统管理员的初始密码为空。为保证系统运行的安全性,在企业实际应用中应及时为系统管理员设置密码。
>
> 设置系统管理员密码为"super"的操作步骤:首先在系统管理员"登录"系统管理对话框中勾选"修改密码"的复选框,单击"登录"按钮,打开"设置操作员密码"对话框;然后在"新密码"和"确认新密码"文本框中均输入"super";最后单击"确定"按钮,返回"系统管理"窗口即可。在教学过程中,由于多人共用一套系统,为了避免他人不知道系统管理员密码而无法以系统管理员身份进入系统管理的情况出现,建议不要设置系统管理员的密码。

2. 增加用户

只有系统管理员才能进行增加用户的操作。

（1）以系统管理员身份登录系统管理，执行"权限"→"用户"命令，弹出"用户管理"窗口，如图1-19所示。

图1-19 "用户管理"窗口

（2）单击"增加"按钮，打开"操作员详细情况"对话框。按案例要求输入操作员信息，如图1-20所示。

（3）单击"增加"按钮，依次输入其他操作员的信息。设置完成后单击"取消"按钮退出。

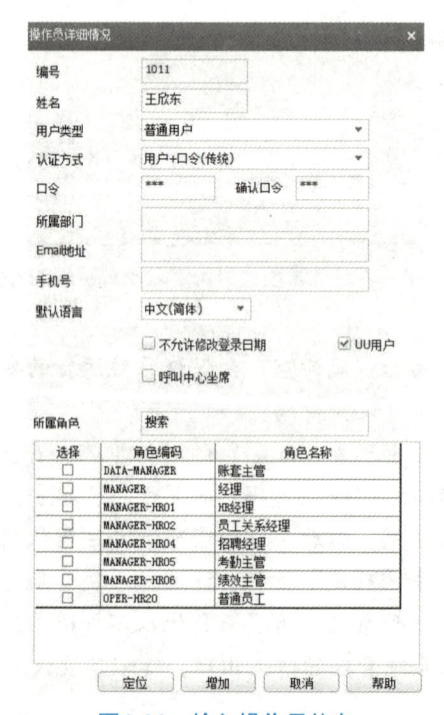

图1-20 输入操作员信息

> 提示
> - 在"增加用户"对话框中,蓝色字体标注的项目为必填项,其余项目为可选项。这一规则适用于用友U8的所有界面。
> - 在增加用户时可以直接指定用户所属角色。如:王欣东的角色为"账套主管"。由于系统中已经为预设的角色赋予了相应的权限,如果在增加用户时就指定了相应的角色,则其自动就拥有了该角色的所有权限。
> - 如果已设置用户为"账套主管"角色,则该用户也是系统内所有账套的账套主管。
> - 如果定义了用户所属角色,则该用户不能删除。若要删除该用户,必须先取消用户所属角色。只要所设置的用户在U8系统中操作过业务,则不能被删除。
> - 如果用户使用过系统又被调离单位,应在用户管理窗口中单击"修改"按钮,在"修改用户信息"对话框中单击"注销当前用户"按钮,最后单击"修改"按钮返回系统管理。此后该用户将无权进入U8系统。

3. 建立账套

只有系统管理员可以建立企业账套。建账过程在建账向导的引导下完成。

(1) 新建空白账套。

以系统管理员身份注册进入系统管理,执行"账套"→"建立"命令,打开"创建账套 - 建账方式"对话框,如图1-21所示。选择"新建空白账套",单击"下一步"按钮,打开"创建账套-账套信息"对话框。

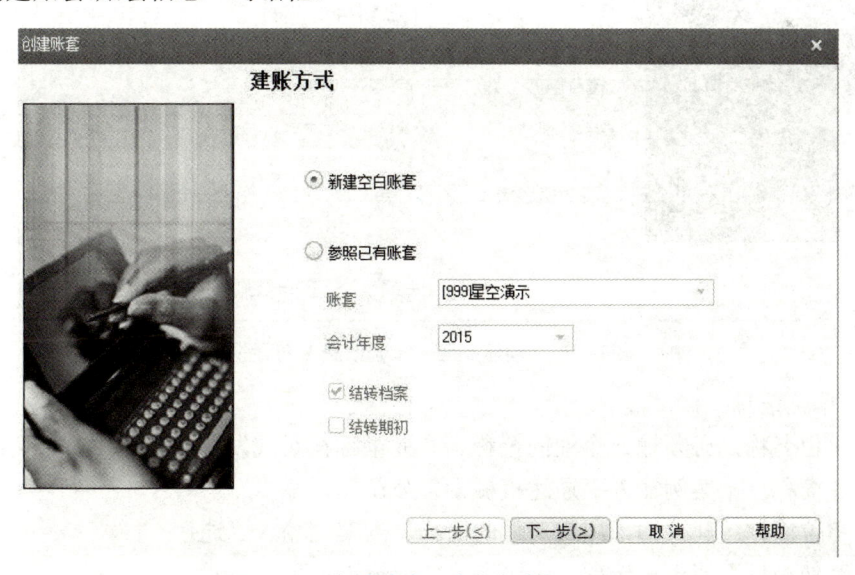

图1-21 "创建账套 - 建账方式"对话框

(2) 账套信息。
- 已存账套:系统将已存在的账套以下拉列表框的形式显示,用户只能查看,不能输入或修改,目的是避免重复建账。

- 账套号：账套号是该企业账套的唯一标识，必须输入，且不得与系统内已经存在的账套号重复。可以输入001~999之间的3个字符，本案例输入账套号为102。
- 账套名称：账套名称可以输入核算单位的简称，该项为必填项，进入系统后它将显示在正在运行的软件界面上。
- 账套语言：系统默认为"简体中文"选项。从系统提供的选项中可以看出，U8还支持繁体中文和英文作为账套语言。
- 账套路径：用来确定新建账套将被放置的位置，系统默认的路径为"E:\U8SOFT\Admin"，用户可以手动更改，也可以单击"…"按钮，更改新建账套的路径。
- 启用会计期：是指开始使用U8系统进行业务处理的初始日期，为必填项。系统缺省为计算机的系统日期，本案例更改为"2022年1月"。系统自动将自然月份作为会计核算期间。
- 是否集团账套：本案例不勾选。

输入完成后，如图1-22所示。单击"下一步"按钮，打开"创建账套 - 单位信息"对话框。

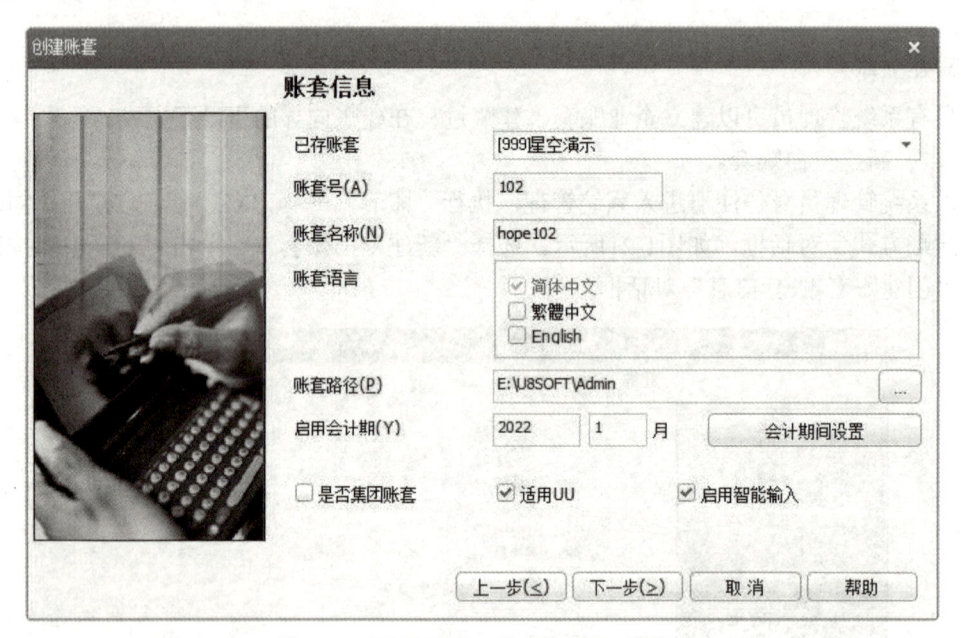

图1-22 "创建账套 - 账套信息"对话框

（3）单位信息。
- 单位名称：必须输入企业的全称。企业全称在正式发票中使用，其余情况使用企业简称。本案例输入"通达机械设备公司"。
- 单位简称：建议输入用户单位的简称，本案例输入"通达"。
- 其他栏目都属于任选项，参照所给资料输入即可。

输入完成后，如图1-23所示，单击"下一步"按钮，打开"创建账套 - 核算类型"对话框。

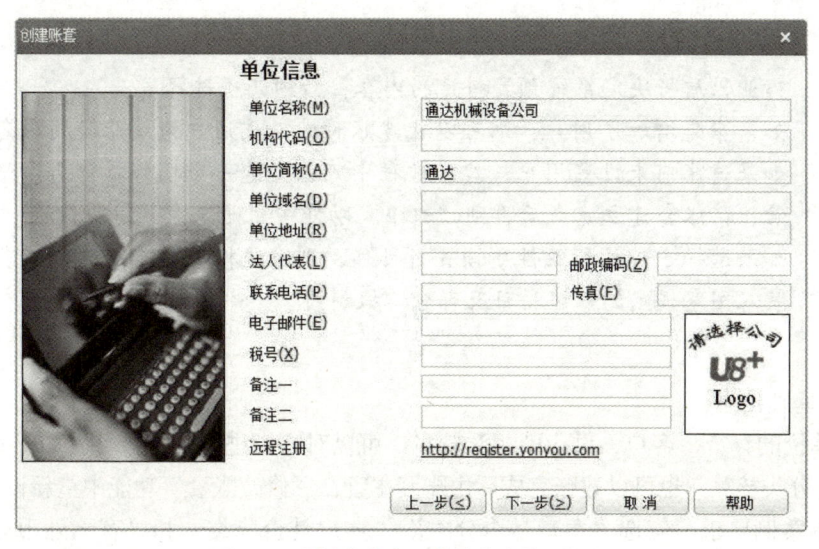

图1-23 "创建账套 - 单位信息"对话框

（4）核算类型。
- 本币代码：为必填项。本案例采用系统默认值"RMB"。
- 本币名称：为必填项。本案例采用系统默认值"人民币"。
- 企业类型：系统提供了工业、商业、医药流通三种类型。如果选择"工业"，则系统不能处理受托代销业务；如果选择"商业"，则系统不能处理产成品入库、材料领用出库业务。本案例采用系统默认值"工业"。
- 行业性质：用户必须从下拉列表框中选择输入，系统将按照所选择的行业性质预置科目。本案例采用系统默认"2007年新会计准则科目"。
- 账套主管：从下拉列表框中选择"[1011] 王欣东"。
- 按行业性质预置科目：如果希望系统预置所属行业的标准一级科目，则选中该复选框。本案例勾选"按行业性质预置科目"。

输入完成后，如图1-24所示。单击"下一步"按钮，打开"创建账套 - 基础信息"对话框。

图1-24 "创建账套 - 核算类型"对话框

> **提示**
> - 行业性质将决定系统预置科目的内容，必须正确选择。
> - 如果事先增加了用户，则可以在建账时选择该用户为该账套的账套主管。如果建账前未设置用户，建账过程中可以先选一个操作员作为该账套的主管，待账套建立完成后再到"权限"功能中对账套主管进行设置。
> - 如果选择了"按行业性质预置科目"，则系统根据所选择的行业类型自动装入国家规定的一级科目及部分二级科目。

（5）基础信息。

如果单位的存货、客户、供应商相对较多，可以对它们进行分类核算。如果此时不能确定是否进行分类核算，也可以建账完成后由账套主管在"修改账套"功能中重新设置。

按照本案例要求，勾选"存货是否分类""客户是否分类"和"有无外币核算"三个复选框，如图1-25所示。单击"下一步"按钮，打开"创建账套 - 开始"对话框。

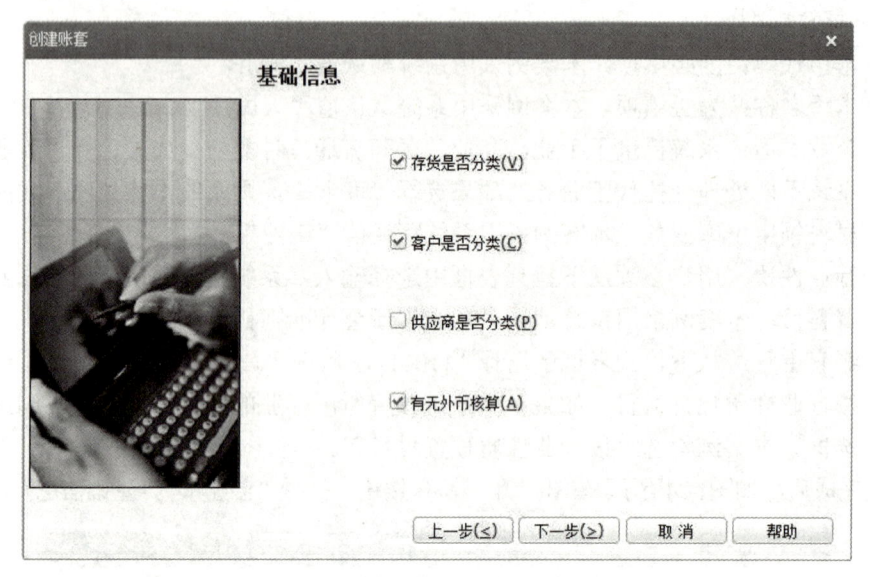

图1-25 "创建账套 - 基础信息"对话框

> **提示**
> - 是否对存货、客户及供应商进行分类将会影响其档案的设置。有无外币核算将会影响基础信息的设置及日常能否处理外币业务。
> - 如果基础信息设置错误，可以由账套主管在修改账套功能中进行修改。

（6）准备建账。

单击"完成"按钮，弹出系统提示"可以创建账套了么？"，如图1-26所示。单击"是"按钮，系统依次进行初始化环境、创建新账套库、更新账套库、配置账套信息等操作，需要一段时间才能完成。完成以上操作后，将弹出"编码方案"对话框。

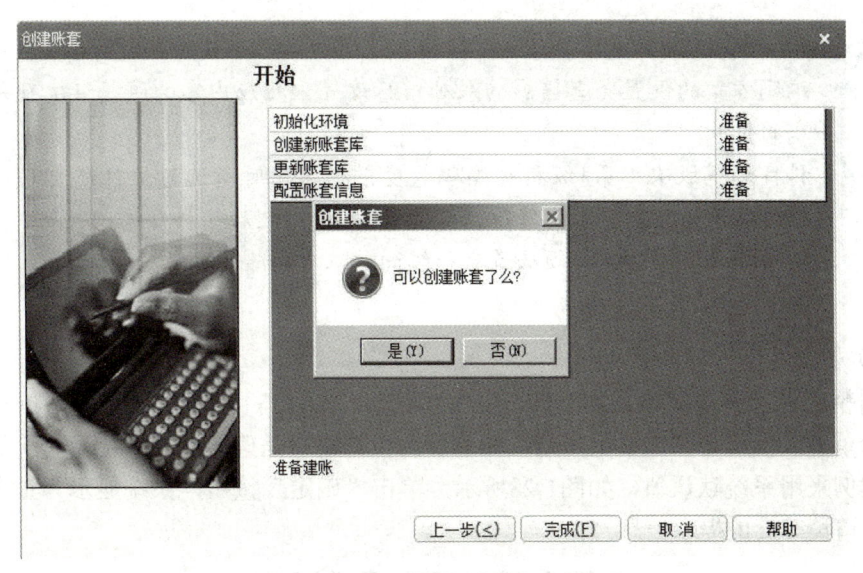

图1-26 "创建账套-开始"对话框

(7) 分类编码方案。

为了便于对经济业务数据进行分级核算、统计和管理，系统要求预先设置某些基础档案的编码规则，即规定各种编码的级次及各级的长度。

按本案例要求修改编码方案，如图1-27所示，单击"确定"按钮，再单击"取消"按钮，将打开"数据精度"对话框。

项目	最大级数	最大长度	单级最大长度	第1级	第2级	第3级	第4级	第5级	第6级	第7级	第8级	第9级
科目编码级次	13	40	9	4	2	2						
客户分类编码级次	5	12	9	2	3	4						
存货分类编码级次	8	12	9	2	2	2	2	3				
部门编码级次	9	12	9	1	2							
地区分类编码级次	5	12	9	2	3	4						
费用项目分类	13	50	9	1	2							
结算方式编码级次	2	3	9	1	2							
货位编码级次	8	20	9	2	3	4						
收发类别编码级次	3	5	5	1	1	1						
项目设备	8	30	9	2	2							
责任中心分类档案	5	30	9	2	2							
项目要素分类档案	6	30	9	2	2							
供应商权限组级次	5	12	9	2	3	4						
存货权限组级次	8	12	9	2	2	2	3					

图1-27 编码方案

> **提示**
> - 编码方案的设置会直接影响基础信息设置中相应内容的编码级次及每级编码的位长。
> - 科目编码级次中第1级科目编码长度根据建账时所选行业性质自动确定，此处显示为灰色，不能修改，只能设定第1级之后的科目编码长度。
> - 删除编码级次时，必须从最后一级向前依次删除。

（8）数据精度。

数据精度涉及核算精度问题。涉及购销存业务环节时，会输入一些原始单据，如发票、出库单和入库单等，需要填写数量及单价，数据精度是确定有关数量及单价的小数位数。本案例采用系统默认值，如图1-28所示。单击"确定"按钮，系统显示"正在更新单据模板，请稍等"的提示信息。

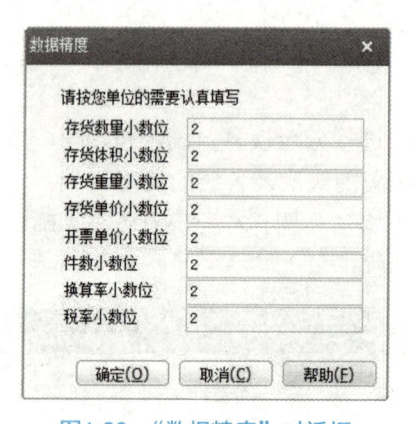

图1-28 "数据精度"对话框

（9）完成建账。

完成单据模板更新后，系统弹出建账成功信息提示，单击"是"按钮，将打开"系统启用"对话框。单击"否"按钮，返回"创建账套-开始"对话框，如图1-29所示。

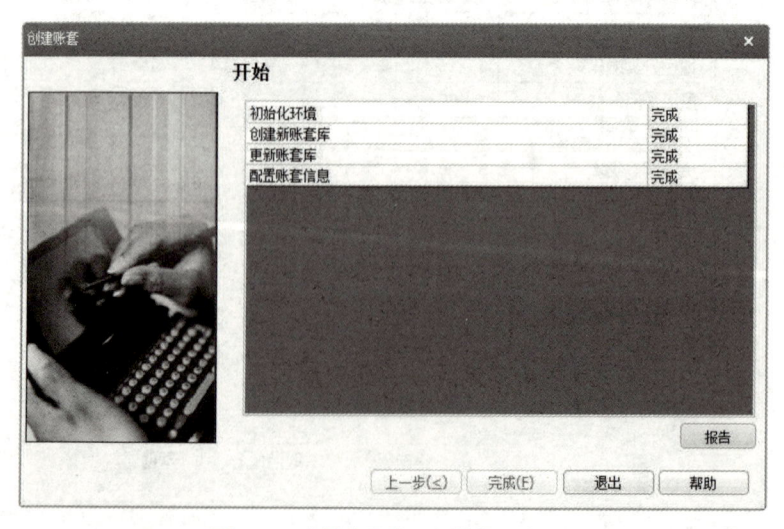

图1-29 "创建账套-开始"对话框

> **提示**
> - 选择"是"按钮，可以直接进行"系统启用"的设置；选择"否"按钮则结束建账过程，之后在企业应用平台中的"基本信息"中再进行系统启用的设置。
> - 建账完成后，编码方案、数据精度、系统启用项目可以由账套主管执行"企业应用平台"→"基础设置"→"基本信息"命令，然后进行修改。

（10）启用总账系统、应收款管理系统和应付款管理系统。

勾选"GL总账"前的复选框，打开"日历"对话框。单击左右箭头按钮选择年份"2022"，单击月份下拉列表选择"一月"，选中"1日"，如图1-30所示。单击"确定"按钮，系统弹出"确实要启用当前系统吗"信息提示框，单击"是"按钮，完成总账系统启用。单击"退出"按钮，系统弹出"请进入企业应用平台进行业务操作！"，单击"确定"按钮，再单击"退出"按钮，返回"系统管理"窗口。

用同样的方法启用应收款管理系统和应付款管理系统。

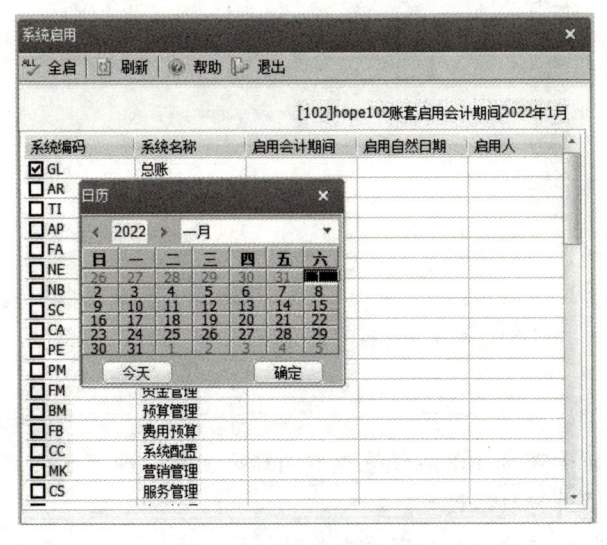

图1-30 "系统启用"窗口

> **提示**
> - 总账启用日期不能早于企业账套启用日期。企业账套启用日期会在系统启用界面右上角显示。

4. 设置用户权限

设置用户张华拥有102账套"公用目录设置"和"总账"的操作权限。

（1）单击"系统管理"→"系统管理"选项，弹出"用友U8[系统管理]"窗口，再单击"系统"→"注册"选项，弹出注册窗口登入既可。单击"权限"→"权限"选项，在打开的"操作员权限"窗口中，选中"1012张华"，单击"修改"按钮。

（2）在右侧界面中，勾选"基本信息"中"公用目录"前的复选框和"财务会计"中"总账"前的复选框，如图1-31所示。

（3）单击"保存"按钮返回。

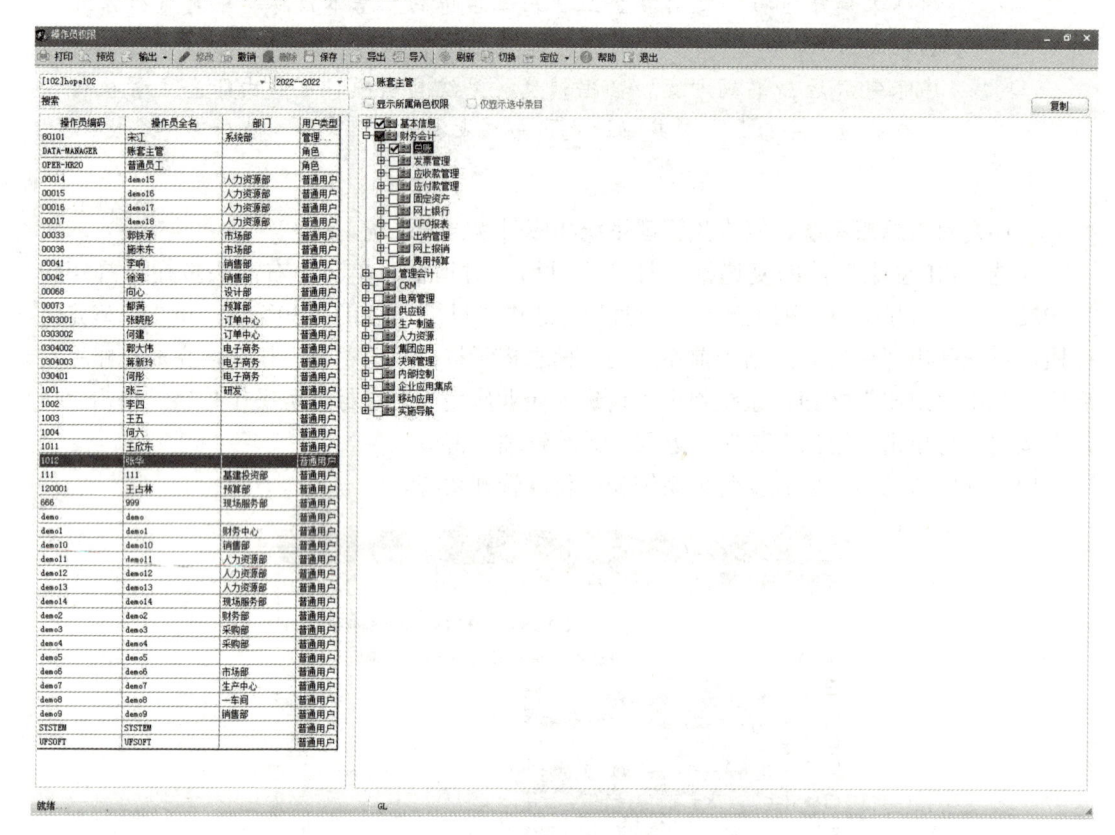

图1-31　为张华设置"公用目录"和"总账"权限

> **提示**
> - 只有系统管理员才有权设置或取消账套主管，账套主管只有权对所辖账套的操作员进行权限设置。
> - 设置权限时应注意先分别选中要赋权的"账套"及相应的"用户"。

5．账套输出

账套备份的工作应由系统管理员在系统管理中的"账套"→"输出"功能中完成。

（1）在计算机某盘根目录下新建一个文件夹，文件夹名为"案例解析"，在其目录下新建"X1_01"。

（2）由系统管理员注册系统管理，选择"hope102"，执行"账套"→"输出"命令，弹出"请选择账套备份路径"对话框。

（3）选择输出路径"案例解析\X1_01"，单击"确定"按钮，"账套输出"对话框如图1-32所示。

（4）系统将输出账套数据，完成后弹出"输出成功"的信息提示框，如图1-33所示，单击"确定"按钮返回。

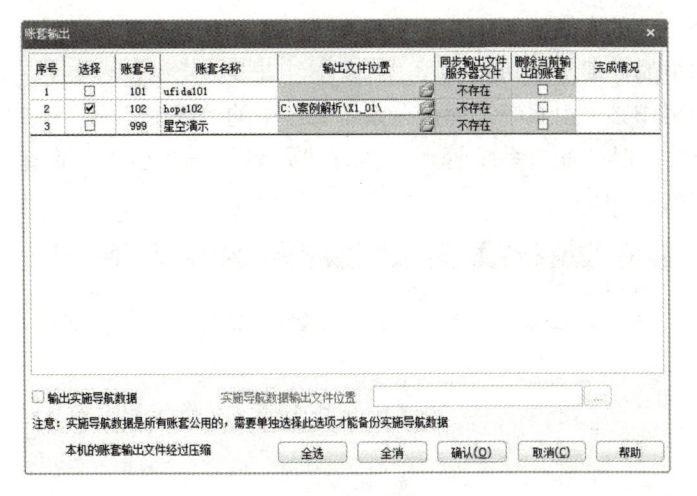

图1-32　账套输出

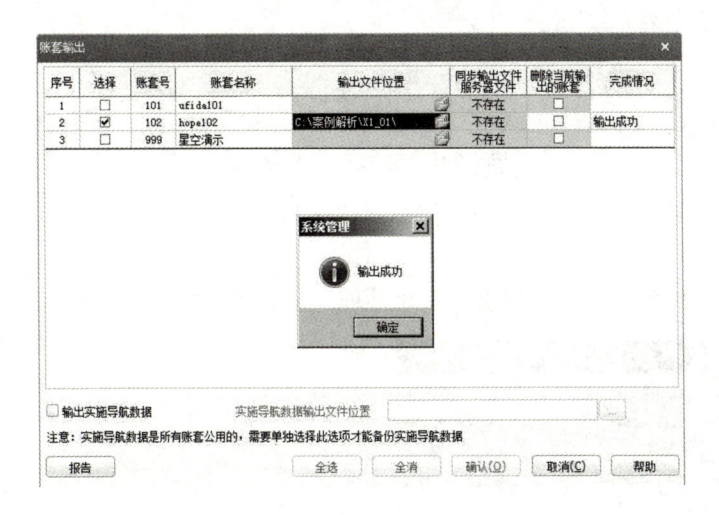

图1-33　"输出成功"对话框

> **提示**
> - 只有系统管理员有权进行账套输出和引入。账套输出后，在指定的文件夹内输出两个文件，一个是账套数据文件UFDATA.BAK，一个是账套信息文件UfErpAct.Lst。
> - 利用账套输出功能还可以进行"删除账套"的操作。在账套输出对话框中勾选"删除当前输出账套"复选框，单击"确认"按钮，系统在删除账套前同样要进行账套输出，当输出完成后系统提示"真要删除该账套吗？"，单击"是"按钮则可以删除该账套。
> - 正在使用的账套可以进行账套输出而不能进行账套删除。
> - 备份账套时应先建立一个备份账套的文件夹，以便将备份数据存放在目标文件夹中。

6.账套引入

在之后几个单元的实操训练中，均需要引入一个初始账套作为操作对象。引入账套功能属于系统管理中的一项基本功能。

账套引入的工作必须由系统管理员在系统管理中的"账套"→"引入"功能中完成。

（1）由系统管理员登录系统管理，执行"账套"→"引入"命令，弹出"账套引入"对话框，如图1-34所示。

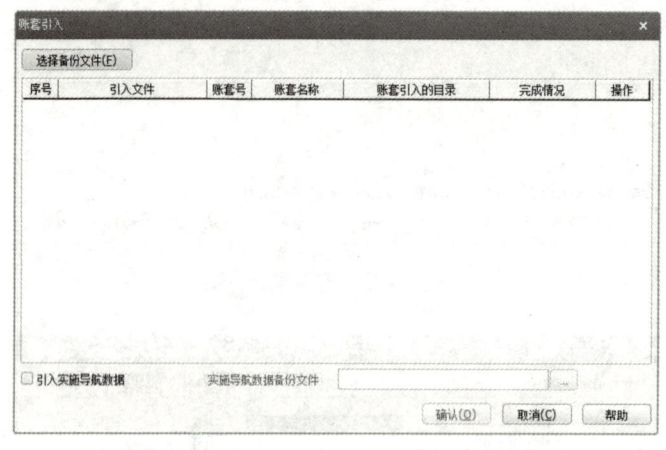

图1-34 "账套引入"对话框

（2）单击"选择备份文件"按钮，选择"案例解析\X1_01\ZT102\UfErpAct.Lst"文件，如图1-35所示。

（3）单击"确定"按钮，弹出"系统管理"信息提示框，如图1-36所示。

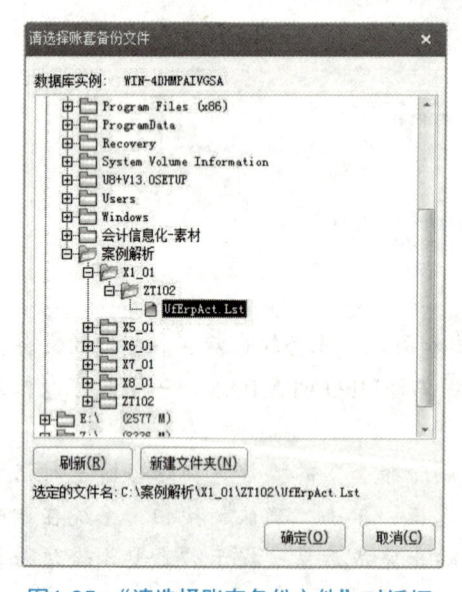

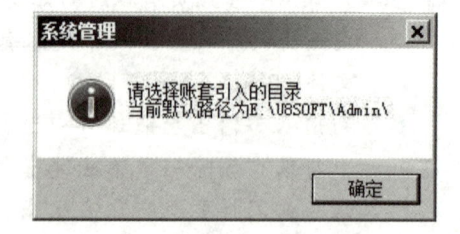

图1-35 "请选择账套备份文件"对话框   图1-36 "系统管理"信息提示框

（4）单击"确定"按钮，打开"请选择账套引入的目录"对话框，如图1-37所示，单击"确定"按钮，系统弹出提示"此操作将覆盖[102]账套当前的所有信息，继续吗？"，如图1-38所示。

(5)单击"是"按钮,系统自动进行引入账套的工作。

(6)完成后,弹出"账套[102]引入成功!"的提示,如图1-39所示,单击"确定"按钮返回。若已经有用户使用该账套,则将提示不能引入。

> **提示**
> - 如果引入账套时系统中不存在102账套,系统不会出现是否覆盖的信息提示,而是直接引入账套。
> - 如果在图1-38中单击"否"按钮,返回系统管理,不做账套引入。

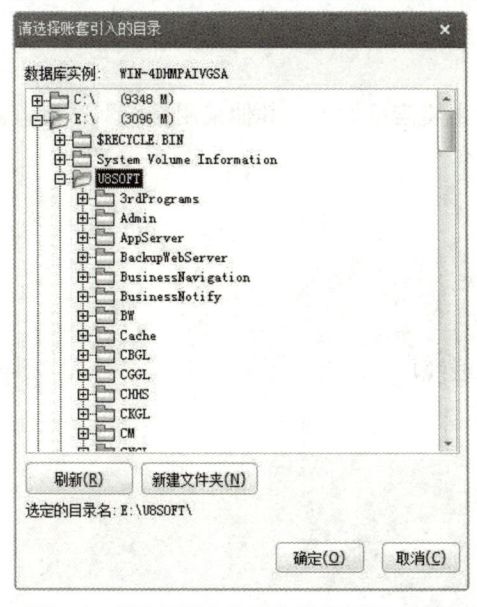

图1-37 "请选择账套引入的目录"对话框

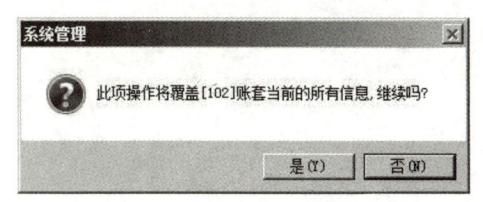

图1-38 账套覆盖提示

图1-39 提示窗口

1.4 强化训练

实训1

在"强化训练\第1章"文件夹下新建一个文件夹,命名为X1_01。

1. 登录系统管理

以系统管理员admin（密码为空）的身份登录用友U8系统管理。

2. 增加用户

增加用户，如表1-3所示。

表1-3 用户信息

编号	姓名	口令	所属角色
1021	王静	021	普通员工
1022	张悦华	022	普通员工

3. 建立账套

新建空白账套，账套主要信息如下，其他采用系统默认设置。

（1）账套信息。

账套号：102

账套名称：ufida102

启用会计期：2017年8月

（2）单位信息。

单位名称：唐山塑立线缆厂

单位简称：塑立线缆

（3）核算类型。

本币代码：RMB

本币名称：人民币

企业类型：工业

行业性质：2007年新会计准则科目

账套主管：王静

按行业性质预置科目：是

（4）基础信息。

存货是否分类：是

客户是否分类：是

供应商是否分类：是

有无外币核算：有

（5）编码方案。

科目编码级次：4 2 2

存货分类编码级次：2 2 3

结算方式编码级次：1 2

（6）数据精度。

全部采用默认值。

（7）系统启用。

启用总账系统，启用日期为"2017-08-01"。

4．设置用户权限

设置用户张悦华拥有102账套"总账"和"固定资产"的操作权限。

5．输出账套

将102账套输出至"强化训练\第1章\X1_01"文件夹中。

实训2

在"强化训练\第1章"文件夹下新建一个文件夹，命名为X1_02。

1．登录系统管理

以系统管理员admin（密码为空）的身份登录用友U8系统管理。

2．增加用户

增加用户，如表1-4所示。

表1-4　用户信息

编号	姓名	口令	所属角色
1031	王琪	031	账套主管
1032	刘乐	032	无

3．建立账套

新建空白账套，账套主要信息如下，其他采用系统默认设置。

（1）账套信息。

账套号：103

账套名称：ufida103

启用会计期：2017年1月

（2）单位信息。

单位名称：河北京科药业有限公司

单位简称：京科药业

（3）核算类型。

本币代码：RMB

本币名称：人民币

企业类型：工业

行业性质：2007年新会计准则科目

账套主管：王琪

按行业性质预置科目：是

（4）基础信息。

存货是否分类：是

客户是否分类：是

供应商是否分类：否

有无外币核算：有

（5）编码方案。

科目编码级次：4 2 2

客户分类编码级次：2 2 3

结算方式编码级次：1 2

（6）数据精度。

全部采用默认值。

（7）系统启用。

启用"总账"系统，启用日期为"2017-01-01"。

4.设置用户权限

设置用户刘乐拥有103账套"公用目录"和"总账"的操作权限。

5.输出账套

将103账套输出至"强化训练\第1章\X1_02"文件夹中。

实训3

在"强化训练\第1章"文件夹下新建一个文件夹，命名为X1_03。

1.登录系统管理

以系统管理员admin（密码为空）的身份登录用友U8系统管理。

2.增加用户

增加用户，如表1-5所示。

表1-5 用户信息

编号	姓名	口令	所属角色
1041	阎飞	041	账套主管
1042	靳军	042	普通员工

3.建立账套

新建空白账套，账套主要信息如下，其他采用系统默认设置。

（1）账套信息。

账套号：104

账套名称：ufida104

启用会计期：2017年11月

（2）单位信息。

单位名称：莆田市鼎一贸易有限公司

单位简称：鼎一贸易

（3）核算类型。

本币代码：RMB

本币名称：人民币

企业类型：商业

行业性质：2007年新会计准则科目

账套主管：阎飞

按行业性质预置科目：是

（4）基础信息。

存货是否分类：否

客户是否分类：是

供应商是否分类：否

有无外币核算：有

（5）编码方案。

科目编码级次：4 2 2

部门编码级次：1 2

结算方式编码级次：1 2

（6）数据精度。

全部采用默认值。

（7）系统启用。

启用总账系统，启用日期为"2017-11-01"。

4．设置用户权限

设置用户靳军拥有104账套"总账"的操作权限。

5．输出账套

将104账套输出至"强化训练\第1章\X1_03"文件夹中。

实训4

在"强化训练\第1章"文件夹下新建一个文件夹，命名为X1_04。

1．登录系统管理

以系统管理员admin（密码为空）的身份登录用友U8系统管理。

2．增加用户

增加用户，如表1-6所示。

表1-6 用户信息

编号	姓名	口令	所属角色
1051	赵倩	051	普通员工
1052	孙月	052	无

3．建立账套

新建空白账套，账套主要信息如下，其他采用系统默认设置。

（1）账套信息。
账套号：105
账套名称：ufida105
启用会计期：2017年05月
（2）单位信息。
单位名称：泰州市日高冷机有限公司
单位简称：日高冷机
（3）核算类型。
本币代码：RMB
本币名称：人民币
企业类型：工业
行业性质：2007年新会计准则科目
账套主管：赵倩
按行业性质预置科目：是
（4）基础信息。
存货是否分类：是
客户是否分类：是
供应商是否分类：是
有无外币核算：有
（5）编码方案。
科目编码级次：4 2 2
客户编码级次：1 2
结算方式编码级次：1 2
（6）数据精度。
全部采用默认值。
（7）系统启用。
启用"总账"和"固定资产"系统，启用日期为"2017-05-01"。

4.设置用户权限

设置用户孙月拥有105账套"总账"的操作权限。

5.输出账套

将105账套输出至"强化训练\第1章\X1_04"文件夹中。

实训5

在"强化训练\第1章"文件夹下新建一个文件夹，命名为X1_05。

1.登录系统管理

以系统管理员admin（密码为空）的身份登录用友U8系统管理。

2. 增加用户

增加用户，如表1-7所示。

表1-7　用户信息

编号	姓名	口令	所属角色
1061	李洋	061	普通员工
1062	王鹏	062	账套主管

3. 建立账套

新建空白账套，账套主要信息如下，其他采用系统默认设置。

（1）账套信息。

账套号：106

账套名称：ufida106

启用会计期：2017年10月

（2）单位信息。

单位名称：陕西丽彩实业集团有限公司

单位简称：丽彩实业

（3）核算类型。

本币代码：RMB

本币名称：人民币

企业类型：工业

行业性质：2007年新会计准则科目

账套主管：王鹏

按行业性质预置科目：是

（4）基础信息。

存货是否分类：是

客户是否分类：是

供应商是否分类：否

有无外币核算：有

（5）编码方案。

科目编码级次：4　2　2

部门编码级次：1　2

结算方式编码级次：1　2

（6）数据精度。

全部采用默认值。

（7）系统启用。

启用"总账"系统，启用日期为"2017-10-01"。

4. 设置用户权限

设置用户李洋拥有106账套"总账"的操作权限。

5. 输出账套

将106账套输出至"强化训练\第1章\X1_05"文件夹中。

本章小结

本章首先概述了系统管理的主要功能，包括登录系统管理、增加用户、建立企业核算账套、系统启用、设置用户权限和账套输出等。这些功能是系统管理的核心，通过这些功能可以更好地管理和控制企业的信息系统。

接着对系统管理的功能进行了详细的讲解。例如，登录系统管理需要输入正确的用户名和密码，才能进入系统管理界面；增加用户需要输入用户的姓名、密码等基本信息；建立企业核算账套需要根据企业的实际情况设置账套的名称、编码规则等；根据用户的角色和职责设置用户权限；账套输出则是将当前的账套数据导出，以便备份和恢复数据。

在案例解析部分，通过实际的案例，进一步解析了系统管理的实际操作，帮助读者更好地理解和掌握系统管理的知识和技能。

在强化训练部分，设计了一些实操训练，让读者能够在真实的财务环境中进行实践，从而有效提升系统管理操作的能力与熟练程度。

课后习题

1. 判断题

（1）如果为用户指定了相应的角色，则该用户不能被删除。（   ）

（2）一个账套不可以设定多个账套主管。（   ）

（3）如果基础信息设置错误，可以由账套主管在修改账套功能中修改。（   ）

2. 简答题

（1）比较系统管理员和账套主管的权限有何不同。

（2）描述角色和用户的区别。

（3）讲述建立账套的步骤。

第 2 章
基础档案设置

本章导读

当经济业务发生时,企业要进行正确的记录和计量,还需要用到很多基础档案信息,如收款要涉及客户、报销要涉及部门和人员、录入凭证要用到凭证类型和会计科目等。因此,必须事先建立这些基础档案才能开始日常业务处理。本章主要介绍了企业应用平台的概念和作用,以及在设置基础档案时需要注意的事项。接着,对机构人员、客商信息、存货、财务和收付结算等关键模块进行了详细的讲解。通过学习本章内容,读者将能够全面了解用友U8平台,并掌握相关的操作技巧和方法。

学习目标

- 理解基础档案的作用
- 设置各项基础档案

数字资源

【本章案例素材】:"案例素材\第2章"目录下
【本章强化训练素材】:"强化训练素材\第2章"目录下

素质要求

《会计档案管理办法》(节选)

第四条 财政部和国家档案局主管全国会计档案工作,共同制定全国统一的会计档案工作制度,对全国会计档案工作实行监督和指导。

县级以上地方人民政府财政部门和档案行政管理部门管理本行政区域内的会计档案工作,并对本行政区域内会计档案工作实行监督和指导。

第五条 单位应当加强会计档案管理工作,建立和完善会计档案的收集、整理、保管、利用和鉴定销毁等管理制度,采取可靠的安全防护技术和措施,保证会计档案的真实、完整、可用、安全。

单位的档案机构或者档案工作人员所属机构(以下统称单位档案管理机构)负责管理本单位的会计档案。单位也可以委托具备档案管理条件的机构代为管理会计档案。

第六条 下列会计资料应当进行归档:

(一)会计凭证,包括原始凭证、记账凭证;

(二)会计账簿,包括总账、明细账、日记账、固定资产卡片及其他辅助性账簿;

(三)财务会计报告,包括月度、季度、半年度、年度财务会计报告;

(四)其他会计资料,包括银行存款余额调节表、银行对账单、纳税申报表、会计档案移交清册、会计档案保管清册、会计档案销毁清册、会计档案鉴定意见书及其他具有保存价值的会计资料。

第七条 单位可以利用计算机、网络通信等信息技术手段管理会计档案。

2.1 基本认知

2.1.1 认识企业应用平台

企业应用平台是用友U8的集成应用平台,是用户、合作伙伴访问U8系统的唯一入口。基础档案设置工作在U8企业应用平台(如图2-1所示)中进行操作。

按照不同的用途,企业应用平台中划分了3个功能组:系统服务、基础设置和业务工作。这3个功能组的主要功能如图2-2所示。

第 2 章　基础档案设置

图2-1　企业应用平台

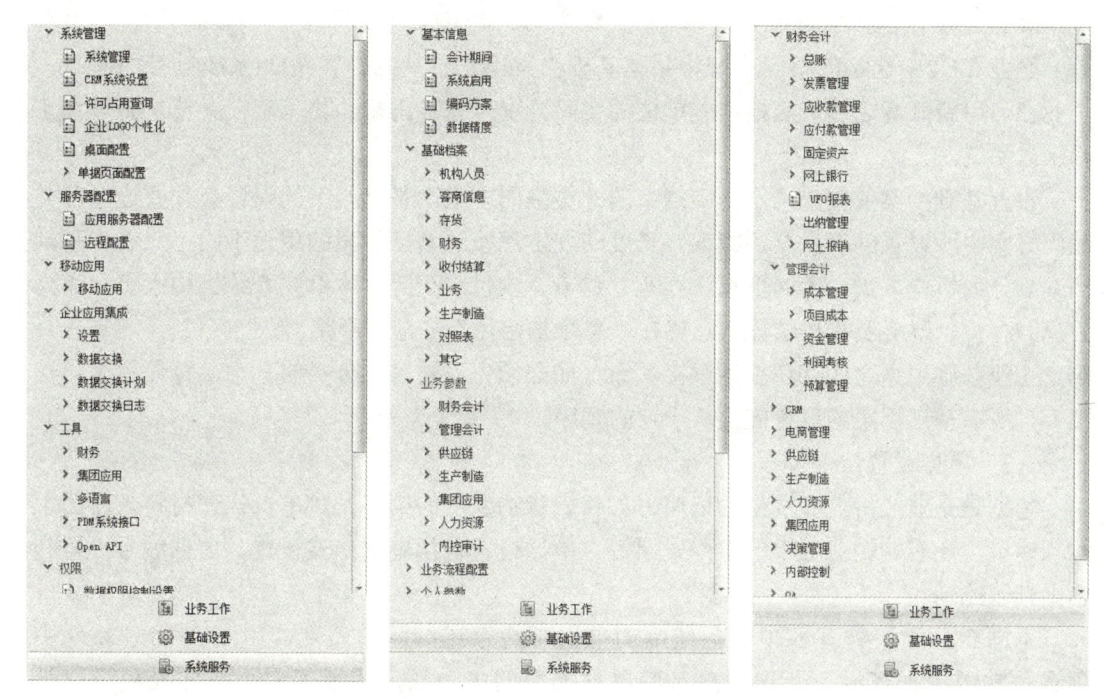

图2-2　企业应用平台主要功能

1.系统服务

系统服务主要是为系统安全正常运行而设，包括系统管理、服务器配置、工具和权限等。

系统管理模块启用后，直接融入企业应用平台，构建起无缝衔接的通道，确保管理操作流畅无阻。针对U8应用服务器，系统精心设计了全面的配置界面，精准定位服务器位置，从而优化系统性能，提升响应速度。此外，集成化的工具套件作为桥梁，高效连接

039

U8与外部系统，简化接口对接与数据传输流程，加速企业内外部数据的无缝流通。

在权限管理领域，系统采用了一套既严格又灵活的机制。该机制不仅支持对数据权限的细致规划与配置，确保数据访问的安全性与合规性，还引入了金额权限分配功能，进一步深化财务权限管理的精细度。更值得一提的是，系统赋予了用户功能权限转授与工作任务委托的能力，有效提升了团队协作的灵活度与运营效率。综上所述，这一完善的权限管理机制，在强化信息安全保障的同时，也为企业业务的顺畅运行提供了有力支撑。

2. 基础设置

"基础设置"功能组用于设置各模块公用的基本信息、基础档案、单据设计等。

（1）基本信息。

在基本信息中可以修改企业建账过程中设定的会计期间、编码方案和数据精度，还可以设置U8系统启用。

系统启用是指设定在用友U8中各个系统开始使用的日期。只有启用了的系统才可以登录。

（2）基础档案。

企业在U8中选购的不同系统将共享基础档案信息，基础档案是U8系统运行的基石。企业在启用新账套之初，应根据本单位的实际情况及业务需求，将基础档案信息整理并正确录入系统。

设置基础档案前要先确定基础档案的分类编码方案。基础档案的设置必须要遵循分类编码方案中所设置的级次及各级编码长度的规定。按照基础档案的用途不同，系统将基础档案划分为机构人员、客商信息、存货、财务、收付结算等。本章先介绍机构人员、客商信息和存货，财务及收付结算信息将在"总账初始化"一节中介绍。

企业基础数据之间存在前后承接关系（如必须先设置客户分类的基础，再设置客户档案），所以基础档案的设置应遵从一定的顺序。

（3）单据设置。

单据是企业经济业务发生的证明，如代表货物发出的销售发货单，代表材料入库的采购入库单，还有购销业务中的专用发票等。单据设置包括单据格式设置、单据编号设置和单据打印控制。

不同企业中，处理各项业务使用的单据可能存在细微的差别，用友U8管理软件中预置了常用单据模板，允许用户对各单据类型的多个显示模板和多个打印模板进行设置，以满足企业个性化的单据格式需求。单据编号是单据的标识，单据默认采用流水编号。根据企业的业务特征，若需特定的编号规则，可以将其方式设置为手工编号。

3. 业务工作

在"业务工作"功能组中，集成了所有功能模块，这些模块是专为具有相应操作权限的登录用户设计的，它们归属于各自的功能组。企业应用平台为企业用户提供了进入用友U8系统的唯一入口。

本章主要讲述基础设置，基础设置中又重点讲述基础档案的设置。

2.1.2 基础档案设置注意事项

1．整理基础档案

按照企业财务信息化目标，结合U8软件设计原理，需要准备的基础档案信息如表2-1所示。

表2-1 基础档案信息

基础档案分类	基础档案目录	档案用途	前提条件
机构人员	部门档案	设置与企业财务核算与管理有关的部门	先设置部门编码方案
	人员类别	按人员类别设置工资分摊、费用分配的对应科目	
	人员档案	设置企业职工信息	先设置部门档案和人员类别
客商信息	客户分类	便于进行业务数据的统计、分析	先确定客户分类，然后确定编码方案
	客户档案	便于进行客户管理和业务数据的录入、统计、分析	先建立客户分类档案
	供应商分类	便于进行业务数据的统计、分析	先确定供应商分类，然后确定编码方案
	供应商档案	便于进行供应商管理和业务数据的录入、统计、分析	先建立供应商分类档案
	地区分类	针对客户/供应商所属地区进行分类，便于进行业务数据的统计、分析	
财务	会计科目	设置企业核算的科目目录	先设置科目编码方案及外币
	凭证类别	设置企业核算的凭证类型	
	外币设置	设置企业用到的外币种类及汇率	
	项目目录	设置企业需要对其进行核算和管理的对象、目录	可将存货、成本对象、现金流量直接作为核算的项目目录
收付结算	结算方式	资金收付业务中用到的结算方式	
	付款条件	设置企业与往来单位协议规定的收、付款折扣优惠方法	
	本单位开户银行	设置企业在收付结算中对应的开户银行信息	
其他	常用摘要	设置填制凭证时常用的经济业务说明	

2．录入基础档案的注意事项

（1）档案编码要符合事先设定的编码规则。

录入各项基础档案时，一般编码为必输项，编码是该项档案的唯一标识。输入编码需要遵守事先设定的分类编码规则，该规则在企业建账过程中已设定，可执行"基本信息"→"编码方案"命令进行修改。

编码规则在档案录入界面中有提示。例如"编码规则：＊ ＊＊"说明该项档案设置了两级编码，第一级编码1位，第二级编码2位。

（2）注意档案建立的先后顺序。

各项基础档案之间存在逻辑关联，如果设置了需要分类，则需要先建立相关分类再设置档案。例如，设置了客户需要分类，则必须先建立客户分类，然后建立客户档案。供应商分类及档案也是如此。

另外，需要先建立部门，才能在部门中建立人员档案。

（3）先建立上级档案再建立下一级档案。

如果档案设置了分类编码级次，在建立档案时，则需要先建立上级档案再建立其下一级档案。

删除该档案时，需要先删除下一级档案，再删除上一级档案。

2.2 技能解析

2.2.1 机构人员

机构人员中主要包括部门档案和人员档案等。

1. 部门档案

在会计核算中，通常会将数据按部门逐级进行分类和汇总，下一级将自动向有隶属关系的上一级进行汇总。部门档案就是设置会计科目中要进行部门核算时的部门名称，也是要进行个人往来核算的职员所属的部门，如图2-3所示。

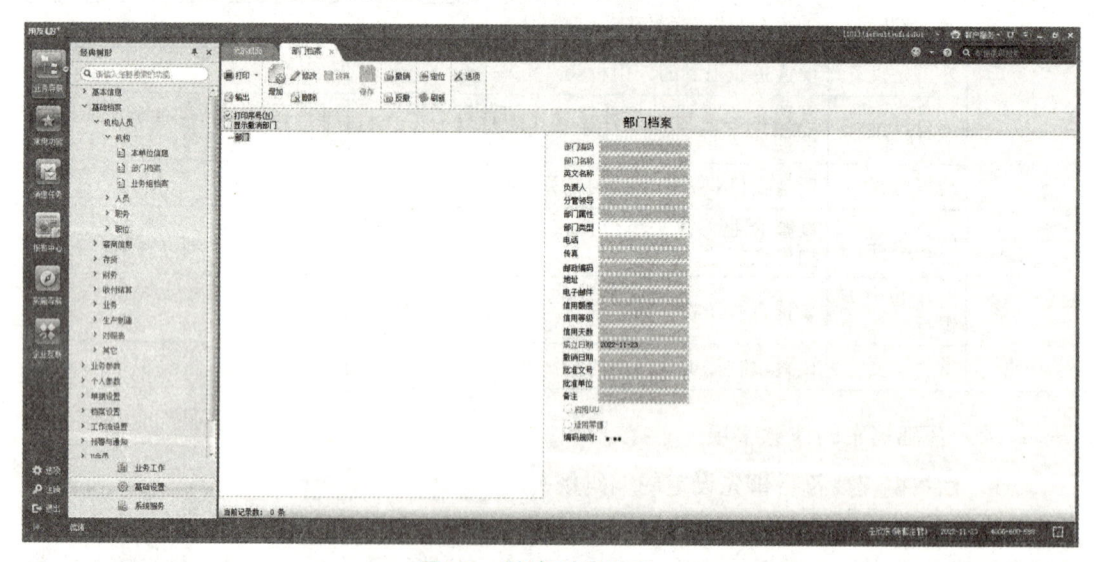

图2-3 "部门档案"窗口

录入部门档案时需要输入以下关键信息。

（1）部门编码：必须录入，具有唯一性，且必须符合编码级次原则。

（2）部门名称：必须录入。

（3）成立日期：指部门的成立时间，默认为当前登录时间。

2.人员档案

人员档案主要用于记录本企业职工的个人信息。设置人员档案一是为总账中个人往来核算和管理提供基础档案；二是为薪资管理系统提供人员基础信息。企业全部的人员均需在此建立档案，如图2-4所示。

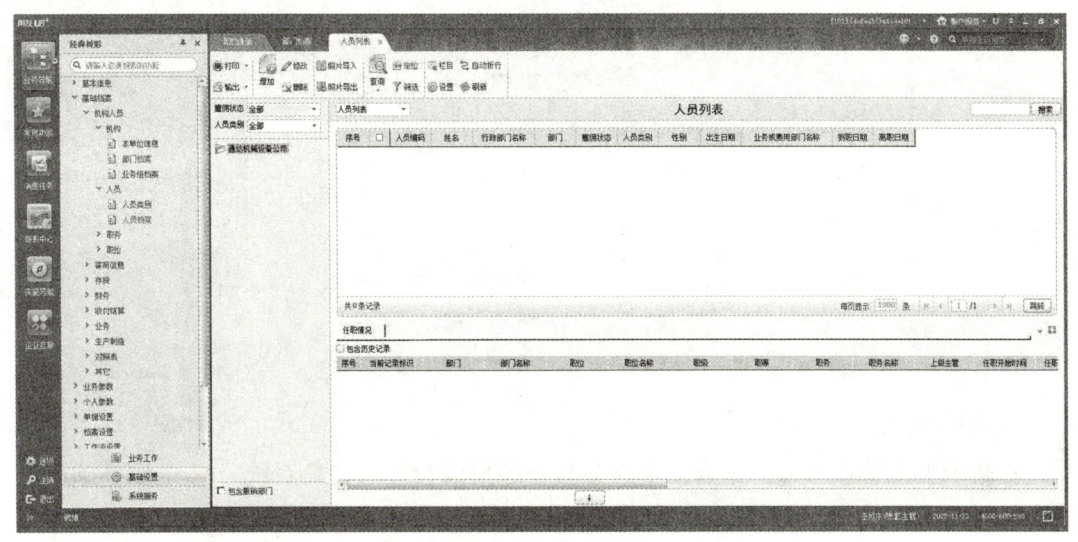

图2-4 "人员档案"窗口

录入人员档案时需要输入以下关键信息。

（1）人员编码：必须录入，具有唯一性。

（2）人员名称：必须录入，可以重名。

（3）性别：必须录入，从下拉列表中选择。

（4）行政部门：选择该职员所属的行政部门，参照部门档案。

（5）雇佣状态：系统预置了在职、离退、离职三种。

（6）人员类别：必须录入，参照人员类别档案。

（7）到职日期：即业务员可操作业务产品的日期，默认为建立人员时的登录日期，可修改。

（8）业务或费用部门名称：指业务员发生业务费用时需要归属的业务部门，参照部门档案，只能输入末级部门。

2.2.2 客商信息

客商信息中主要包括地区分类、客户分类、供应商分类、客户档案、供应商档案等。

1.客户分类/供应商分类

如果企业客户很多，或者需要按照某种分类对客户进行统计，则需要对客户进行分类，如图2-5所示。是否对客户进行分类在企业建账过程中已经进行设置。如果设置了需要对客户进行分类，则必须先建立客户分类，再建立客户档案；如果没有对客户进行分类，可以直接建立客户档案。

图2-5 "客户分类"窗口

供应商分类同理。

2. 客户档案

相较于手工管理环境，作为一个财务与业务集成管理的信息系统，U8中的基础档案包含了更为丰富的管理信息。客户档案（图2-6）是企业的一项重要资源，手工管理方式下，客户信息一般掌握在业务员手中，业务员掌握的客户信息一般包括客户名称、联系人、电话等基本信息。企业建立会计信息系统时，需要全面整理客户资料并录入系统，以便有效地管理客户，服务客户。客户信息包括以下几个方面的内容。

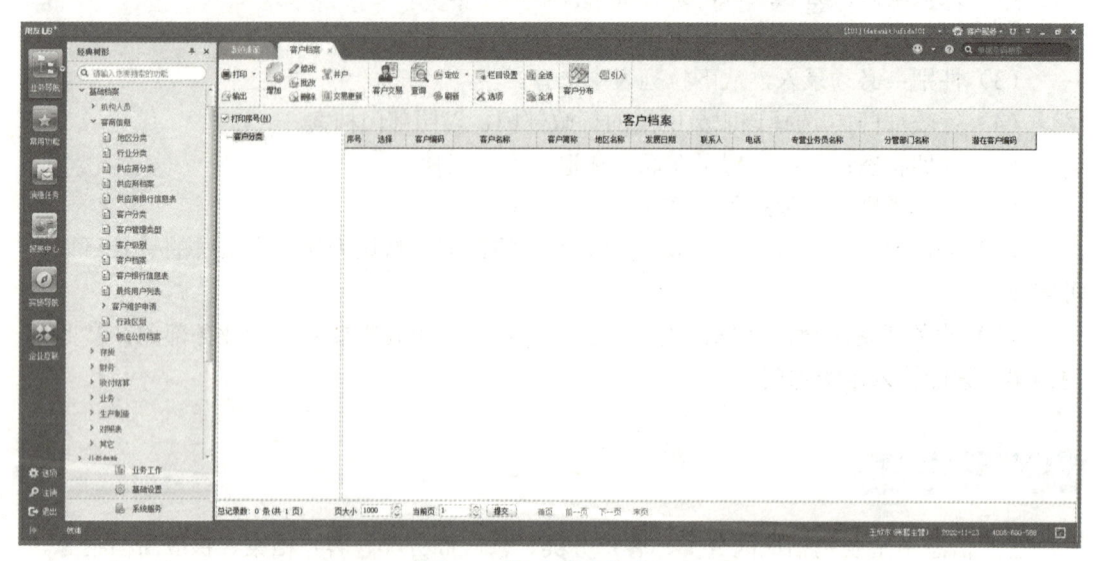

图2-6 "客户档案"窗口

- 基本信息：包括客户编码、客户名称、客户简称、税号、开户银行、银行账号等。
- 联系信息：包括地址、邮编、联系人、电话、发货地址、发货方式、发货仓库等。
- 信用信息：包括价格级别、信用等级、信用额度、付款条件、应收余额等。

● 其他信息：包括分管部门、分管业务员、停用日期等。

与客户相关的信用等级、信用额度是与赊销管理相关的控制信息；发货仓库、发货方式是销售发货必需的信息；客户银行、银行账号和税号是给客户开具销售发票必需的信息。

3.地区分类

地区分类是基础设置的一部分，它主要是对客户和供应商进行地理位置的分类。这种分类方式允许用户根据特定地区筛选客户或供应商，使得业务操作更加精细和便捷。

设置地区分类，首先是在企业应用平台的"基础设置"页签下，执行"基础档案"→"客商信息"→"地区分类"命令，弹出"地区分类"窗口，如图2-7所示。单击"增加"按钮，输入分类编码和分类名称，完成地区分类信息的录入。最后，单击"保存"按钮并退出地区分类窗口。

此外，地区分类也可以用于设置销售统计表的过滤条件。例如，在销售统计表过滤界面展开条件中勾选"按地区分类展开"，并输入相应的分类级别，如2级，统计结果将会按照设定的地区级别进行分类展示。

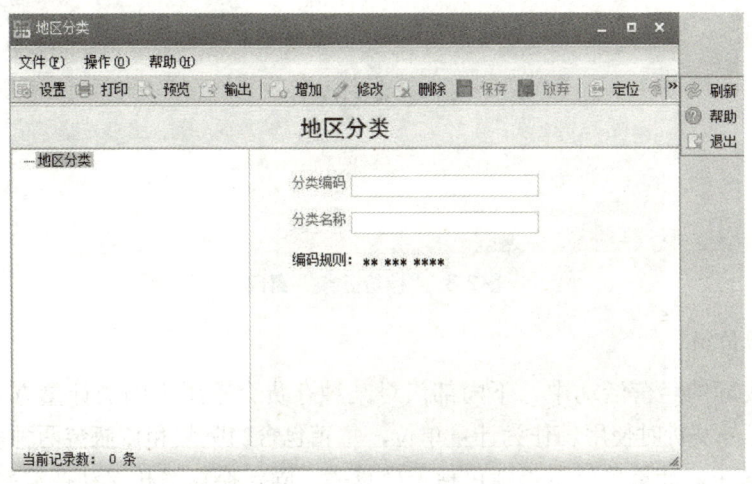

图2-7 "地区分类"窗口

2.2.3 存货

存货信息是企业管理的重要组成部分。存货信息主要包括存货分类、存货档案的增加与维护，以及物料清单（BOM）的搭建与维护等。存货模块主要包括存货分类、计量单位组、计量单位、存货档案等。

1.存货分类

对于从事工业生产的企业来说，它们的存货种类通常繁多。这些存货可能包括原材料、半成品、成品等各种不同的物品。为了能够更好地管理和控制这些存货，企业需要对它们进行详细的分类。通过分类，企业可以更方便地对业务数据进行统计和分析，从而更好地了解存货的状况，制定出更有效的管理策略。"存货分类"窗口如图2-8所示。

在企业的日常购销业务中，除了存货本身的价值外，还经常会发生一些其他的劳务费用。这些费用可能包括运输费、装卸费、仓储费等各种与存货相关的费用。这些费用虽然不是存货本身的价值，但它们是构成企业存货成本的一个重要组成部分。因此，企业在核算存货成本时，不能忽视这些劳务费用。

此外，这些劳务费用在税收方面也有着不同于一般存货的特殊性。例如，它们可能拥有不同的税率，或者在某些情况下，它们可能享有税收优惠。因此，企业在核算这些劳务费用时，需要考虑到这些特殊的税收规定。为了正确反映和核算这些劳务费用，企业在进行存货分类时，通常会单独设置一类来记录这些费用。这种分类可能被称为"应税劳务"或"劳务费用"。通过这种方式，企业可以更准确地了解这些劳务费用的具体情况，从而更好地进行财务管理和决策。

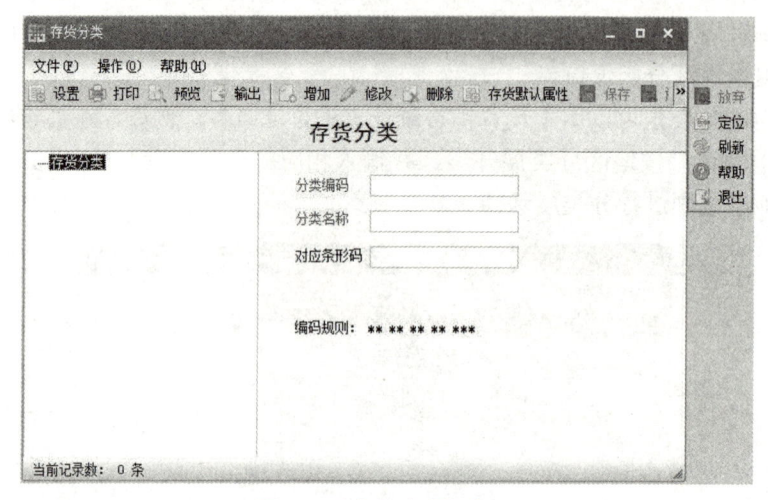

图2-8 "存货分类"窗口

2. 计量单位组

在企业实际的经营活动中，不同部门对某种存货会采用不同的计量方式。以饮料为例，销售部对外发货时使用箱作为计量单位，每箱包含24听装和12瓶装两种规格。

在U8系统中，计量单位组类别包括无换算率、固定换算率和浮动换算率。通对这3种计量单位组类别的设置，企业可以灵活地应对不同存货的计量需求，确保准确记录和计算存货的数量和价值。"计量单位"窗口如图2-9所示。

无换算率计量单位组中的计量单位都以单独形式存在，即相互之间没有换算关系，全部为主计量单位。这意味着每个计量单位都是独立的，与其他单位没有换算关系。

固定换算率计量单位组中可以包括多个计量单位：一个主计量单位和多个辅计量单位。主辅计量单位之间存在固定的换算率，例如1箱等于24听。这种换算率是固定的，不会随着时间或其他因素的变化而改变。

浮动换算率计量单位组中只能包括两个计量单位：一个主计量单位和一个辅计量单位。主计量单位作为财务上的计量单位，其换算率自动设置为1。每个辅计量单位都可以与主计量单位进行换算。数量（按主计量单位计量）=件数（按辅计量单位计量）×换算率。这种换算率根据需要进行设置，可以根据业务需求进行调整。

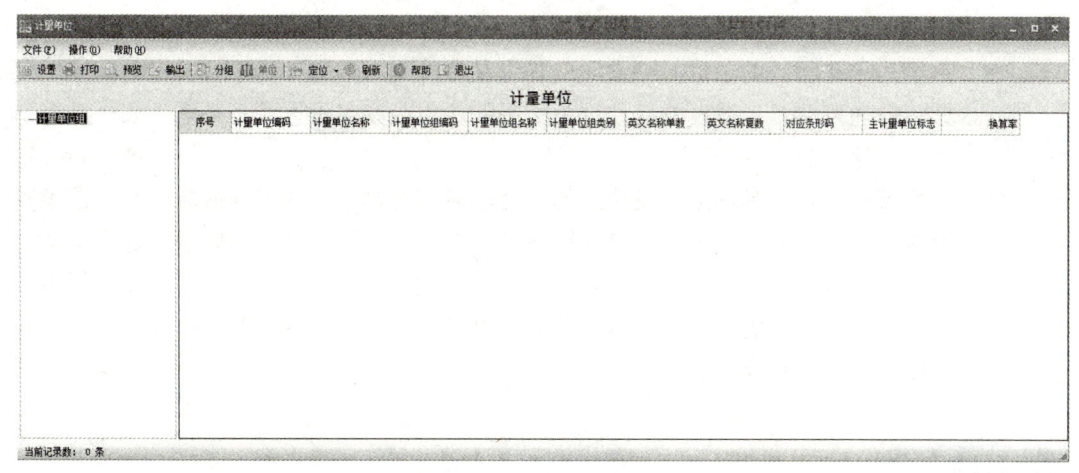

图2-9 "计量单位"窗口

3.存货档案

在U8存货档案（图2-10）窗口中，为存货设置了18种不同的属性，这些属性是U8系统对存货进行分类的一种方式。例如，标记了"外购"属性的存货，意味着是在采购过程中获得的。当进行入库操作或者填写采购发票等单据时，系统会自动参照标记了"外购"属性的存货。同样，标记了"销售"属性的存货是在销售过程中产生的。在发货、出库、填写销售发票等操作时，系统也会参照标记了"销售"属性的存货。通过这种方式，可以大大缩小查找范围，提高工作效率。

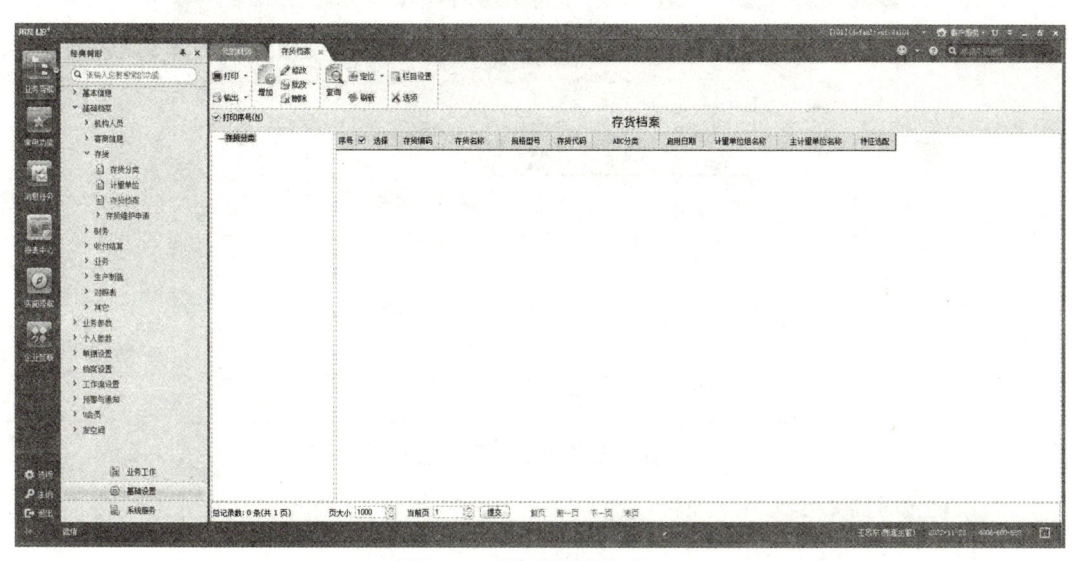

图2-10 "存货档案"窗口

"存货属性"中部分选项的说明如下所述。

- 内销：存货具备此属性方可销售。在处理发货单、发票、销售出库单等与销售相关的单据时，参照的均为具有销售属性的存货。开具在发货单或发票上的应税劳务，亦需设置为销售属性，否则无法进行参照。升级后的数据默认为"内销"属性，新增存货档案中的"内销"默认为未选择状态。

- 外购：具备外购属性的存货方可用于采购。在处理到货单、采购发票、采购入库单等与采购相关的单据时，参照的均为具有外购属性的存货。开具在采购专用发票、普通发票、运费发票等票据上的采购费用，亦需设置为"外购"属性，否则无法进行参照。
- 应税劳务：指开具在采购发票上的运费、包装费等采购费用，或者开具在销售发票或发货单上的应税劳务。该属性与"自制""在制""生产耗用"属性互斥。
- 折扣：指折让属性，当选择"是"时，在采购发票和销售发票中可以输入折扣金额。具有该属性的存货在开具发票时可以只包含金额信息，而不需要数量；或者在蓝字发票中开成负数。

2.2.4 财务

财务中包括外币设置、会计科目、凭证类别、项目目录等，是基础档案中既重要又需要灵活运用的一类档案。

1. 外币设置

企业如果有外币核算业务，需要事先进行外币及汇率的设置，如图2-11所示。如果使用了外币核算科目，填制凭证时系统会自动调用已设置的汇率，这避免了用户重复录入汇率，也有效降低了差错的发生率。

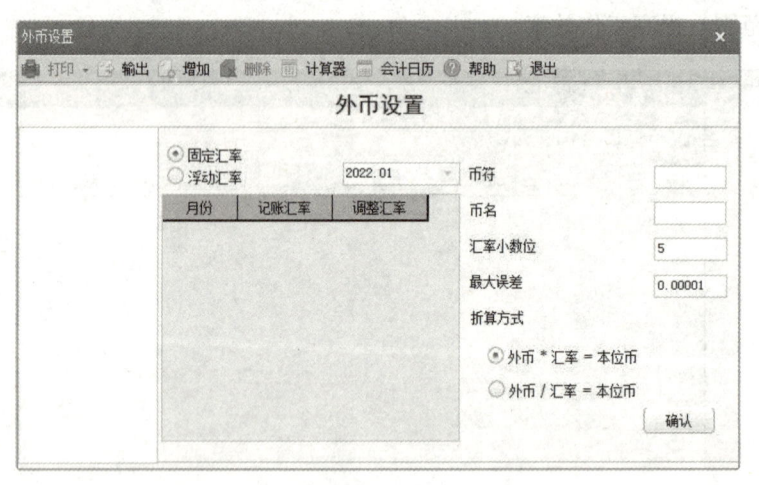

图2-11 "外币设置"窗口

外币设置时需要定义以下项目。

（1）币符及币名：即定义外币的表示符号及其中文名称。

（2）汇率小数位：定义外币的汇率小数位数。

（3）折算方式：分为直接汇率与间接汇率两种。直接汇率即"外币×汇率=本位币"，间接汇率即"外币÷汇率=本位币"。

（4）外币最大误差：在记账时，如果外币×（÷）汇率－本位币>外币最大误差，系统会给予提示。系统默认最大折算误差为0.000 01，即大于0.000 01时就提示。

（5）固定汇率与浮动汇率：对于使用固定汇率（即使用月初或年初汇率）作为记账

汇率的用户，在填制每月的凭证前，应预先在此录入该月的记账汇率，否则在填制该月外币凭证时，将会出现汇率为零的错误。对于使用浮动汇率（即使用当日汇率）作为记账汇率的用户，在填制凭证的当天，应预先在此录入当日的记账汇率。

> **提示**
> - 这里的汇率管理只提供录入汇率的功能，制单时是使用固定汇率还是浮动汇率则取决于总账系统选项的定义。
> - 如果使用固定汇率，则应在每月月初录入记账汇率（即期初汇率），月末计算汇兑损益时录入调整汇率（即期末汇率）；如果使用浮动汇率，则应每天在此录入当日汇率。

2. 会计科目

设置会计科目是会计核算方法之一，它用于分门别类地反映企业经济业务，是登记账簿、编制会计报告的基础，如图2-12所示。用友U8中预置了现行会计制度规定的一级会计科目，企业可根据本单位实际情况修改科目属性并补充明细科目。

图2-12　会计科目

（1）会计科目设置的原则。

①会计科目的设置必须满足会计报表编制的要求，凡是报表所用数据，需从系统取数的，必须设立相应科目。

②会计科目要保持相对稳定。

③设置会计科目要考虑各系统间的衔接。在总账系统中，只有末级会计科目才允许有发生额，才能接收其他系统转入的数据。因此，要将其他系统中的核算科目也设置为末级科目。

（2）会计科目设置的内容。

①科目编码：应是科目全编码，各级科目编码必须唯一，且必须按其级次的先后次序

建立，即先有上级科目，然后才能建立下级科目。科目编码的一级科目编码必须符合现行的会计制度。

②科目名称：是指本级科目名称，科目中文名称必须录入。

③科目类型：是指会计制度中规定的科目类型，按照科目编码的第1位数字系统自动判断，1-资产，2-负债，3-共同，4-权益，5-成本，6-损益。

④账页格式：定义科目在查询及打印时的格式。系统提供金额式、外币金额式、数量金额式、外币数量式供选择。

⑤助记码：用于帮助记忆科目。

⑥外币核算：选中该选项，代表该科目核算外币，必须从币种下拉列表中选择外币种类。

⑦数量核算：选中该选项，代表该科目核算数量，需要人工输入数量计量单位。

⑧科目性质：指科目的余额方向。只能为一级科目设置余额方向，下级科目的余额方向与上级科目保持一致。

⑨辅助核算：是否对该科目设置部门核算、客户往来、供应商往来、个人核算和项目核算。

⑩其他核算。

- 日记账：表示是否需要对该科目记日记账。库存现金科目需要选中该项。其他科目若有必要，也可以设置序时登记。
- 银行账：表示是否需要对该科目进行对账管理。银行存款科目需要选中日记账和银行账。

（3）会计科目辅助核算设置。

一般来说，为了充分体现计算机的管理优势，应在企业原有的会计科目基础上，对以往的一些科目结构进行优化调整，而不是完全照搬照抄。当企业规模不大，往来业务较少时，可采用和手工方式一样的科目结构及记账方法，即通过将往来单位、个人、部门、项目设置明细科目来进行核算管理；对于一个往来业务频繁、清欠和清理工作量大、核算要求严格的企业来说，应该采用总账系统提供的辅助核算功能进行管理，即将这些明细科目的上级科目设为末级科目，并设为辅助核算科目，将这些明细科目设为相应的辅助核算目录。一个科目设置了辅助核算后，它所发生的每一笔业务都将会登记在总账和辅助明细账上。

例如，未使用辅助核算功能时，可将科目设置为：

科目编码	科目名称
1122	应收账款
112201	新淮
112202	江城
……	
1221	其他应收款
122101	差旅费应收款
12210101	杨文

12210102	刘红	
……		
6601	主营业务收入	
660101	机床	
660102	车床	
……		
6602	管理费用	
660201	办公费	
66020101	企管部	
66020102	财务部	
……		

启用总账系统的辅助核算功能进行核算时，可将科目设置为：

科目编码	科目名称	辅助核算
1122	应收账款	客户往来
1221	其他应收款	
122101	差旅费应收款	个人往来
6601	主营业务收入	项目核算
6602	管理费用	
660201	办公费	部门核算

一个科目设置了辅助核算后，它发生的每一笔业务都会登记在总账和辅助明细账上。

（4）指定会计科目。

指定会计科目是指定出纳的专管科目，一般指现金科目和银行存款科目。指定科目后，执行出纳签字的前置流程，此举措是查看现金、银行存款日记账的前提条件，从而实现现金、银行管理的保密性。

3. 凭证类别

在手工环境下，企业多采用收、付、转三类凭证或银、现、转三类凭证，还有划分为银收、银付、现收、现付、转五类凭证的，如图2-13所示。这种分类的深层动因主要有两点。其一，通过为不同类别的凭证设计独特颜色，简化了部分凭证的填写流程，仅需标注对方科目，有效减轻了书写负担；其二，分类管理便于后续的统计汇总工作。然而，深入分析这两个原因后不难发现，在计算机环境中，上述两个难题均迎刃而解。由于U8系统的自动化处理能力和灵活的数据分类统计功能，凭证分类的必要性显著降低，因此，在计算机环境中，通常不再对凭证进行传统的手工分类。

在信息化环境下，为了防止填制凭证时将凭证类别选错，系统一般都会提供限制类型及限制科目功能，如借方必有、贷方必有、凭证必有、凭证必无、借方必无、贷方必无等。对于收款凭证可以设置为"借方必有1001、1002"；付款凭证可以设置为"贷方必有1001、1002"；转账凭证可以设置为"凭证必无1001、1002"；现金凭证可以设置为"凭证必有1001"；银行凭证可以设置为"凭证必有1002"。

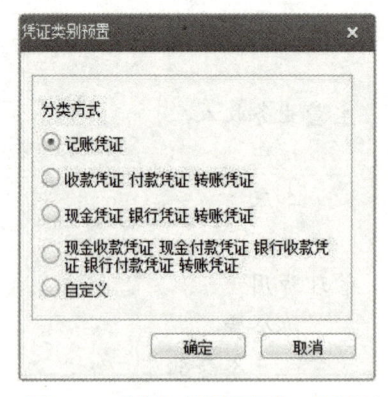

图2-13 "凭证类别预置"对话框

4. 项目目录

项目可以是工程、订单或产品，可以把需要单独计算成本或收入的对象都视为项目。企业通常存在多种不同的项目，在软件中可以对应地定义多类项目核算，并可将具有相同特性的项目定义为一个项目大类。为了便于管理，还可以对每个项目大类进行细分类，在最末级明细分类下再建立具体的项目档案。为了在业务发生时将数据准确归入对应的项目，需要在项目和已设置为项目核算的科目间建立对应关系。通过以下提示可以快速建立项目档案，如图2-14所示。

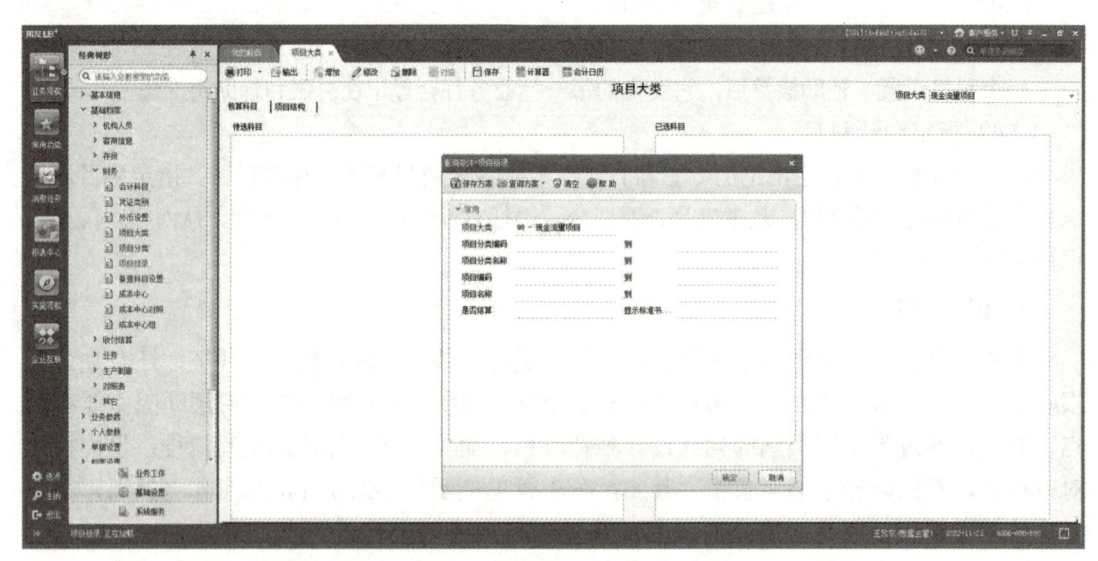

图2-14 "查询条件-项目目录"窗口

（1）定义项目大类。定义项目大类包括指定项目大类名称、定义项目级次和定义项目栏目。项目级次是该项目大类下所管理的项目的级次及每级的位数。项目栏目是针对项目属性的记录。如定义项目大类为"工程"，工程下又分了一级，则设置1位数字即可，工程要记录的必要内容"工程号""工程名称""负责人""开工日期""完工日期"等可作为项目栏目。

（2）指定核算科目。指定设置了项目辅助核算的科目所对应的具体项目，建立项目与核算科目之间明确的对应关系。

（3）定义项目分类。如将工程分为"自建工程"和"外包工程"。

（4）定义项目目录。定义项目目录是将每个项目分类中所包含的具体项目录入系统。每个项目具体录入哪些内容取决于项目栏目的定义。

2.2.5 收付结算

收付结算中主要包括结算方式、银行档案、本单位开户银行、付款条件等。

1．结算方式

结算方式（图2-15所示）用来建立和管理用户在经营活动中对外进行收付结算时所使用的结算方式。它与财务结算方式一致，如现金结算、支票结算等。银企对账时，结算方式也是系统自动对账的一个重要参数。

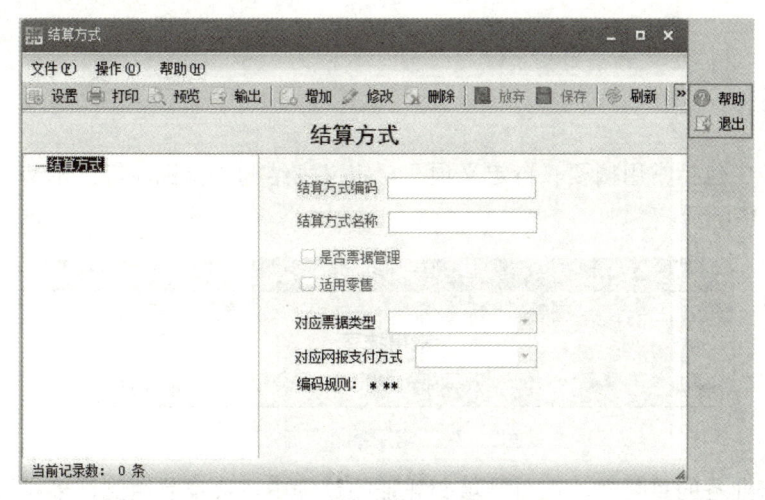

图2-15 结算方式

结算方式最多可以分为2级。结算方式一旦被引用，便不能进行修改和删除的操作。

2．银行档案

银行档案（图2-16）是一个非常重要的功能，为用户提供了便捷的银行账户管理方式，使得企业在处理与银行相关的业务时更加高效和准确。它主要用于设置企业所使用的各个银行的总行名称和编码，这些信息将被用于工资、人力资源（HR）、网上报销、网上银行等系统。

使用银行档案功能，用户可以根据业务需求对银行档案进行管理。例如，企业需要增加一个新的银行账户，用户可以在系统中轻松地添加该银行的相关信息，包括总行名称和编码。同样地，如果需要修改或删除某个已有的银行账户信息，也可以在系统中进行相应的操作。

此外，用户还可以利用银行档案功能进行查询和打印操作。通过查询功能，可以快速找到所需银行账户的信息，以便进行业务处理。打印功能可以将银行档案以纸质形式保存下来，以备不时之需。

图2-16 "银行档案"窗口

2.2.6 其它

"其它"中包括常用摘要、自定义项、自定义表结构、指标库等。本节主要介绍常用摘要，如图2-17所示。

图2-17 "常用摘要"窗口

由于经济业务的重复性，在日常填制凭证的过程中，会反复用到许多相同的摘要，为了提高凭证的录入速度和准确性，可以将这些经常使用的摘要进行预先设置，而在填制凭证时可以随时调用这些摘要，这样就会提高处理业务的效率。

2.3 案例解析

案例素材

以系统管理员身份登录系统管理，引入"案例素材\第2章"文件夹下的账套文件Y2_01。

以账套主管"1011王欣东"（密码为011）的身份登录U8企业应用平台，登录日期为"2022-01-01"，进行以下基础档案设置。

1.部门档案

部门档案信息如表2-2所示。

表2-2 部门档案信息

部门编码	部门名称
1	总经办
2	财务部
3	采购部
4	销售部
5	生产部

2．人员档案

人员档案信息如表2-3所示。

表2-3 人员档案信息

人员编码	人员姓名	性别	雇佣状态	人员类别	行政部门	是否业务员	是否操作员
001	张华	男	在职	正式工	财务部	是	否
002	纪群	女	在职	正式工	销售部	是	否

3．客户分类

客户分类信息如表2-4所示。

表2-4 客户分类信息

分类编码	分类名称
01	本地客户
02	外地客户

4．客户档案

客户档案信息如表2-5所示。

表2-5 客户档案信息

客户编号	客户名称	客户简称	客户分类
001	新淮动力机厂	新淮	外地客户
002	江城精密仪器有限公司	江城	外地客户

5．供应商档案

供应商档案信息如表2-6所示。

表2-6 客户档案信息

供应商编号	供应商名称	客户简称	客户分类
001	北京新锐科技有限公司	新锐	无分类
002	深圳美安电子有限公司	美安	无分类

6. 设置存货

存货分类信息如表2-7所示。

表2-7 存货分类信息

分类编码	分类名称	存货名称	存货属性
01	原材料	橡胶	采购、工程物质
02	仪器	数字电桥	内销、外销
		精密电子天平	

7. 外币设置

本企业采用固定汇率核算外币，外币只涉及美元，美元币符为"$"，2022年1月初的汇率为6.3。

8. 会计科目

（1）增加会计科目。

会计科目如表2-8所示。

表2-8 会计科目

科目编号	科目名称	辅助核算
100201	工行存款	日记账、银行账
222101	应交增值税	
22210101	进项税额	
22210105	销项税额	
660201	办公费	部门核算
660202	差旅费	部门核算
1405	库存商品	项目核算
6001	主营业务收入	项目核算
6401	主营业务成本	项目核算

（2）修改会计科目。

将"1122应收账款"设置为"客户往来"辅助核算。

将"1221其他应收款"设置为"个人往来"辅助核算。

将"1604在建工程"设置为"项目核算"辅助核算。

（3）指定会计科目。

指定"1001库存现金"为现金科目，指定"1002银行存款"为银行科目。

9. 设置凭证类别

设置凭证类别的分类方式为"记账凭证"，无限制条件。

10. 设置项目档案

（1）增加项目大类。

增加项目大类的名称为"工程"，级次及项目结构均为默认参数。

增加项目大类的名称为"产品",级次及项目结构均为默认参数。

(2)指定项目核算科目。

指定"1604在建工程"科目为"工程"项目大类的核算科目。

指定"1405库存商品""6001主营业务收入"和"6401主营业务成本"科目为"产品"项目大类的核算科目。

(3)项目分类定义。

在"工程"项目大类下,增加分类编码为"1"、分类名称为"家属楼"的项目分类;增加分类编码为"2"、分类名称为"办公楼"的项目分类。

在"产品"项目大类下,增加分类编码为"1"、分类名称为"电磁精密仪器"的项目分类;增加分类编码为"2"、分类名称为"几何量精密仪器"的项目分类。

(4)项目目录。

项目目录信息如表2-9和表2-10所示。

表2-9 工程类的项目目录信息

项目编号	项目名称	所属分类码	所属分类名称
01	1号楼	1	家属楼
02	2号楼	2	办公楼

表2-10 产品类的项目目录信息

项目编号	项目名称	所属分类码	所属分类名称
01	数字电桥	1	电磁精密仪器
02	精密电子天平	1	电磁精密仪器
03	立式测角仪	2	几何量精密仪器

11.设置结算方式

结算方式如表2-11所示。

表2-11 结算方式

结算方式编码	结算方式名称	票据管理
1	现金结算	否
2	支票结算	否
201	现金支票	是
202	转账支票	是
3	电汇	否

12.设置常用摘要

设置摘要编码为"01"、摘要内容为"报销交通费用",无须输入相关科目。

13.输出账套

将操作结果输出至"案例解析\X2_01"文件夹中。

会计信息化

> 操作步骤

以系统管理员身份登录系统管理，引入"案例素材\第2章"文件夹下的账套文件Y2_01。

1. **以账套主管身份登录企业应用平台**

（1）执行"开始"→"所有程序"→"用友U8"→"企业应用平台"命令，打开"登录"对话框。

（2）输入操作员"1011"、密码"011"，单击"账套"栏的下拉三角按钮，选择"[102] (default)hope102"，操作日期设置为"2022-02-02"，如图2-18所示。

图2-18　以账套主管身份登录企业应用平台

（3）单击"登录"按钮，进入"企业应用平台"窗口，如图2-19所示。

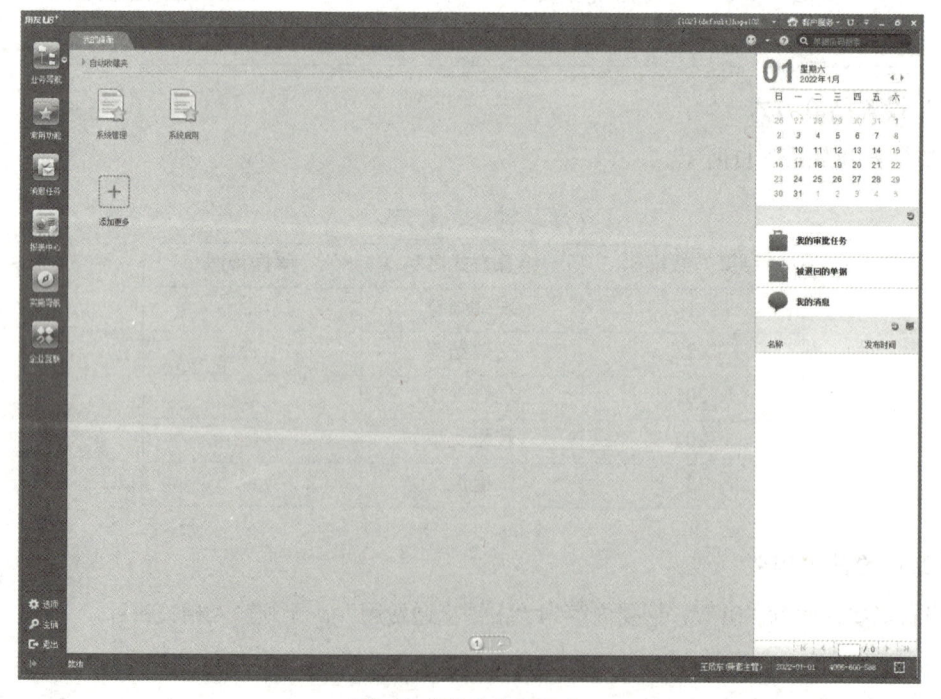

图2-19　企业应用平台

2. 设置部门档案

（1）在"基础设置"选项卡中，执行"基础档案"→"机构人员"→"机构"→"部门档案"命令，打开"部门档案"界面。

（2）单击"增加"按钮，分别输入"部门编码"为"1"，"部门名称"为"总经办"。

（3）单击"保存"按钮。以此方法依次录入其他的部门档案，如图2-20所示。

（4）关闭"部门档案"界面。

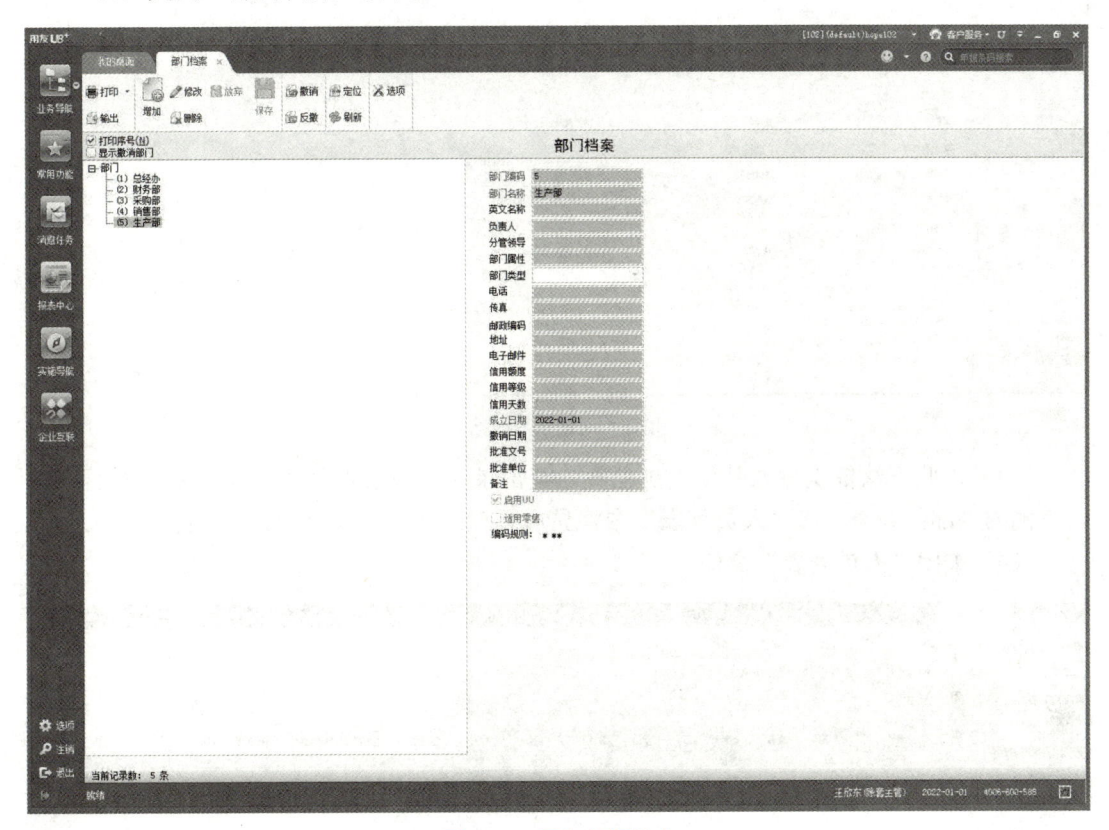

图2-20　录入部门档案

> **提示**
> - "部门档案"界面下方显示"＊.＊＊"表示在编码方案中设定部门编码为2级，第1级1位，第2级2位。输入部门编码时需要遵守该规定。
> - 由于此时还未设置"人员档案"，因此部门中的"负责人"暂时不能设置。如果需要设置，必须在完成"人员档案"设置后，再回到"部门档案"中以修改的方式设置。

3. 设置人员档案

（1）在"基础设置"选项卡中，执行"基础档案"→"机构人员"→"人员"→"人员档案"命令，进入"人员档案"界面。

（2）单击左侧的"财务部"，然后单击"增加"按钮，按案例资料输入人员档案信息，如图2-21所示。单击"保存"按钮。

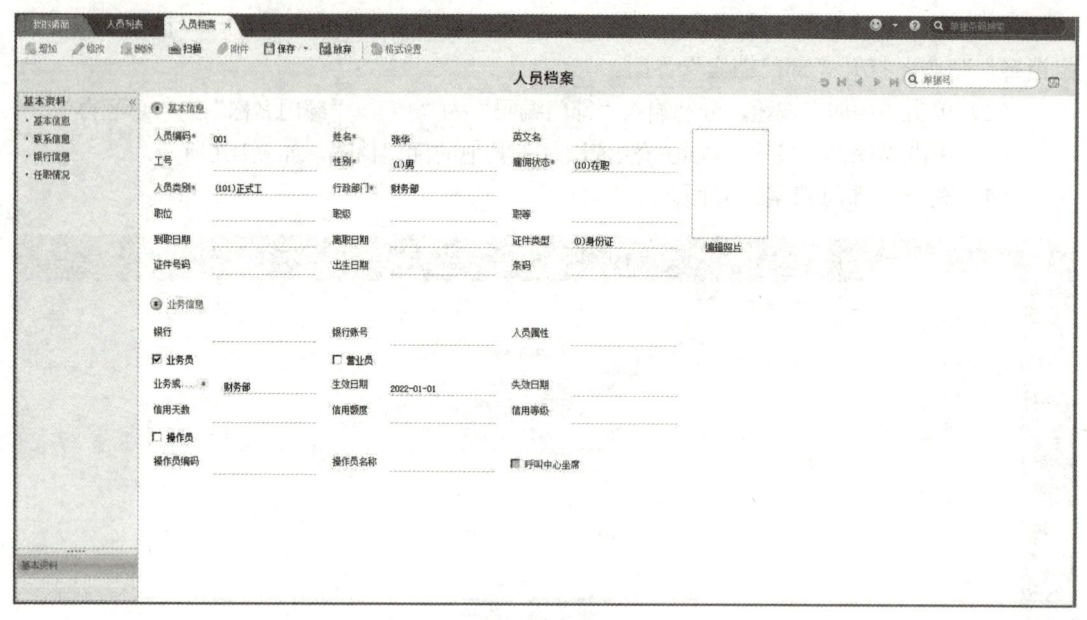

图2-21 增加人员档案

（3）以此方法依次输入其他人员档案。全部录入完成后返回"人员档案"界面，单击左侧的"部门分类"，"人员列表"中将显示所有已增加的人员档案，如图2-22所示。

（4）关闭"人员列表"窗口。

图2-22 "人员列表"窗口

> **提示**
> - 人员编码必须唯一，行政部门只能是末级部门。
> - 如果该员工需要在其他档案或单据的"业务员"项目中被参照，需要选中"是否业务员"选项。
> - "是否操作员"用于设定该人员是否可操作U8产品。有两种可能，一种是在系统管理中已经将该人员设置为用户，此处无须再选中该选项；另一种情况是该人员没有在系统管理中设置为用户，此时可以选中"是否操作员"复选框，系统将该人员追加在用户列表中，人员编码自动作为用户编码和用户密码，所属角色为普通员工。
> - 人员档案建立完成后，再次打开部门档案可以补充部门负责人信息。

4.设置客户分类

（1）在"基础设置"选项卡中，执行"基础档案"→"客商信息"→"客户分类"命令，弹出"客户分类"窗口。

（2）单击"增加"按钮，按案例要求输入客户分类信息，单击"保存"按钮。

（3）以此方法录入其他的客户分类，录入后如图2-23所示。

（4）退出"客户分类"窗口。

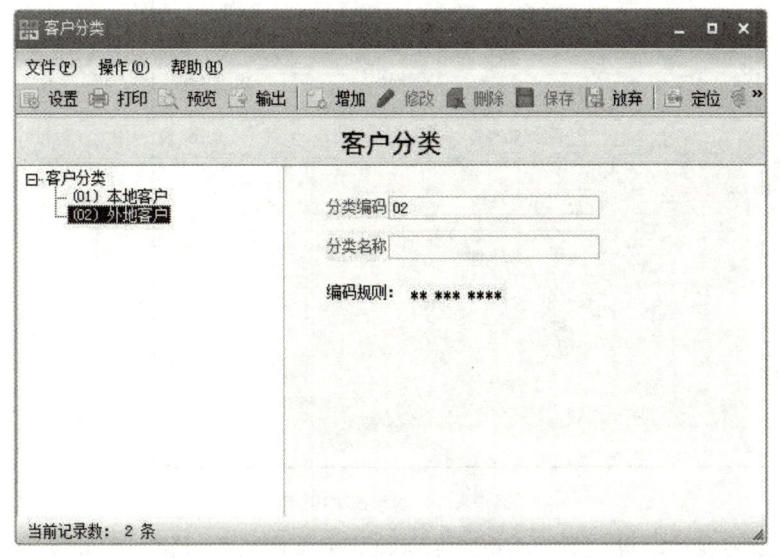

图2-23　增加客户分类

> **提示**
> ● 客户是否需要分类应在建立账套时确定。

5.设置客户档案

（1）在"基础设置"选项卡中，执行"基础档案"→"客商信息"→"客户档案"命令，打开"客户档案"窗口，如图2-24所示。界面分为左右两部分，左侧显示已经设置的客户分类，单击鼠标选中"外地客户"客户分类，右侧显示该分类下所有的客户列表。

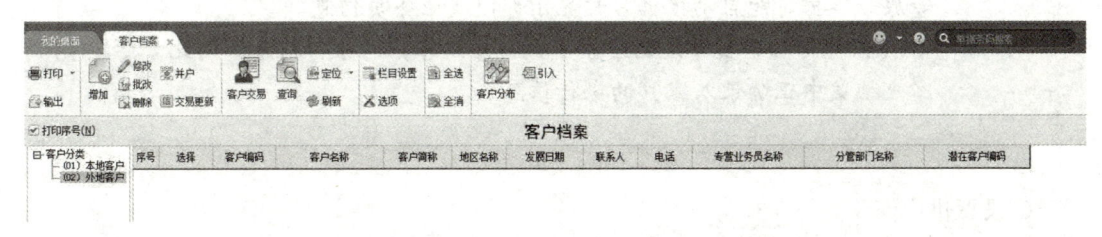

图2-24　"客户档案"窗口

（2）单击"增加"按钮，打开"增加客户档案"界面。界面中共包括6个选项卡，即"基本""联系""信用""其它""附件"和"照片"，将客户的信息按不同的属性分别记录。

（3）在"基本"选项卡中，按案例要求输入"客户编码""客户名称""客户简称"等信息，如图2-25所示。

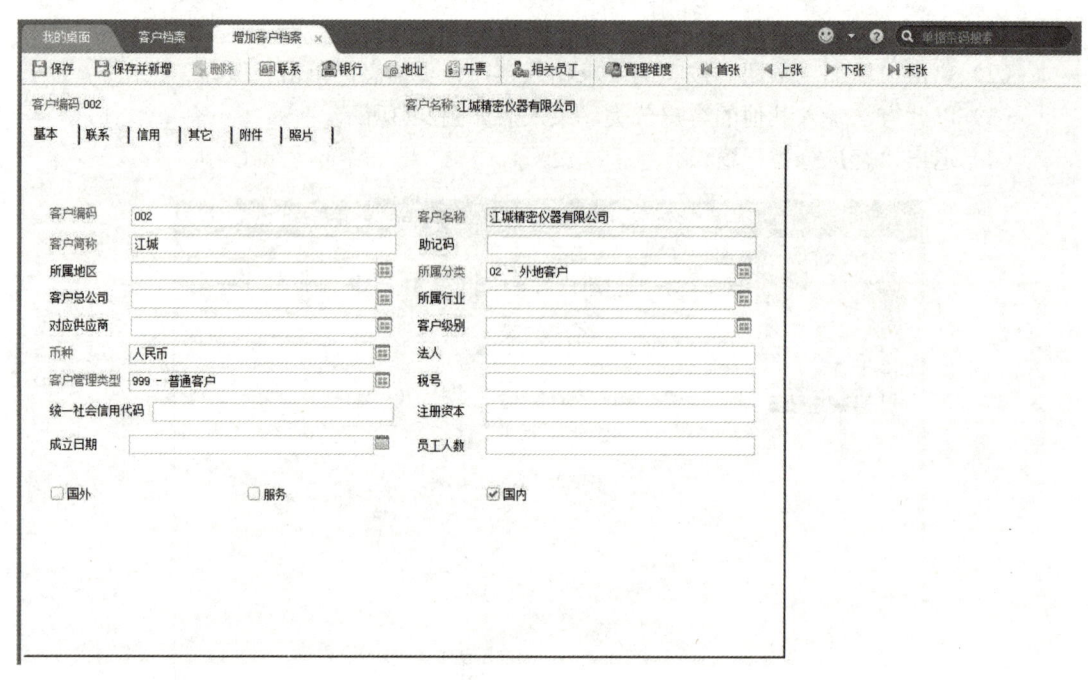

图2-25　增加客户档案

（4）如果有其他信息，可以依次单击"联系""信用""其它""附件"等选项卡分别录入，客户的开户银行信息需要单击"银行"按钮，打开"客户银行档案"对话框进行录入。

（5）单击"保存并新增"按钮。继续录入其他的客户档案。

（6）全部输入完成后，关闭"增加客户档案"界面。在"客户档案"界面中，可以看到全部的客户档案。

> 提示
> - 此处若不输入税号，之后将无法向该客户开具增值税专用发票。
> - 设置"分管部门""专管业务员"是为了在应收应付款管理系统填制发票等原始单据时能自动根据客户显示部门及业务员信息。
> - 由U8系统传入金税系统的发票不允许修改客户的银行信息，因此需要在U8客户档案中正确录入客户的银行信息。

6. 设置供应商

（1）在"基础设置"选项卡中，执行"基础档案"→"客商信息"→"供应商档案"命令，弹出"供应商档案"窗口，单击"增加"按钮，弹出"增加供应商档案"窗口，如图2-26所示。

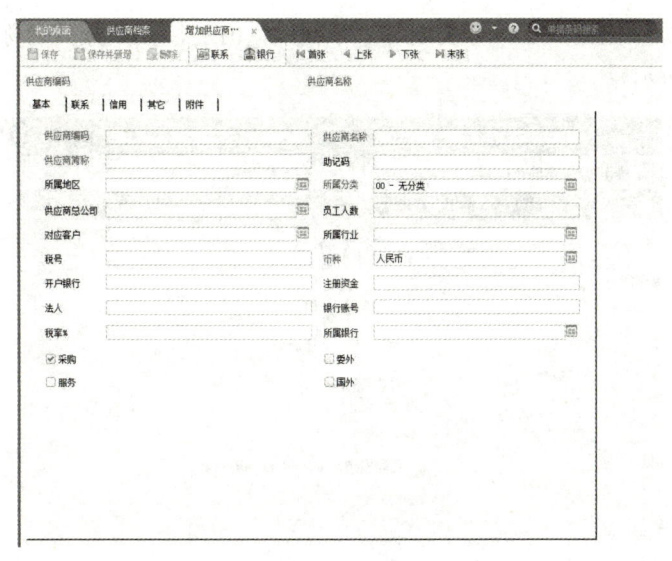

图2-26 "增加供应商档案"窗口

（2）在"基本"选项卡中，按案例要求输入"供应商编码""供应商名称""供应商简称"等信息，输入好的供应商档案如图2-27所示。

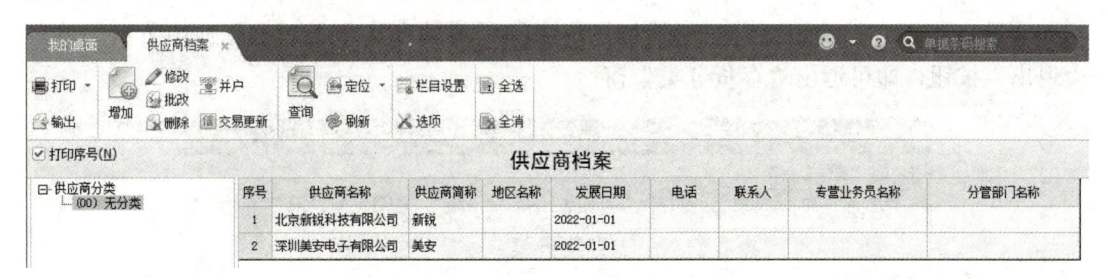

图2-27 "供应商档案"窗口

7. 设置存货

（1）设置存货分类。

①在"基础设置"选项卡中，执行"存货"→"存货分类"命令，弹出"存货分类"窗口，如图2-28所示。

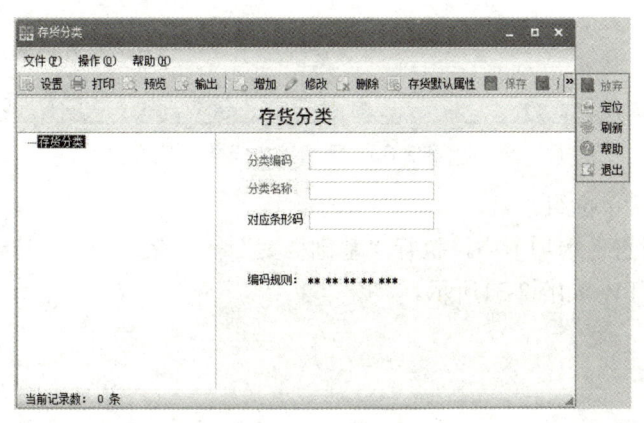

图2-28 "存货分类"窗口

②单击"增加"按钮,在"分类编码"中输入"01",在"分类名称"中输入"原材料",如图2-29所示。

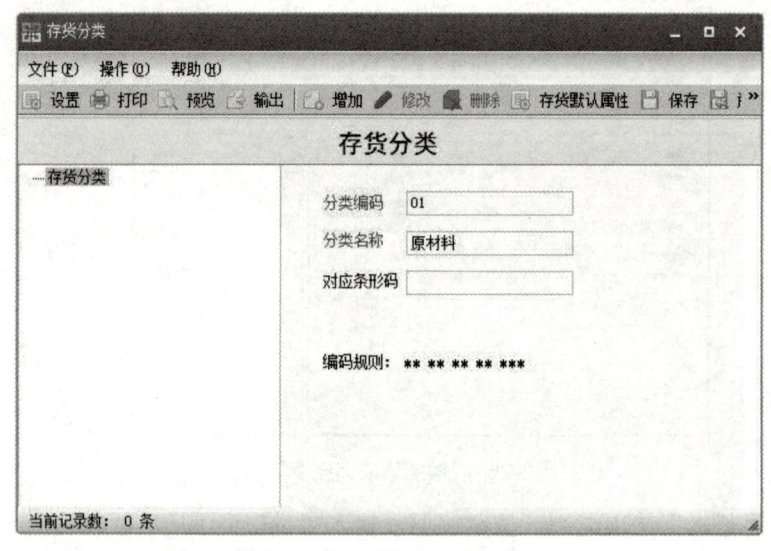

图2-29 设置"存货分类"信息

③单击"保存"按钮,此时新增加了一个原材料的存货分类,如图2-30所示。单击"退出"按钮,即可退出"存货分类"窗口。

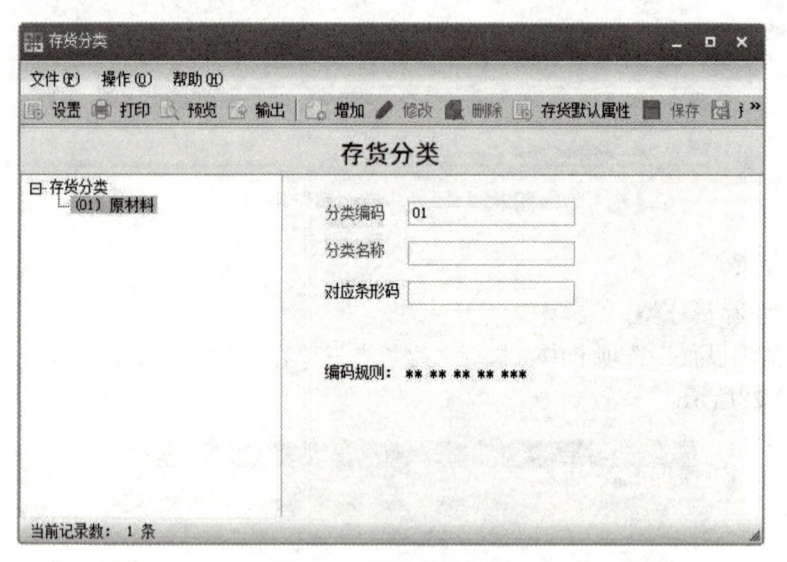

图2-30 新增存货分类

(2)设置计量单位组。

①在"基础设置"选项卡中,执行"基础档案"→"存货"→"计量单位"命令,弹出"计量单位"窗口,如图2-31所示。

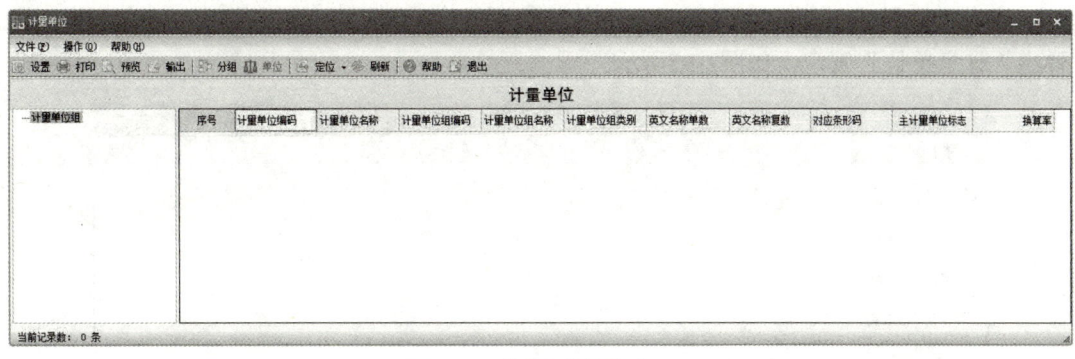

图2-31 "计量单位"窗口

②单击"分组"按钮,弹出"计量单位组"窗口,如图2-32所示。

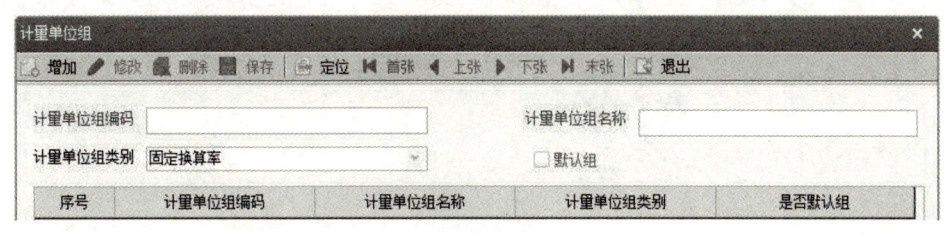

图2-32 "计量单位组"窗口

③单击"增加"按钮,在"计量单位组编码"中输入"01",在"计量单位组名称"中输入"自然单位组",单击"计量单位组类别"右侧的下拉按钮,选择"无换算率",如图2-33所示。

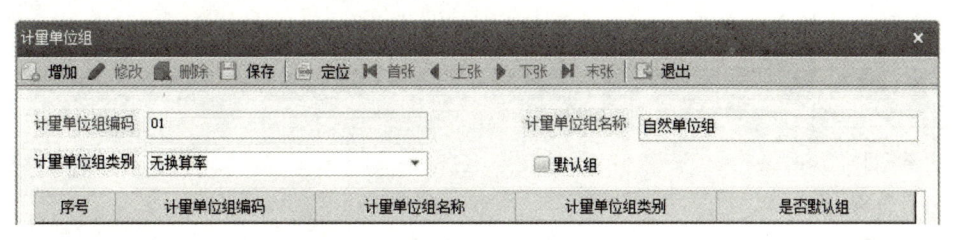

图2-33 设置计量单位组

④单击"保存"按钮,此时新增加了一个无换算率的计量单位组,如图2-34所示。单击"退出"按钮,即返回"计量单位"窗口。

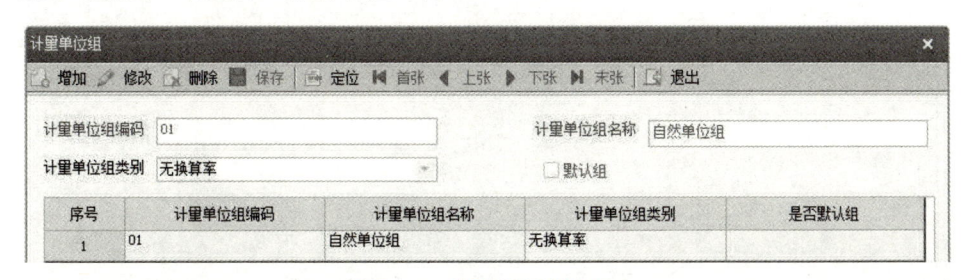

图2-34 新增计量单位组

(3)设置计量单位。

①在"基础设置"选项卡中,执行"基础档案"→"存货"→"计量单位"命令,弹出"计量单位"窗口。

②在"计量单位组"中选择"自然单位组<无换算率>",然后单击"单位"按钮,弹出"计量单位"窗口,如图2-35所示。

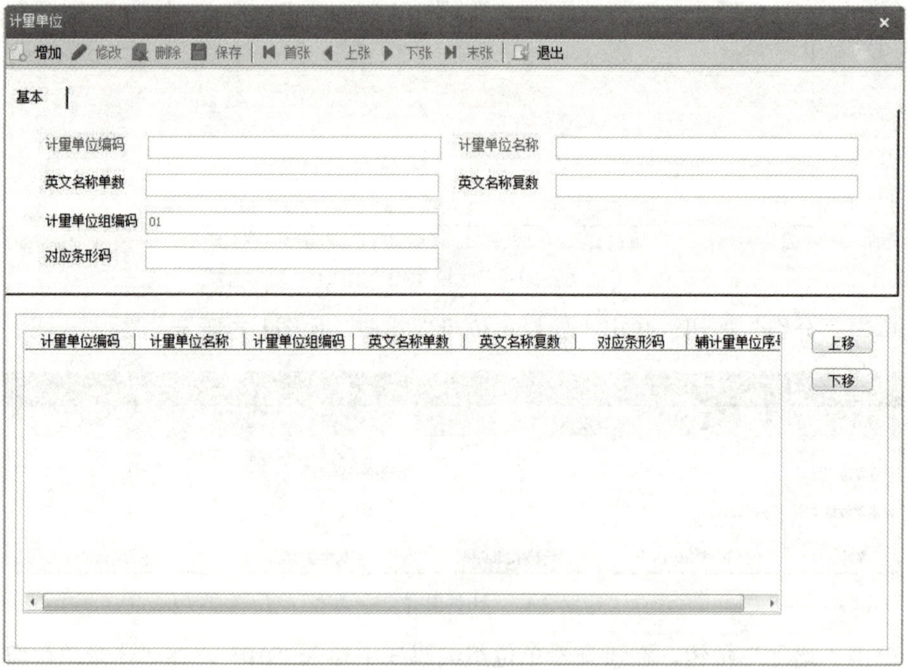

图2-35 "无换算组"的"计量单位"窗口

③单击"增加"按钮,新添一张表单,然后在"计量单位编码"中输入"01","计量单位名称"中输入"件",单击"保存"按钮,如图2-36所示。

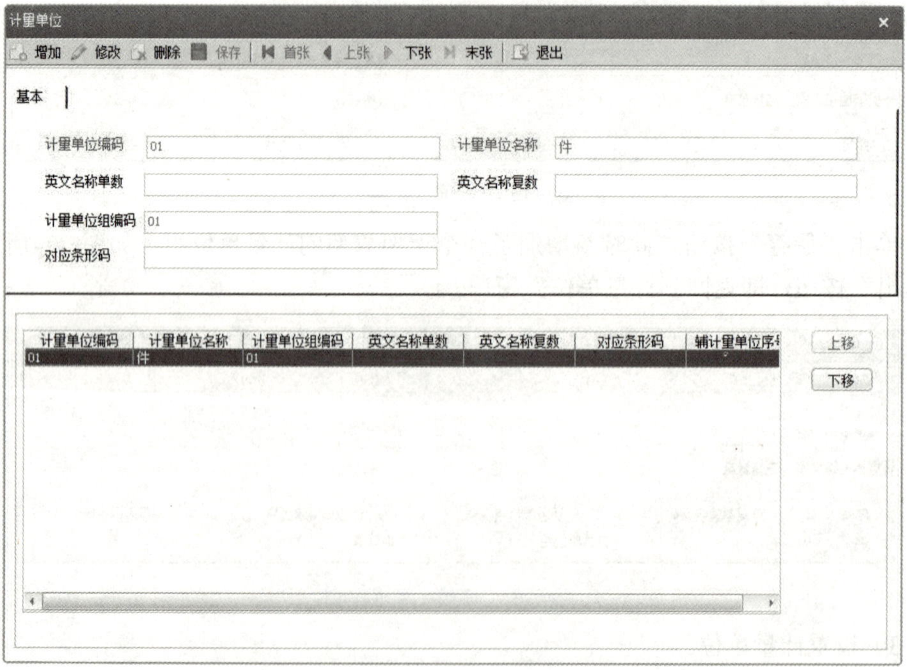

图2-36 设置计量单位

④单击"退出"按钮,退出"计量单位"窗口。

(4)设置存货档案。

①执行"存货"→"存货档案"命令,弹出"存货档案"窗口,如图2-37所示。

图2-37 "存货档案"窗口

②单击"增加"按钮,弹出"增加存货档案"窗口,如图2-38所示。

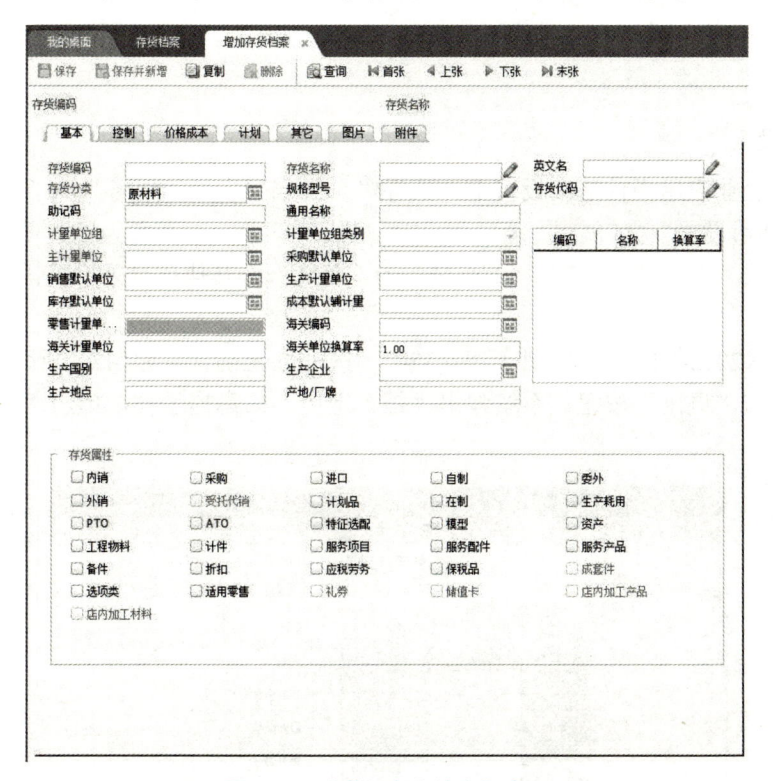

图2-38 "增加存货档案"窗口

③在"基本"选项卡中填写"存货编码"为"01","存货名称"为"橡胶","存货分类"为"原材料","计量单位组"为"01-自然单位组","主计量单位"为"01-件",

067

"存货属性"勾选"采购""工程物料",其他的为默认设置,如图2-39所示。以此方法输入"数字电桥""精密电子天平"的存货信息。

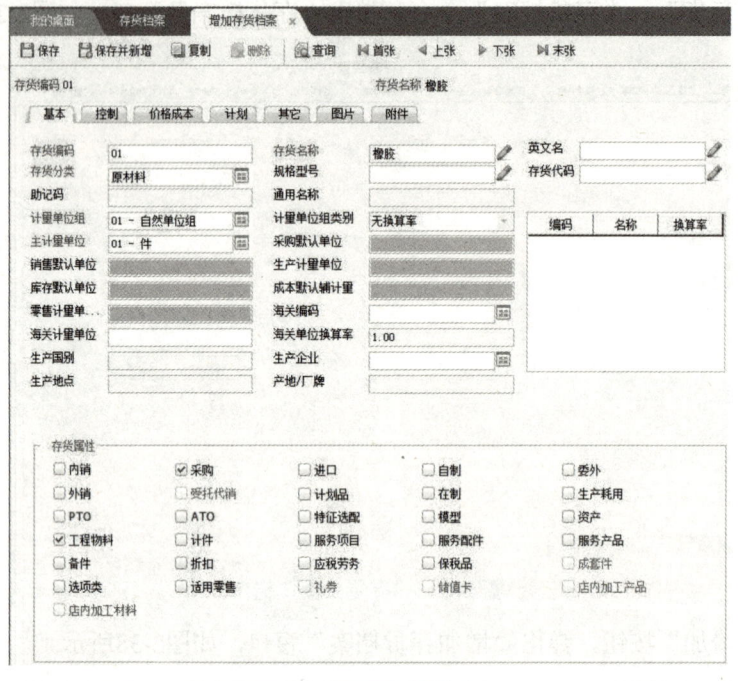

图2-39 设置存货档案

8.外币设置

(1)在企业应用平台基础设置中,执行"基础档案"→"财务"→"外币设置"命令,弹出"外币设置"窗口。

(2)输入"币符"为"$","币名"为"美元",其他项目采用默认值,单击"确认"按钮。

(3)输入2022年1月份的记账汇率6.3542,按Enter键确认,如图2-40所示。

(4)单击"退出"按钮,系统弹出"是否退出"信息提示框,单击"是"按钮退出外币设置。

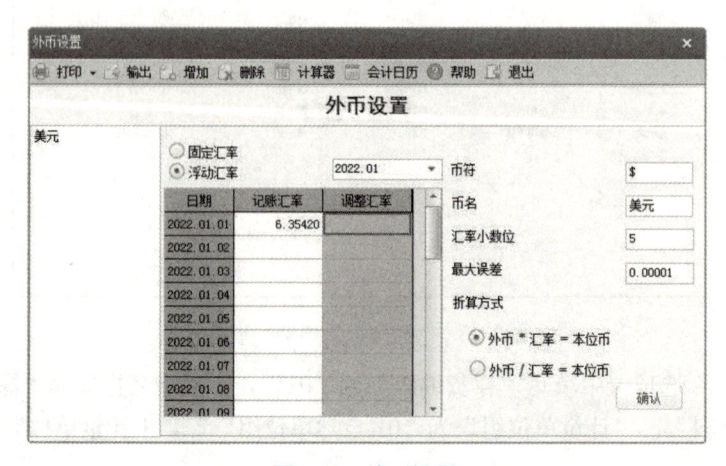

图2-40 外币设置

> **提示**
> - 使用固定汇率的用户，在填制每月的凭证前应预先在此录入本月的记账汇率；使用浮动汇率的用户，在填制该日的凭证前，应预先在此录入当天的记账汇率。

9. 设置会计科目

（1）增加会计科目。

①在企业应用平台基础设置中，执行"基础档案"→"财务"→"会计科目"命令，弹出"会计科目"窗口，如图2-41所示。窗口上方有7个选项卡，分别为"全部""资产""负债""共同""权益""成本"和"损益"。单击某选项卡，即显示该分类下的全部会计科目。

图2-41 "会计科目"窗口

②单击"增加"按钮，打开"新增会计科目"对话框。按案例资料录入"科目编码"为"100201"，输入"科目名称"为"工行存款"，勾选"日记账""银行账"的复选框，如图2-42所示。

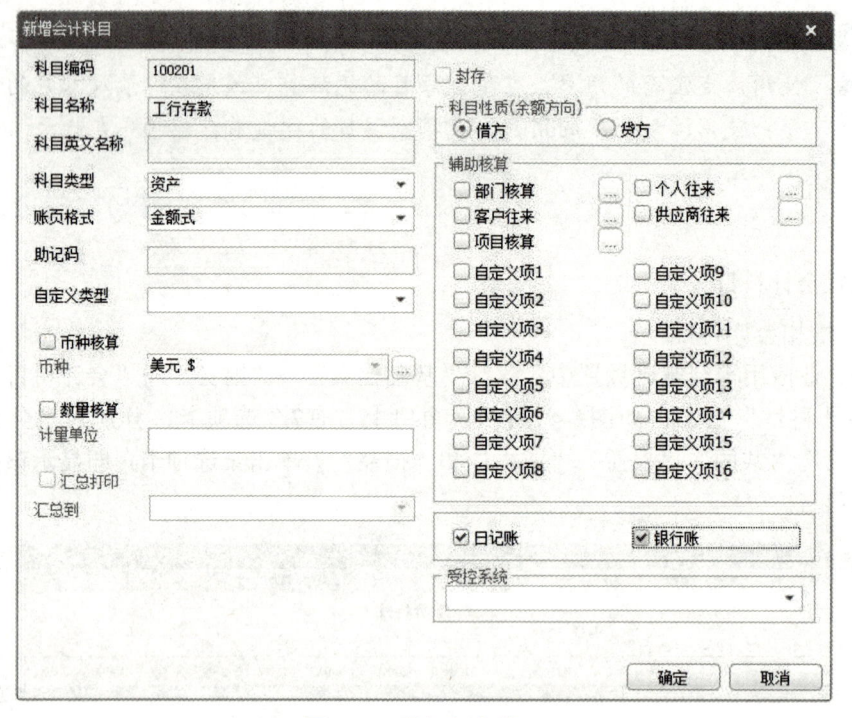

图2-42 增加会计科目

③单击"确定"按钮保存。

④单击"增加"按钮,继续增加其他会计科目,完成后返回"会计科目"界面。

> **提示**
> - 增加会计科目时,如果选中"外币核算"复选框,则还需要选择外币"币种"。
> - 增加会计科目时,如果选中"数量核算"复选框,则还需要输入计量单位。
> - 增加会计科目时,必须先增加上一级科目,再增加下一级科目。

(2)修改会计科目。

①在"会计科目"界面中,双击"1122应收账款"科目,弹出"会计科目_修改"对话框。

②在"会计科目_修改"对话框中单击"修改"按钮,勾选"客户往来"复选框,如图2-43所示,单击"确定"按钮。

③单击"返回"按钮,返回"会计科目"界面。以此方法修改其他科目。

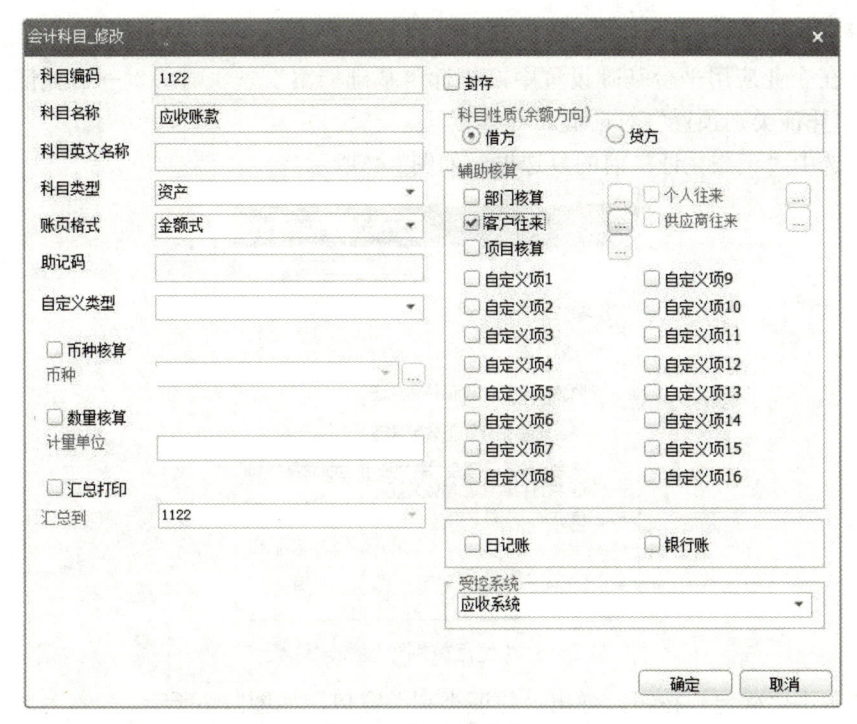

图2-43　修改会计科目

（3）指定会计科目。

①在"会计科目"界面中，单击"指定科目"按钮，打开"指定科目"对话框。

②选中"现金科目"单选按钮，从待选科目列表框中选择"1001 库存现金"科目，单击" > "按钮，将库存现金科目添加到"已选科目"列表中。

③选中"银行科目"单选按钮，从待选科目列表框中选择"1002 银行存款"科目，单击" > "按钮，将银行存款科目添加到"已选科目"列表中，如图2-44所示。

④单击"确定"按钮保存。

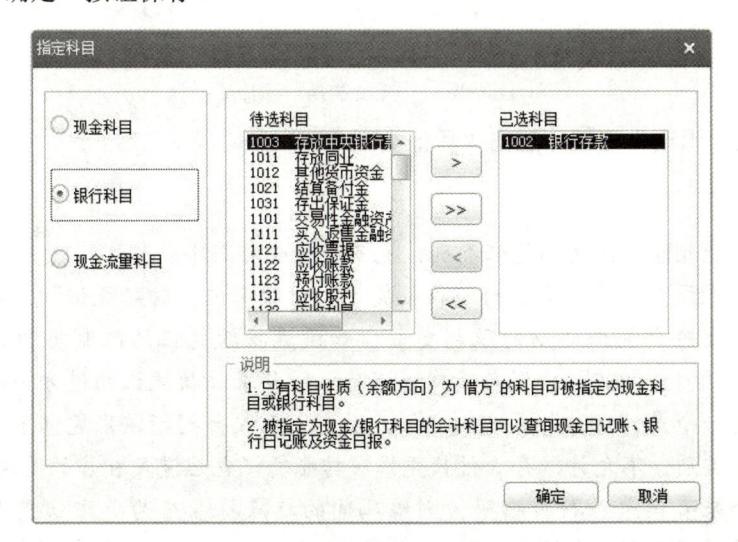

图2-44　指定会计科目

10. 设置凭证类别

（1）在企业应用平台基础设置中，执行"基础档案"→"财务"→"凭证类别"命令，打开"凭证类别预置"对话框。

（2）选中"记账凭证"前的复选框，如图2-45所示。

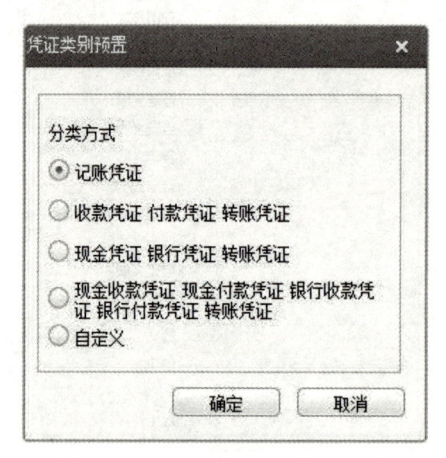

图2-45 "凭证类别预置"对话框

（3）单击"确定"按钮，弹出"凭证类别"窗口，如图2-46所示。

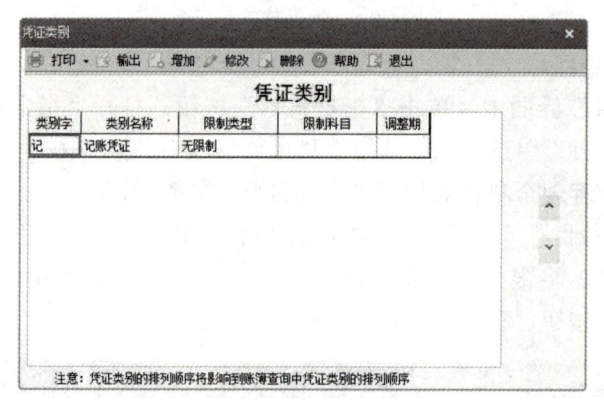

图2-46 "凭证类别"窗口

（4）单击"退出"按钮，退出"凭证类别"窗口。

> **提示**
> - 不能删除已使用的凭证类别，也不能修改类别字。
> - 如果设置了凭证类别为"收款凭证、付款凭证、转账凭证"，则可以继续设置每种凭证类别的限制类型。如设置收款凭证的限制类型为借方必有"1001、1002"，则在填制凭证时系统要求收款凭证的借方一级科目至少有一个是"1001"或"1002"，否则，系统会判断该张凭证不属于收款凭证类别，不允许保存。付款凭证及转账凭证也应满足相应的要求。
> - 如果直接录入科目编码，则编码间的标点符号应为英文状态下的标点符号，否则系统会提示科目编码有错误。

11.设置项目档案

(1)增加项目大类。

①在企业应用平台基础设置中,执行"基础档案"→"财务"→"项目大类"命令,弹出"项目大类"窗口,如图2-47所示。

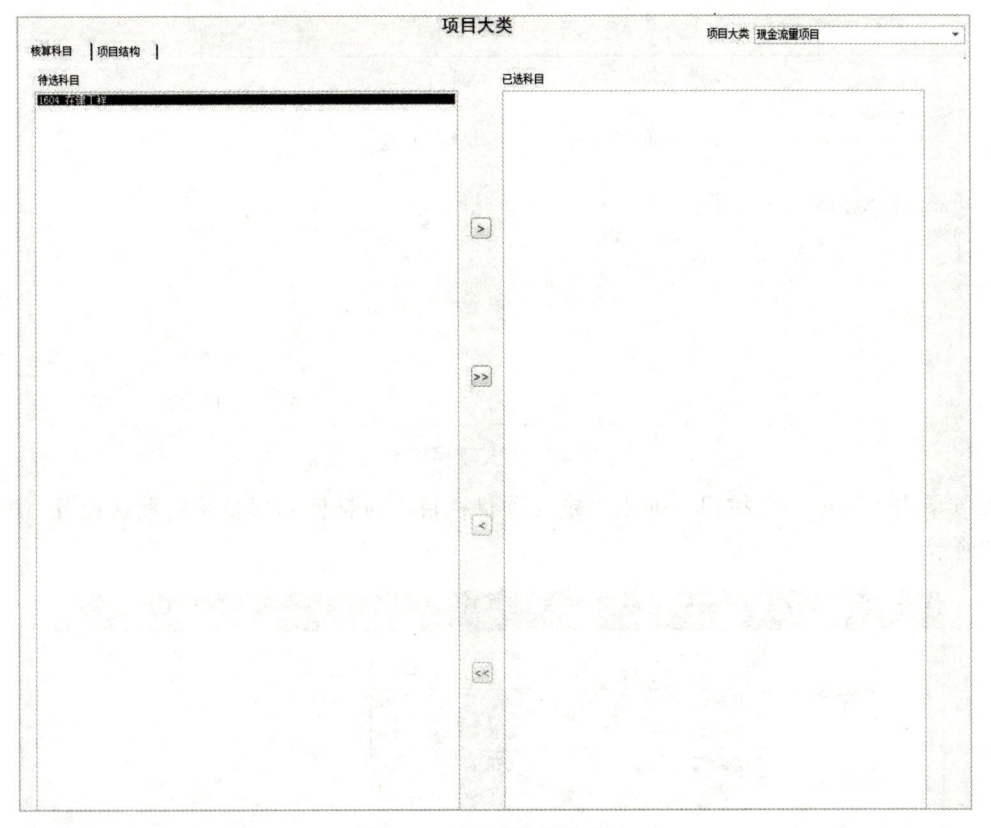

图2-47 "项目大类"窗口

②单击"增加"按钮,打开"项目大类定义_增加"对话框。

③输入"新项目大类名称"为"工程",选中"普通项目"单选按钮,如图2-48所示。

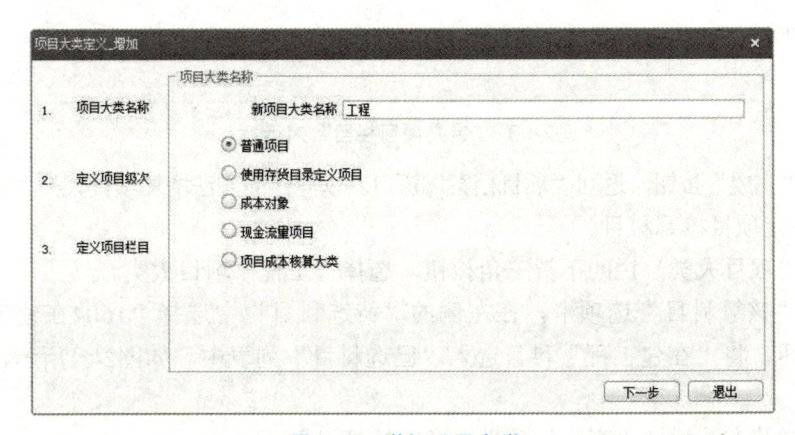

图2-48 增加项目大类

④单击"下一步"按钮,打开"项目大类定义_增加"次级对话框,默认项目级次为一级1位,如图2-49所示。

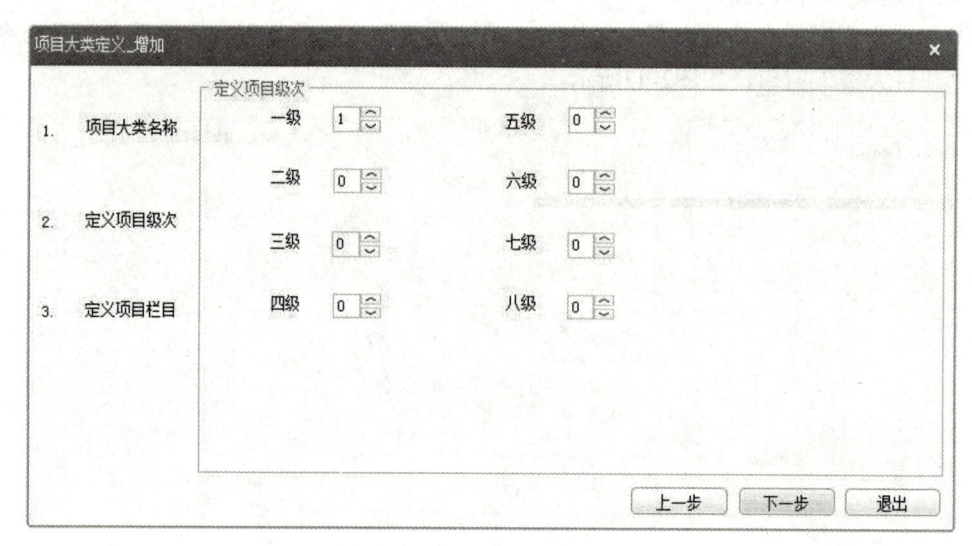

图2-49 定义项目级次

⑤单击"下一步"按钮,弹出"定义项目栏目"对话框,保持系统默认设置,如图2-50所示。

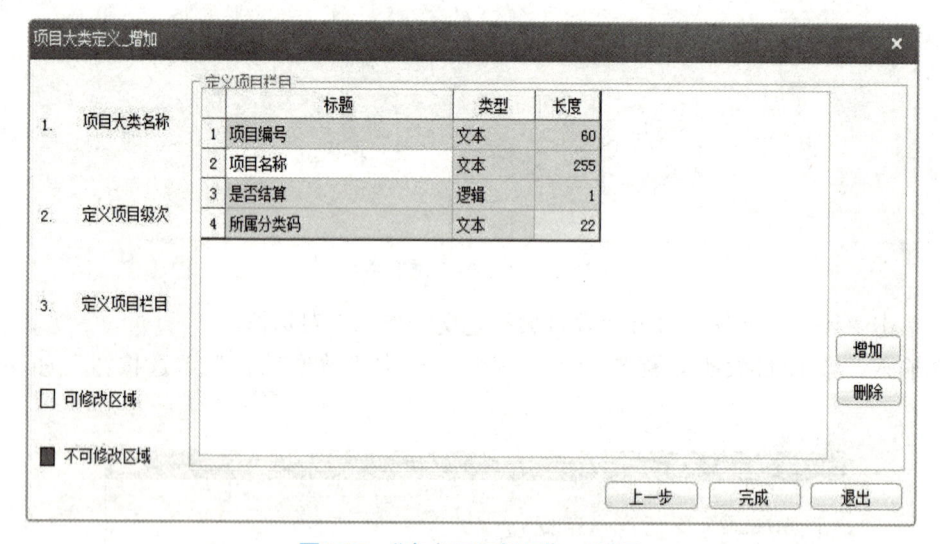

图2-50 "定义项目栏目"对话框

⑥单击"完成"按钮,返回"项目档案"窗口。以同样的方法增加项目大类"产品"。

(2)指定项目核算科目。

①单击"项目大类"栏的下拉三角按钮,选择"工程"项目大类。

②单击"核算科目"选项卡,在左侧的"待选科目"中选择"1604在建工程",单击" > "按钮,将"在建工程"科目选入"已选科目"列表中,如图2-51所示,单击"保存"按钮。

③以同样的方法增加"产品"项目大类的核算科目。

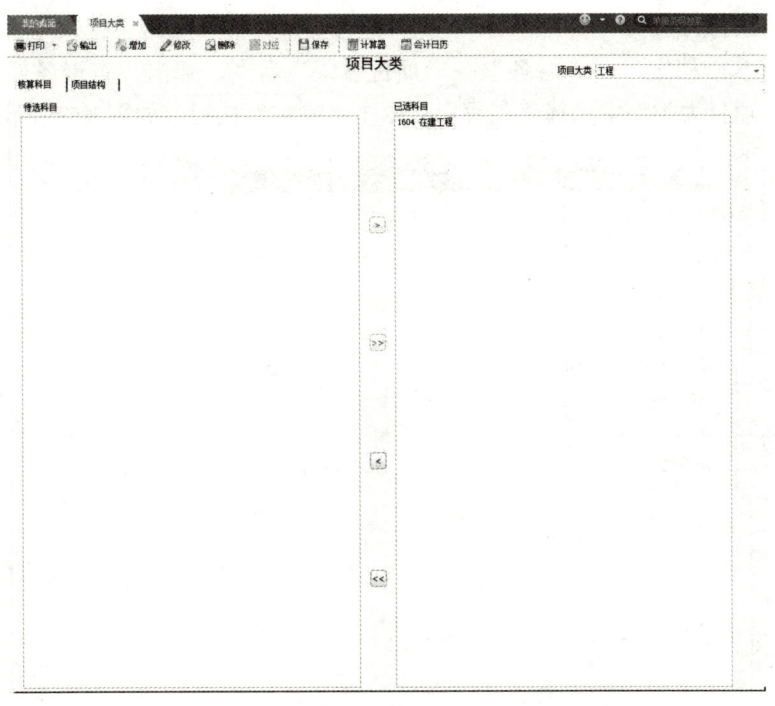

图2-51 增加项目核算科目

（3）进行项目分类定义。

①执行"基础档案"→"财务"→"项目分类"命令，弹出"项目分类"窗口。
②输入"分类编码"为"1"，"分类名称"为"家属楼"，单击"保存"按钮。
③以同样的方法输入其他项目，如图2-52所示。

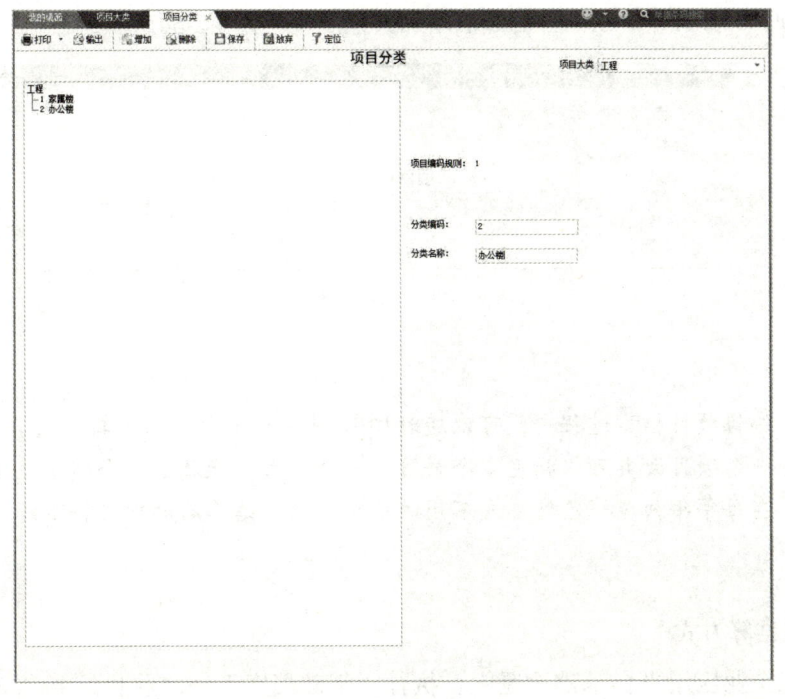

图2-52 项目分类定义

（4）项目目录维护。

①执行"基础档案"→"财务"→"项目目录"命令，弹出"查询条件-项目目录"对话框，在"项目大类"中选择"工程"，单击"确定"按钮，如图2-53所示。

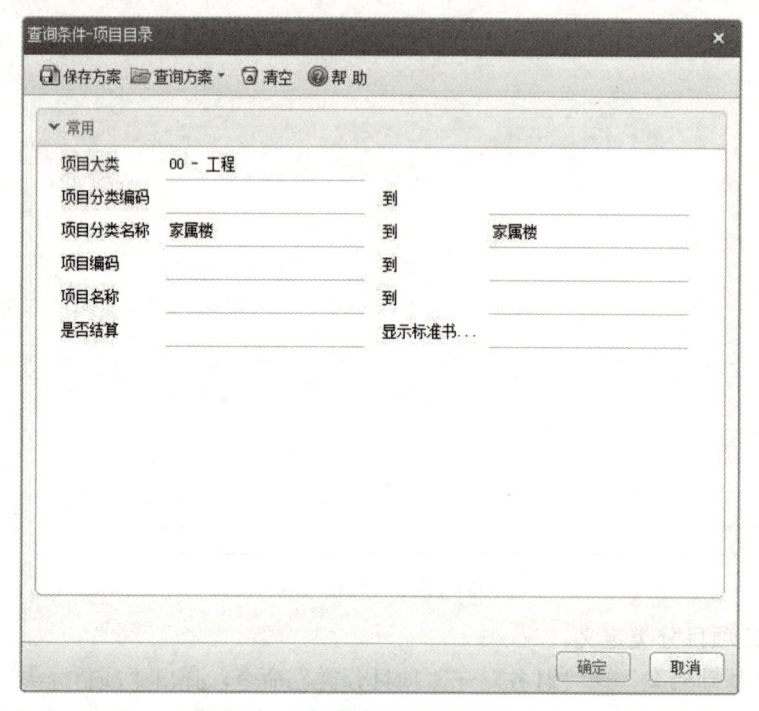

图2-53 "查询条件-项目目录"窗口

②单击"增加"按钮，输入"项目编号"为"01"、"项目名称"为"1号楼"、"所属分类码"为"1"，以同样的方法增加其他项目，如图2-54所示。

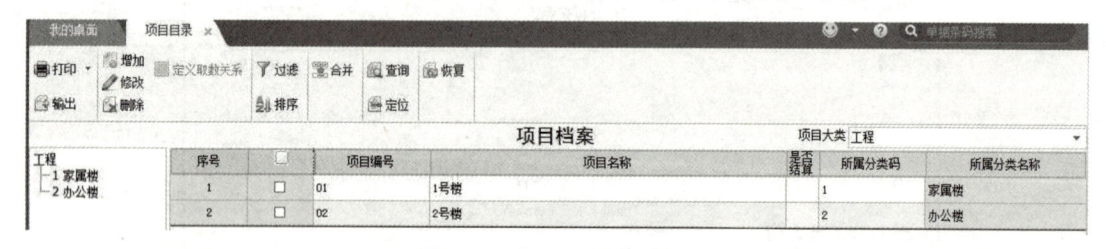

图2-54 "项目目录"窗口

> **提示**
> - 编辑项目档案过程中，可以随时按Esc键退出当前行的编辑状态。
> - 一个项目大类可以指定多个科目，一个科目只能属于一个项目大类。
> - 在每年年初应将已结算或不用的项目删除。结算后的项目将不能再使用。

12.设置结算方式

（1）在企业应用平台基础设置中，执行"基础档案"→"收付结算"→"结算方式"命令，弹出"结算方式"窗口，单击"增加"按钮，在"结算方式编码""结算方式名称"后面的输入框中输入相关内容,并勾选"是否票据管理"。

(2)按案例输入企业常用结算方式,如图2-55所示。
- 结算方式编码:必须录入,且录入值必须唯一。
- 结算方式名称:必须录入,最多6个字符。
- 是否票据管理:选中该标记,表示对该结算方式下的票据进行票据管理。

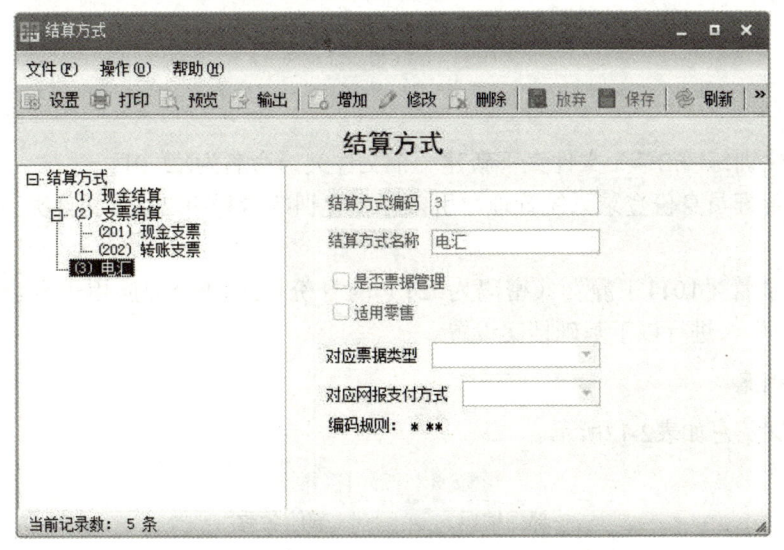

图2-55 结算方式

13.设置常用摘要

(1)在企业应用平台基础设置中,执行"基础档案"→"其它"→"常用摘要"命令,弹出"常用摘要"窗口。

(2)单击"增加"按钮,按案例资料输入企业常用摘要,如图2-56所示。
- 摘要编码:用以标识常用的摘要。在制单中录入摘要时,用户只要在摘要区输入常用摘要的编码,系统即自动调入该摘要正文和相关科目(前提是调用已保存的摘要)。
- 摘要内容:结合本单位的实际情况,输入常用摘要的正文。
- 相关科目:若某常用摘要对应某科目,可以在图2-56所示的"常用摘要"对话框中输入,在调用常用摘要的同时,相关科目也将被一同调入,以提高录入速度。

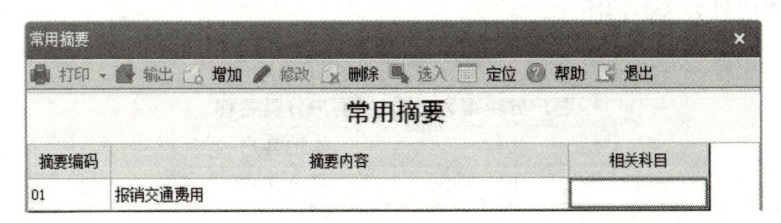

图2-56 常用摘要

14.输出账套

在"案例解析\第2章"文件夹下新建一个文件夹,命名为X2_01,将操作结果输出至该文件夹中。

2.4 强化训练

实训1

在"强化训练\第2章"文件夹下新建一个文件夹,命名为X2_01。

以系统管理员身份登录系统管理,引入"强化训练素材\第2章"文件夹下的账套文件Y2_01。

以账套主管"1011王静"(密码为021)的身份登录U8企业应用平台,登录日期为"2017-08-05",进行以下基础档案设置。

1. 部门档案

部门档案信息如表2-12所示。

表2-12　部门档案

部门编码	部门名称
1	总经办
2	财务部
3	销售部

2. 人员档案

人员档案信息如表2-13所示。

表2-13　人员档案

人员编码	人员姓名	性别	雇佣状态	人员类别	行政部门	是否业务员	是否操作员
001	王超	男	在职	正式工	总经办	是	否
002	姜蕾	女	在职	正式工	销售部	是	否

3. 客户分类

客户分类信息如表2-14所示。

表2-14　客户分类

客户分类编码	客户分类名称
01	本地客户
02	外地客户

4. 客户档案

客户档案信息如表2-15所示。

表2-15 客户档案

客户编号	客户名称	客户简称	客户分类
001	沃华橡胶厂	沃华	外地客户
002	特伦特商贸有限公司	特伦特	本地客户

5. 外币设置

本企业采用固定汇率核算外币，外币只涉及美元，美元币符为"$"，2022年8月初汇率为6.3。

6. 会计科目

(1) 增加会计科目。

增加的会计科目如表2-16所示。

表2-16 增加的会计科目

科目编号	科目名称	辅助核算
100201	农行	日记账、银行账
222101	应交增值税	
22210101	进项税额	
22210102	销项税额	
500101	直接材料	项目核算
660201	差旅费	部门核算

(2) 修改会计科目。

将"1221其他应收款"设置为"个人往来"辅助核算。

将"5001生产成本"设置为"项目核算"辅助核算。

(3) 指定会计科目。

指定"1001库存现金"为现金科目。

7. 设置凭证类别

设置凭证类别的分类方式为"收款凭证 付款凭证 转账凭证"，无限制条件。

8. 设置项目档案

(1) 增加项目大类。

增加项目大类的名称为"成本"，级次及项目结构均为默认参数。

(2) 指定项目核算科目。

指定"5001生产成本"和"500101直接材料"科目为"成本"项目大类的核算科目。

(3) 项目分类定义。

增加分类编码为"1"、分类名称为"自产"的项目分类。

增加分类编码为"2"、分类名称为"外加工"的项目分类。

(4) 项目目录。

项目目录信息如表2-17所示。

表2-17　项目目录信息

项目编号	项目名称	所属分类码
01	10平方线缆	1
02	25平方线缆	2

9. 设置结算方式

结算方式的信息如表2-18所示。

表2-18　结算方式

结算方式编码	结算方式名称	票据管理
1	现金结算	否
2	支票结算	否
201	转账支票	是

10. 设置常用摘要

设置摘要编码为"01"、摘要内容为"提取备用金",无须输入相关科目。

11. 输出账套

将操作结果输出至"强化训练\第2章\X2_01"文件夹中。

实训2

在"强化训练\第2章"文件夹下新建一个文件夹,命名为X2_02。

以系统管理员身份登录系统管理,引入"强化训练素材\第2章"文件夹下的账套文件Y2_02。

以账套主管"1031王琪"(密码为031)的身份登录U8企业应用平台,登录日期为"2017-01-01",进行以下基础档案设置。

1. 部门档案

部门档案信息如表2-19所示。

表2-19　部门档案

部门编码	部门名称
1	总经办
2	财务部
3	销售部

2. 人员档案

人员档案信息如表2-20所示。

表2-20　人员档案

人员编码	人员姓名	性别	雇佣状态	人员类别	行政部门	是否业务员	是否操作员
001	江维那	女	在职	正式工	总经办	是	否
002	米彤	女	在职	正式工	销售部	是	否

3. 客户分类

客户分类信息如表2-21所示。

表2-21 客户分类

客户分类编码	客户分类名称
01	国内客户
02	国外客户

4. 客户档案

客户档案信息如表2-22所示。

表2-22 客户档案

客户编号	客户名称	客户简称	客户分类
001	新宇生物科技有限公司	新宇	国内客户
002	米斯生物工程技术有限公司	米斯	国外客户

5. 外币设置

本企业采用固定汇率核算外币，外币只涉及欧元，欧元币符为"€"，2022年1月初汇率为7.2。

6. 会计科目

（1）增加会计科目。

增加的会计科目如表2-23所示。

表2-23 增加的会计科目

科目编号	科目名称	辅助核算
222101	应交增值税	
22210102	销项税额	
500101	直接材料	项目核算
660201	差旅费	部门核算
660202	办公费	部门核算

（2）修改会计科目。

将"6001 主营业务收入"设置为"项目核算"辅助核算。

将"5001生产成本"设置为"项目核算"辅助核算。

将"1122 应收账款"设置为"客户往来"辅助核算。

（3）指定会计科目。

指定"1002银行存款"为银行科目。

7. 设置凭证类别

设置凭证类别分类方式为"记账凭证"。

8. 设置项目档案

（1）增加项目大类。

增加项目大类的名称为"产品"，级次及项目结构均为默认参数。

（2）指定项目核算科目。

指定"6001主营业务收入""5001生产成本"和"500101直接材料"科目为"产品"项目大类的核算科目。

(3)项目分类定义。

增加项目分类编码为"1"、分类名称为"内销"的项目分类。

增加项目分类编码为"2"、分类名称为"出口"的项目分类。

(4)项目目录。

项目目录信息如表2-24所示。

表2-24 项目目录信息

项目编号	项目名称	所属分类码
01	阿奇霉素片	1
02	康宁感冒片	2

9.设置结算方式

结算方式的信息如表2-25所示。

表2-25 结算方式

结算方式编码	结算方式名称	票据管理
1	现金结算	否
2	支票结算	是
201	转账支票	是

10.设置常用摘要

设置摘要编码为"01"、摘要内容为"报销差旅费",无须输入相关科目。

11.输出账套

将操作结果输出至"强化训练\第2章\X2_02"文件夹中。

实训3

在"强化训练\第2章"文件夹下新建一个文件夹,命名为X2_03。

以系统管理员身份登录系统管理,引入"强化训练素材\第2章"文件夹下的账套文件Y2_03。

以账套主管1041(密码为041)的身份登录U8企业应用平台,登录日期为"2017-11-01",进行以下基础档案设置。

1.部门档案

部门档案信息如表2-26所示。

表2-26 部门档案

部门编码	部门名称
1	总经办
2	财务部
3	销售部

2. 人员档案

人员档案信息如表2-27所示。

表2-27 人员档案

人员编码	人员姓名	性别	雇佣状态	人员类别	行政部门	是否业务员	是否操作员
001	赵新	男	在职	正式工	总经办	是	否
002	李芳	女	在职	正式工	销售部	是	否

3. 客户分类

客户分类信息如表2-28所示。

表2-28 客户分类

客户分类编码	客户分类名称
01	超市
02	烟酒店

4. 客户档案

客户档案信息如表2-29所示。

表2-29 客户档案

客户编号	客户名称	客户简称	客户分类
001	华润链家超市	华润	超市
002	时代烟酒店	时代	烟酒店

5. 外币设置

本企业采用固定汇率核算外币，外币只涉及美元，美元币符为"$"，2017年11月初汇率为6.2。

6. 会计科目

（1）增加会计科目。

增加的会计科目如表2-30所示。

表2-30 增加的会计科目

科目编号	科目名称	辅助核算
100201	工行存款	日记账、银行账
222101	应交增值税	
22210101	销项税额	
660201	差旅费	部门核算
660202	通讯费	部门核算

（2）修改会计科目。

将"1221其他应收款"设置为"个人往来"辅助核算。

将"1604在建工程"设置为"项目核算"辅助核算。

（3）指定会计科目。

指定"1001库存现金"为现金科目。

7.设置凭证类别

设置凭证类别的分类方式为"收款凭证 付款凭证 转账凭证"，无限制条件。

8.设置项目档案

（1）增加项目大类。

增加项目大类的名称为"工程"，级次及项目结构均为默认参数。

（2）指定项目核算科目。

指定"1604在建工程"科目为"工程"项目大类的核算科目。

（3）项目分类定义。

增加项目分类编码为"1"、分类名称为"宿舍楼"的项目分类。

增加项目分类编码为"2"、分类名称为"办公楼"的项目分类。

（4）项目目录。

项目目录信息如表2-31所示。

表2-31　项目目录信息

项目编号	项目名称	所属分类码
01	10号楼	1
02	2号楼	2

9.设置结算方式

结算方式的信息如表2-32所示。

表2-32　结算方式

结算方式编码	结算方式名称	票据管理
1	现金结算	否
2	支票结算	否

10.设置常用摘要

设置摘要编码为"01"、摘要内容为"报销通讯费"，无须输入相关科目。

11.输出账套

将操作结果输出至"强化训练\第2章\X2_03"文件夹中。

实训4

在"强化训练\第2章"文件夹下新建一个文件夹，命名为X2_04。

以系统管理员身份登录系统管理，引入"强化训练素材\第2章"文件夹下的账套文件Y2_04。

以1051操作员（密码为051）的身份，登录U8企业应用平台，登录日期为"2017-05-01"，进行以下基础档案设置。

1. 部门档案

部门档案信息如表2-33所示。

表2-33 部分档案

部门编码	部门名称
1	总经办
2	采购部
3	销售部
4	财务部

2. 人员档案

人员档案信息如表2-34所示。

表2-34 人员档案

人员编码	人员姓名	性别	雇佣状态	人员类别	行政部门	是否业务员	是否操作员
001	张晓	男	在职	正式工	总经办	是	否
002	刘丽	女	在职	正式工	销售部	是	否

3. 客户分类

客户分类信息如表2-35所示。

表2-35 客户分类

客户分类编码	客户分类名称
1	本地客户
2	外地客户

4. 客户档案

客户档案信息如表2-36所示。

表2-36 客户档案

客户编号	客户名称	客户简称	客户分类
01	华联商贸有限公司	华联	本地客户
02	仁元汇通商贸有限公司	仁元汇通	外地客户

5. 外币设置

本企业采用固定汇率核算外币，外币只涉及欧元，欧元币符为"€"，2017年5月初汇率为7.4。

6. 会计科目

（1）增加会计科目。

会计科目如表2-37所示。

表2-37 会计科目

科目编号	科目名称	辅助核算
100201	农行	日记账、银行账
222101	应交增值税	
22210101	进项税额	
660101	差旅费	
660201	办公费	部门核算
660202	折旧费	

（2）修改会计科目。

将"6001 主营业务收入"设置为"项目核算"辅助核算。

将"1122 应收账款"设置为"客户往来"辅助核算。

（3）指定会计科目。

指定"1002 银行存款"为银行科目。

7. 设置凭证类别

设置凭证类别的分类方式为"记账凭证"。

8. 设置项目档案

（1）增加项目大类。

增加项目大类的名称为"产品"，级次及项目结构均为默认参数。

（2）指定项目核算科目。

指定"6001 主营业务收入"科目为"产品"项目大类的核算科目。

（3）项目分类定义。

增加项目分类编码为"1"、分类名称为"冰箱"的项目分类。

增加项目分类编码为"2"、分类名称为"空调"的项目分类。

（4）项目目录。

项目目录信息如表2-38所示。

表2-38 项目目录

项目编号	项目名称	所属分类码
01	BX-01	1
02	KT-01	2

9. 设置结算方式

结算方式信息如表2-39所示。

表2-39 结算方式

结算方式编码	结算方式名称	票据管理
1	现金结算	否
2	支票结算	否
201	转账支票	是

10. 设置常用摘要

设置摘要编码为"01"、摘要内容为"购入原材料"，无须输入相关科目。

11.输出账套

将操作结果输出至"强化训练\第2章\X2_04"文件夹中。

实训5

在"强化训练\第2章"文件夹下新建一个文件夹,命名为X2_05。

以系统管理员身份登录系统管理,引入"强化训练素材\第2章"文件夹下的账套文件Y2_05。

以1061操作员(密码为061)的身份登录U8企业应用平台,登录日期为"2017-10-01",进行以下基础档案设置。

1.部门档案

部门档案信息如表2-40所示。

表2-40 部分档案

部门编码	部门名称
1	总经办
2	销售部
3	财务部

2.人员档案

人员档案信息如表2-41所示。

表2-41 人员档案

人员编码	人员姓名	性别	雇佣状态	人员类别	行政部门	是否业务员	是否操作员
001	刘涛	男	在职	正式工	财务部	是	否
002	李红	女	在职	正式工	销售部	是	否

3.客户分类

客户分类信息如表2-42所示。

表2-42 客户分类

客户分类编码	客户分类名称
01	批发
02	零售

4.客户档案

客户档案信息如表2-43所示。

表2-43 客户档案

客户编号	客户名称	客户简称	客户分类
001	润达商贸有限公司	润达	01
002	新河装饰有限公司	新河装饰	02

5. 外币设置

本企业采用固定汇率核算外币，外币只涉及欧元，欧元币符为"€"，2017年10月初汇率为7.4。

6. 会计科目

（1）增加会计科目。

会计科目如表2-44所示。

表2-44　会计科目

科目编号	科目名称	辅助核算
100201	工行	日记账、银行账
222101	应交增值税	
22210101	销项税额	
660201	办公费	部门核算
660202	差旅费	部门核算

（2）修改会计科目。

将"1604在建工程"设置为"项目核算"辅助核算。

将"1122应收账款"设置为"客户往来"辅助核算。

（3）指定会计科目。

指定"1002银行存款"为银行科目。

7. 设置凭证类别

设置凭证类别的分类方式为"收款凭证 付款凭证 转账凭证"，无限制条件。

8. 设置项目档案

（1）增加项目大类。

增加项目大类，名称为"工程"，级次及项目结构均为默认参数。

（2）指定项目核算科目。

指定"1604在建工程"科目为"工程"项目大类的核算科目。

（3）项目分类定义。

增加项目分类编码为"1"、分类名称为"食堂"的项目分类。

增加项目分类编码为"2"、分类名称为"宿舍楼"的项目分类。

（4）项目目录。

项目目录信息如表2-45所示。

表2-45　项目目录

项目编号	项目名称	所属分类码
01	11号楼	1
02	12号楼	2

9. 设置结算方式

结算方式信息如表2-46所示。

表2-46　结算方式

结算方式编码	结算方式名称	票据管理
1	现金结算	否
2	支票结算	是
201	转账支票	是

10. 设置常用摘要

设置摘要编码为"01"、摘要内容为"提取备用金",无须输入相关科目。

11. 输出账套

将操作结果输出至"强化训练\第2章\X2_05"文件夹中。

本章小结

本章先概述了企业应用平台的基本概念,包括其界面、功能和特点等,接着详细讲解了企业应用平台的各个模块。例如,主要用于管理企业的内部组织结构和人员信息的机构人员模块;主要用于管理企业合作伙伴和客户信息的客商信息模块;用于管理企业的库存信息的存货模块;用于处理企业的日常财务事务的财务模块;用于处理企业的收入和支出的收付结算模块。

在案例解析部分,通过实际案例演示了企业应用平台在不同场景下的操作方法。最后,在强化训练中设计了一些关于基础档案设置的实操训练,让读者通过实践提高对企业应用平台的操作能力。

课后习题

1. 判断题

(1) 在设置部门档案中,要先设置人员档案,再设置部门中的负责人。(　　)

(2) 客户是否需要分类应在建立账套时确定。(　　)

(3) 已使用的凭证类别既能删除,也能修改类别字。(　　)

2. 简答题

(1) 简述档案建立的先后顺序。

(2) 简述设置人员档案的注意事项。

第 3 章
总账初始化设置

本章导读

总账提供的核算资料是编制会计报表的主要依据,任何单位都必须设置总账。总账的登记依据和方法主要取决于采用的会计核算形式。它可以直接根据各种记账凭证逐笔登记,也可以先把记账凭证按照一定方式进行汇总,编制成科目汇总表或汇总记账凭证等,然后进行登记。

用友U8中,总账系统是财务管理系统的核心系统,涉及企业资金变动的所有业务均需在总账中进行处理,它为企业提供了一个规范、准确和可靠的财务数据基础。本章将介绍总账系统的基本功能以及初始化的意义和步骤。本章的内容能够帮助读者更好地应用总账系统进行财务管理。

学习目标

- 理解总账初始化的意义
- 设置总账选项
- 录入期初余额

数字资源

【本章案例素材】:"案例素材\第3章"目录下
【本章强化训练素材】:"强化训练素材\第3章"目录下

> **素质要求**
>
> 《中华人民共和国会计法》(节选)
>
> 第四条 单位负责人对本单位的会计工作和会计资料的真实性、完整性负责。
>
> 第五条 会计机构、会计人员依照本法规定进行会计核算,实行会计监督。
>
> 任何单位或者个人不得以任何方式授意、指使、强令会计机构、会计人员伪造、变造会计凭证、会计账簿和其他会计资料,提供虚假财务会计报告。
>
> 任何单位或者个人不得对依法履行职责、抵制违反本法规定行为的会计人员实行打击报复。
>
> 第六条 对认真执行本法,忠于职守,坚持原则,做出显著成绩的会计人员,给予精神的或者物质的奖励。

3.1 基本认知

3.1.1 总账系统的基本功能

总账系统的基本功能是利用建立的会计科目体系输入和处理记账凭证,完成记账、结账及对账工作,输出总分类账、日记账、明细账和有关辅助账。总账是U8最核心的系统,是企业财务信息化的起点,也是编制对外财务报告的数据基础,如图3-1所示。

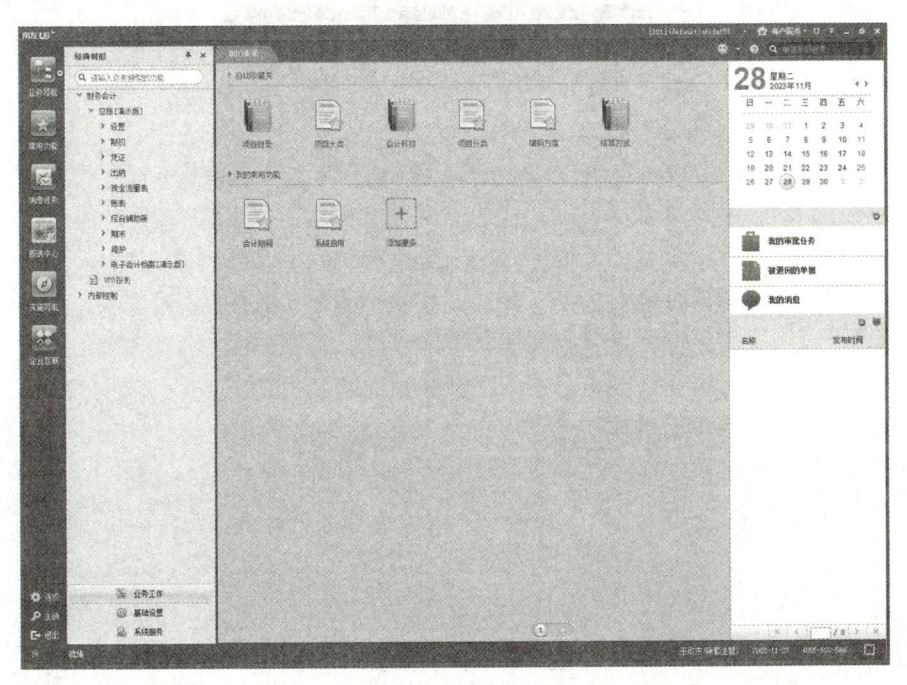

图3-1 总账系统

总账系统的主要功能包括总账系统初始化、凭证管理、出纳管理、账簿管理、辅助核算管理及月末处理。

1. 总账初始化

总账初始化是企业用户根据自身的行业特性和管理需求，将通用的总账管理系统设置为适合企业自身特点的专用系统的过程。总账初始化主要包括系统选项设置（如图3-2所示）和期初数据录入（如图3-3所示）两项内容。

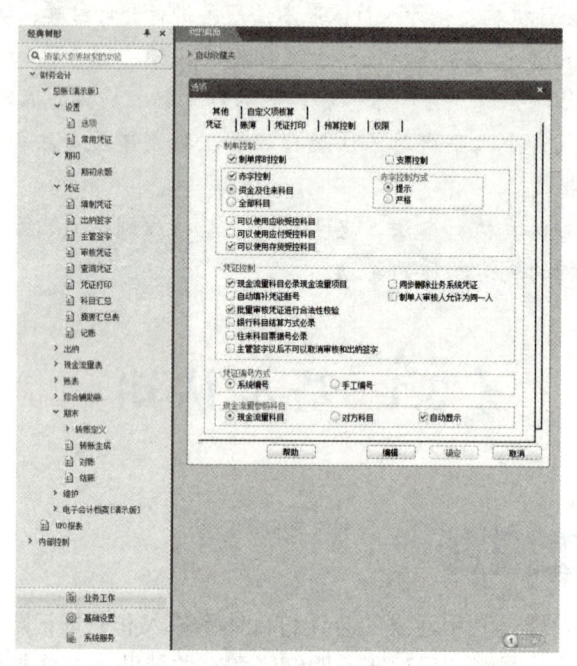

图3-2 系统选项设置

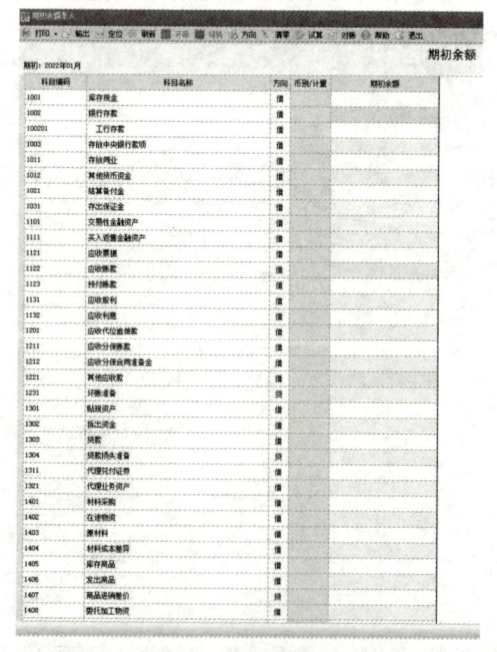

图3-3 期初数据录入

2. 凭证管理

凭证是记录企业各项经济业务发生的载体，凭证管理是总账系统的核心功能，主要包括填制凭证、出纳签字、审核凭证、记账、查询打印凭证等，如图3-4所示。凭证是总账系统数据的唯一来源，为确保数据源的正确性，总账系统设置了严密的制单控制，以保证凭证填制的正确性。另外，总账系统还提供资金赤字控制、支票控制、预算控制、外币折算误差控制、凭证类型控制、制单金额控制等功能，以加强对业务的及时管理和控制。

3. 出纳管理

资金收付的核算与管理是企业的重要日常工作，也是出纳的一项重要工作内容。总账系统中的出纳管理为出纳人员提供了一个集成办公环境，可完成现金日记账、银行存款日记账的查询和打印，能随时出最新的资金日报表，进行银行对账并生成银行存款余额调节表，如图3-5所示。

4. 账表管理

总账系统提供了强大的账证查询功能，可以查询打印总账、明细账、日记账、发生额余额表、多栏账、序时账等。账表不仅可以查询到已记账凭证的数据，而且查询的账表中也可以包含未记账凭证的数据，可以轻松实现总账、明细账、日记账和凭证的联查。账表管理如图3-6所示。

5. 辅助核算管理

为了细化企业的核算与管理，总账系统提供了综合辅助账管理功能，如图3-7所示。辅助类型主要包括：科目辅助明细账、科目辅助汇总表、多辅助核算明细账、多辅助核算汇总表和综合账表。利用辅助核算功能，可以简化会计科目体系，使查询专项信息更为便捷。

图3-4　凭证管理　　图3-5　出纳管理　　图3-6　账表管理　　图3-7　综合辅助账管理

6. 期末处理

总账系统期末处理主要包括自动转账凭证的定义、自动转账凭证的生成、对账和结账等内容，如图3-8所示。

> 期末
> > 转账定义
> > 转账生成
> > 对账
> > 结账

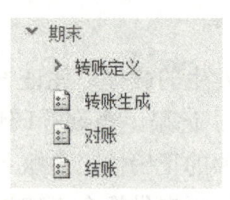

图3-8 期末管理

3.1.2 总账初始化的意义

用友U8是通用管理软件，可以满足不同行业、不同规模的企业的管理需求。不同行业具有不同的行业特性，不同规模、不同生命周期的企业管理需求及管理重点也存在差异。通用管理软件预设了大量的选项来满足不同企业的应用需求。企业启用信息系统时，需要根据自身的行业特性和管理需求，对这些选项进行设置或选择，从而将通用的总账管理系统改造为适合企业自身特点的个性化的应用系统，这项工作通常称为初始化设置。

用友U8总账初始化的主要内容包括选项设置和科目期初余额设置。

3.2 技能解析

3.2.1 总账选项设置

软件越通用，系统内置的参数就越多，系统参数的设置决定了企业的应用模式和应用流程。为了明确各项参数的适用对象，软件一般将参数分门别类进行管理。

总账包括"凭证""账簿""凭证打印""预算控制""权限""其他""自定义项核算"7个选项卡。

1. "凭证"选项卡

"凭证"选项卡如图3-9所示。

（1）制单控制。

①制单序时控制：指制单时凭证编号按日期顺序从小到大排列。

②支票控制：制单时使用了标注为银行账的科目时，如果结算方式设置了"票据管理"，那么输入的支票号如果在支票登记簿中存在，系统就提供支票报销，否则就提供支票登记。

③赤字控制：制单时，如果资金及往来科目的最新余额出现负数，系统及时予以提示。

④可以使用应收受控科目：应收系统的受控科目是指只能在应收款系统制单时使用的科目。在企业启用应收款管理系统的前提下，与应收票据、应收账款、预收账款科目相关的业务在应收款管理系统中生成，总账中不再填制这类业务凭证，因此保持此项为不选状态。若没有启用应收款系统，涉及客户往来管理的业务则要在总账中处理，需要勾选

"可以使用应收受控科目"，否则在总账中不能使用这些科目制单。

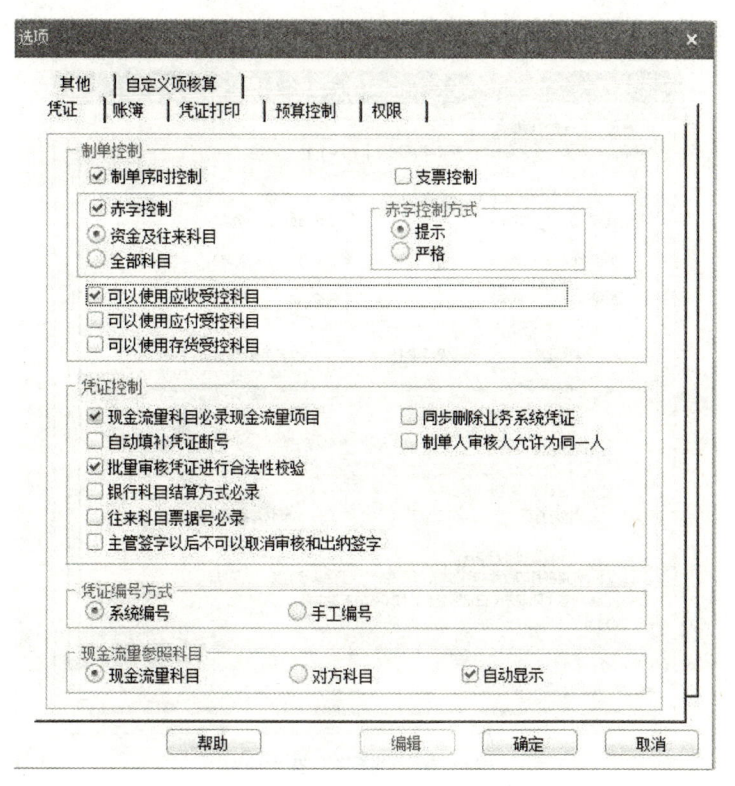

图3-9 "凭证"选项卡

> **提示**
>
> - 勾选"可以使用应收受控科目"选项时，系统会弹出"受控科目被其他系统使用时，会造成应收系统与总账对账不平"的信息提示框，单击"确定"按钮即可。

（2）凭证控制。

①现金流量科目必录现金流量项目：在会计科目中指定了现金流量科目的前提下，勾选该项，若填制凭证时使用了现金流量科目，必须输入现金流所属的现金流量项目，否则凭证无法保存。

②自动填补凭证断号：若"凭证编号方式"选择"系统编号"，则新增凭证时，系统按凭证类别自动查询本月的第一个断号作为本次新增凭证的凭证号。

③银行科目结算方式必录和往来科目票据必录：填制凭证时若使用了银行科目，则必须录入结算方式及票据号。

（3）凭证编号方式。

系统提供自动编号和手工编号两种凭证编号方式。选择系统编号，系统按照凭证类别按月顺序编号。

2．"账簿"选项卡

"账簿"选项卡如图3-10所示，它用来设置各种账簿的输出方式和打印要求等。

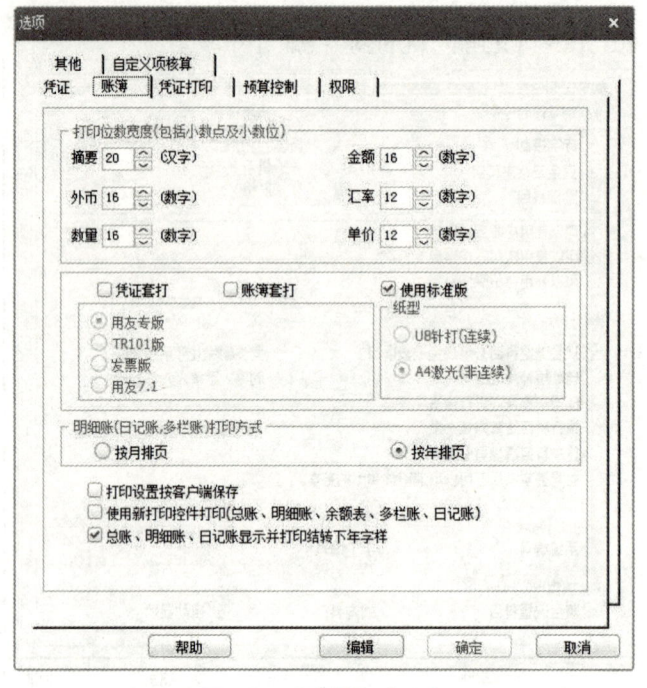

图3-10 "账簿"选项卡

3．"凭证打印"选项卡

"凭证打印"选项卡如图3-11所示，它用来设置凭证的输出方式和打印要求等。

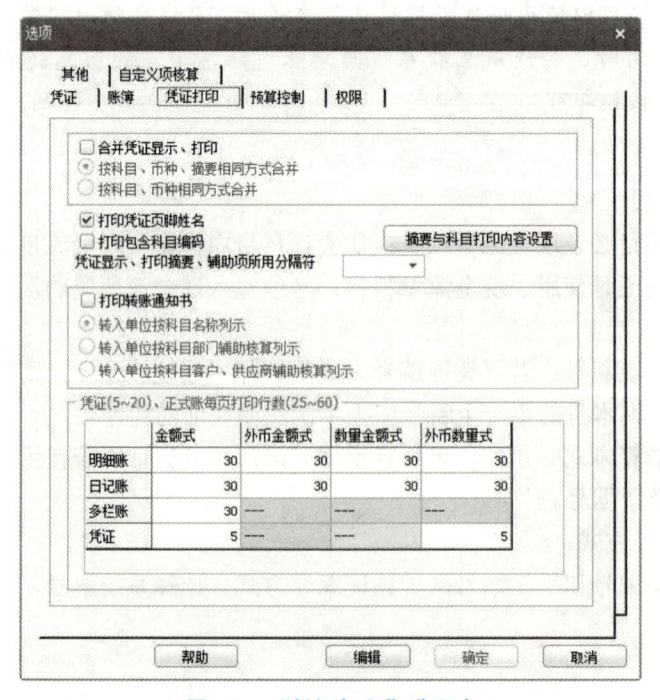

图3-11 "凭证打印"选项卡

（1）合并凭证显示、打印。

若勾选此项，在填制凭证、查询凭证、出纳签字和凭证审核时，凭证按照"按科目、币种、摘要相同方式合并"或"按科目、币种相同方式合并"合并显示，在明细账显示界面中提供是否"合并显示"的选项。

（2）打印凭证页脚姓名。

此项决定在打印凭证时，是否自动打印制单人、出纳、审核人、记账人的姓名。

4．"预算控制"选项卡

预算控制"选项卡，如图3-12所示，根据预算管理系统或财务分析系统设置的预算数对业务发生进行控制。

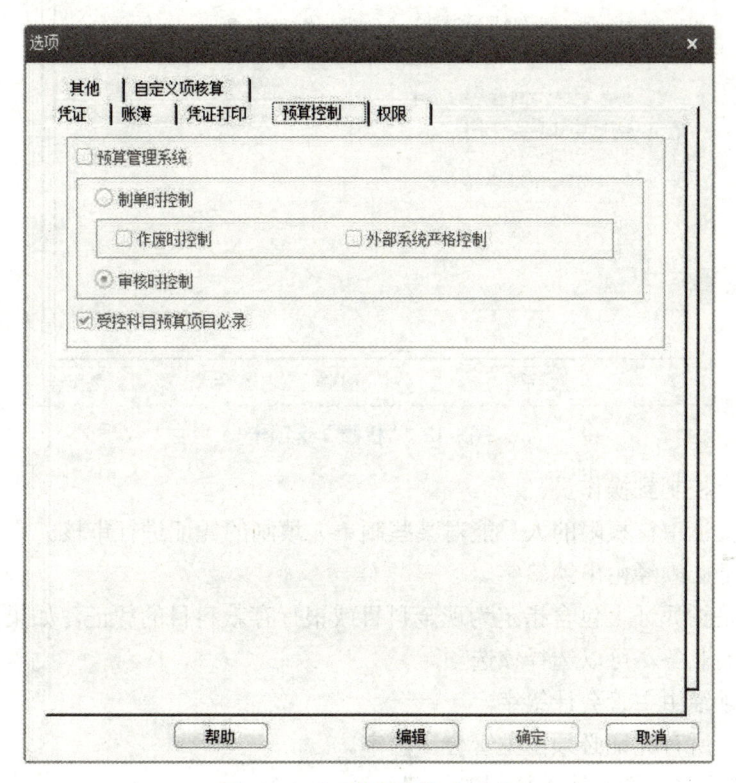

图3-12 "预算控制"选项卡

5．"权限"选项卡

"权限"选项卡，如图3-13所示，选项中的权限控制提供了更为详细的权限划分。

（1）权限控制。

①制单权限控制到科目。

如果希望限定每个制单人制单时所使用的会计科目，可选中该项，然后在数据权限分配中授权制单人所能使用的科目。使用该功能的前提是在数据权限控制设置中已选择需要控制的科目对象。

②制单权限控制到凭证类别。

限定制单人制单时可使用的凭证类别。原理同上。

③操作员进行金额权限控制。

限定不同级别的人员制单时的金额。此选项对机制凭证和外来凭证无效。

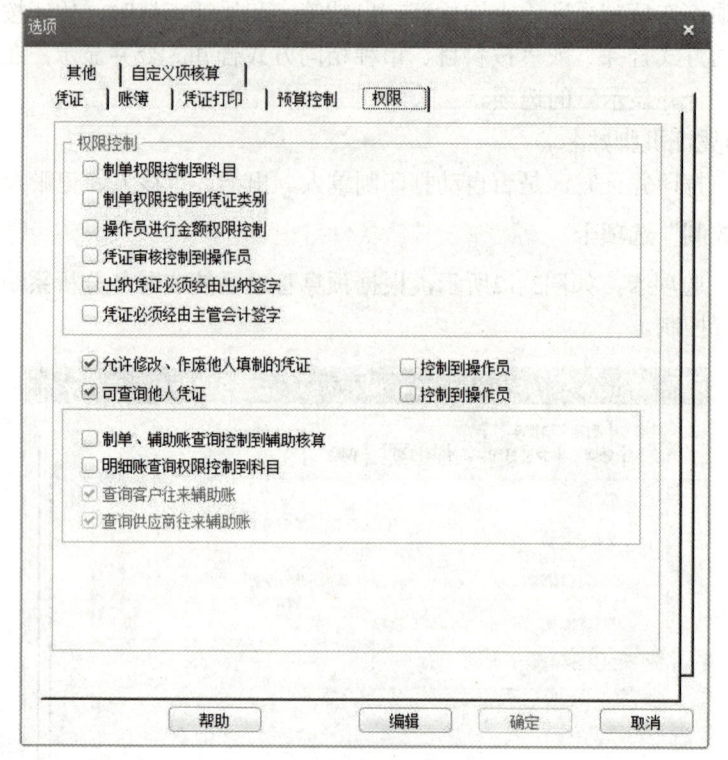

图3-13 "权限"选项卡

④凭证审核控制到操作员。

限定拥有凭证审核权限的人只能对某些制单人填制的凭证进行审核。

⑤出纳凭证必须经由出纳签字。

出纳凭证是指凭证上包含指定为现金科目或银行存款科目的凭证。如果企业需要关注涉及现金收付的业务，可以选择该选项。

⑥凭证必须经由主管会计签字。

选中该项，所有凭证必须由主管会计签字。

（2）允许修改、作废他人填制的凭证。

审核人员在审核凭证的过程中发现凭证有误，是否可以修改或作废取决于该选项是否为选中状态。此处的"控制到操作员"是指可以细化到允许修改、作废哪些制单人填制的凭证。

（3）可查询他人凭证。

是否可以查看他人填制的凭证取决于该选项是否为选中状态。此处的"控制到操作员"是指可以细化到可以查看哪些制单人填制的凭证。

（4）制单、辅助账查询控制到辅助核算。

该项指是否需要限定制单或辅助账查询时能查看到哪些辅助核算类型。

（5）明细账查询权限控制到科目。

该项指是否需要限定有账簿查询权限的人可以查看哪些科目的明细账。

6．"其他"选项卡

"其他"选项卡，如图3-14所示，在选项卡中可以设置以下内容：

（1）外币核算方式。

如果企业有外币业务，可以在此选择是采用"固定汇率"核算还是采用"浮动汇率"核算。

（2）排序方式。

参照部门目录、查询部门辅助账时，可以指定查询列表的内容是按编码顺序显示，还是按名称顺序显示。对个人往来辅助核算和项目核算也可在此进行设置。

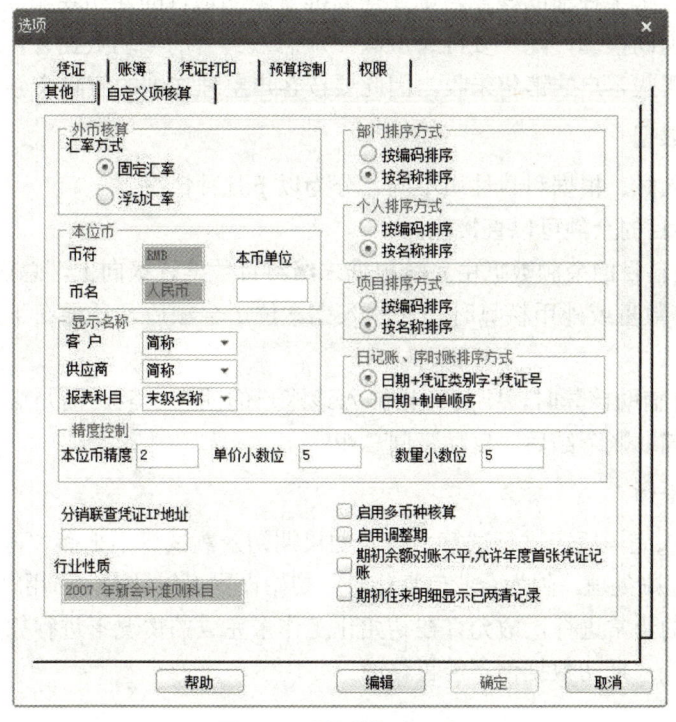

图3-14 "其他"选项卡

3.2.2 录入期初数据

企业账套建立之后，需要在系统中建立各账户的初始数据，这样才能接续手工业务处理进程。各账户余额数据的准备与总账启用的会计期间相关。

1．准备期初数据

为了保持账簿资料的连续性，应该将原有系统下截至总账启用日的各账户年初余额、累计发生额和期末余额输入到计算机系统中。但因为它们之间存在这样的关系：如果某账户余额在借方，则年初余额+本年累计借方发生额－本年累计贷方发生额=期末余额；如果某账户余额在贷方，则年初余额+本年累计贷方发生额－本年累计借方发生额=期末余额。因此一般只需要向计算机输入其中三个数据，另外一个可以根据上述关系自动计算。

选择年初启用总账和选择年中启用总账需要准备的期初数据不同。如果选择年初建账，只需要准备各账户上年年末的余额作为新一年的期初余额，且年初余额和月初余额是相同的。如某企业选择2022年1月启用总账系统，则只需要整理该企业2021年12月末各账户的期末余额作为2022年1月初的期初余额，因为本年没有累计数据发生，因此月初余额同时也是2022年年初余额。如果选择年中建账，不仅要准备各账户启用会计期间上一期的期末余额作为启用期的期初余额，还要整理自本年度开始截至启用期的各账户累计发生数据。例如，某企业2022年8月开始启用总账系统，那么，应将该企业2022年7月末各科目的期末余额及1~7月的累计发生额整理出来，作为计算机系统的期初数据录入到总账系统中，系统将自动计算年初余额。

如果科目设置了某种辅助核算，则还需要准备辅助项目的期初余额。如应收账款科目设置了客户往来辅助核算，除了要准备应收账款总账科目的期初数据外，还要详细记录这些应收账款中有哪些客户的销售未收，因此要按客户整理详细的应收余额数据。

2. 录入期初数据

期初余额录入时，根据科目性质不同，分为以下几种情况：
（1）末级科目的余额可以直接输入。
（2）非末级科目的余额数据由系统根据末级科目数据逐级向上汇总而得。
（3）科目有数量或外币核算时，在输入完本位币金额后，还要在下面一行输入相应的数量和外币信息。
（4）科目有辅助核算时，不能直接输入该账户的期初余额，而是必须输入辅助账的期初余额。输入辅助账余额后，自动带回总账。

3. 进行试算平衡

期初数据输入完毕后应进行试算平衡。如果期初余额试算不平衡，可以填制、审核凭证，但不能进行记账处理。因为企业信息化时，初始设置工作量大，占用时间比较长，为了不影响日常业务的正常进行，故允许在初始化工作未完成的情况下进行凭证的填制。

凭证一经记账，期初数据便不能再修改。

3.3 案例解析

案例素材

以系统管理员身份登录系统管理，引入"案例素材\第3章"文件夹下的账套文件Y3_01。

以1011操作员的身份（密码为011）登录102账套，登录日期为"2022-01-02"，进行总账初始化设置。

1. 设置总账选项

设置"可以使用应收受控科目"，其他选项采用系统默认。

2.录入期初余额

期初余额信息如表3-1所示。

表3-1 期初余额

科目名称	方向	期初余额（元）
库存现金	借	3 000
工行存款	借	100 000
工程物资	借	28 000
应收账款	借	119 000
短期借款	贷	50 000
实收资本	贷	200 000

其中，应收账款业务明细如表3-2所示，未指定的内容可以输入任意字符。

表3-2 应收账款明细

日期	客户	摘要	金额（元）
2021-12-5	新淮	购货款	77 000
2021-12-16	江城	购货款	42 000

3.试算平衡

对期初余额进行试算平衡。

4.输出账套

将操作结果输出至"案例解析\X3_01"文件夹中。

操作步骤

以系统管理员身份登录系统管理，引入"案例素材\第3章"文件夹下的账套文件Y3_01。

1.以1011操作员的身份登录102账套

（1）执行"开始"→"所有程序"→"用友U8+V13.0"→"企业应用平台"命令，打开"登录"对话框。

（2）录入操作员"1011"，密码"011"，单击"账套"栏的下拉三角按钮，选择"[102] (default)hope102"，操作日期设置为"2022-01-02"。单击"登录"按钮，进入"企业应用平台"窗口。窗口状态栏中显示当前操作员为"王欣东（账套主管）"。

（3）在"业务工作"中，执行"财务会计"→"总账"命令，可以看到总账下的主要功能节点，如图3-15所示。

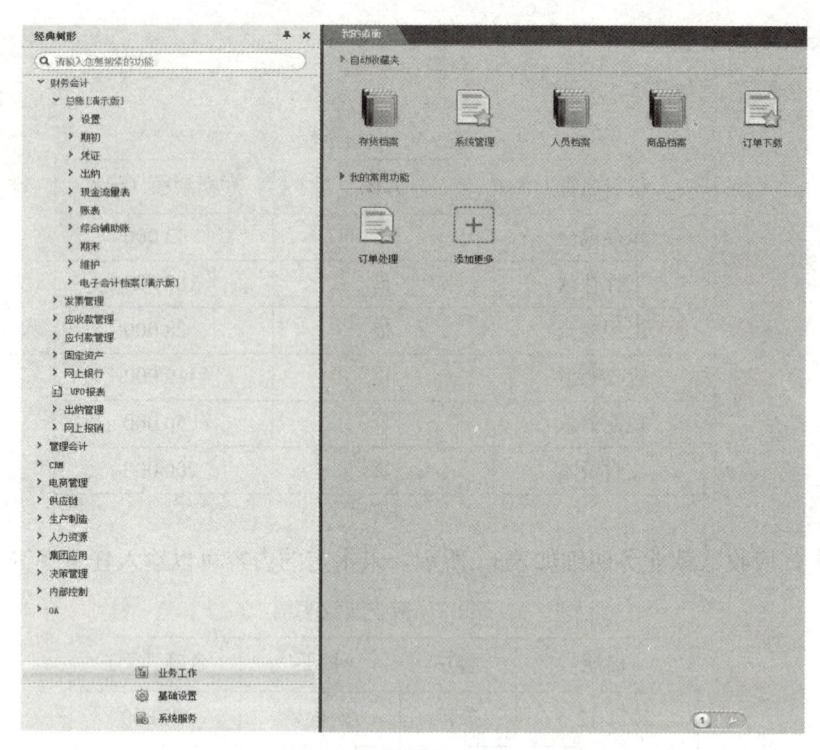

图3-15 总账主要功能

2. 设置总账选项

（1）在总账系统中，执行"设置"→"选项"命令，打开"选项"对话框。

（2）单击"编辑"按钮，进入修改状态。

（3）在"凭证"选项卡中，勾选"可以使用应收受控科目"复选框，弹出系统提示信息，如图3-16所示。

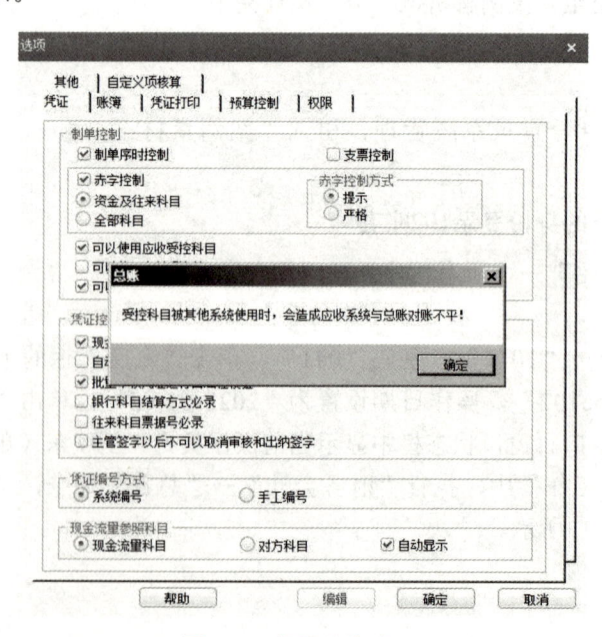

图3-16 设置总账选项

（4）单击“确定”按钮关闭系统提示信息，再单击“确定”按钮完成选项设置。

提示

总账选项设置中提到三种受控科目，分别为应收受控科目、应付受控科目和存货受控科目，仅以应收受控科目为例阐释受控科目的意义。应收系统的受控科目是指只能在应收款管理系统制单使用的科目。在总账系统与应收款管理系统集成应用的前提下，企业与客户之间的往来业务均在应收款管理系统处理，业务处理的结果通过自动凭证功能生成凭证传递给总账。涉及客户往来业务处理的科目包括应收票据、应收账款和预收账款科目。既然与此相关的业务在应收款管理系统生成，总账中则不再填制这类业务凭证，否则业务处理就重复了。应收票据、应收账款和预收账款科目都为应收受控科目。

3.录入期初余额

（1）无辅助核算的科目余额录入。

①在总账系统中，执行“期初”→“期初余额”命令，弹出“期初余额录入”窗口。期初余额的列底色有三种颜色。

②底色为白色的单元格为末级科目，期初余额直接录入，如库存现金、工行存款、工程物资、短期借款、实收资本。当末级科目期初余额录入之后，上级科目的期初余额自动汇总生成，如银行存款科目，如图3-17所示。

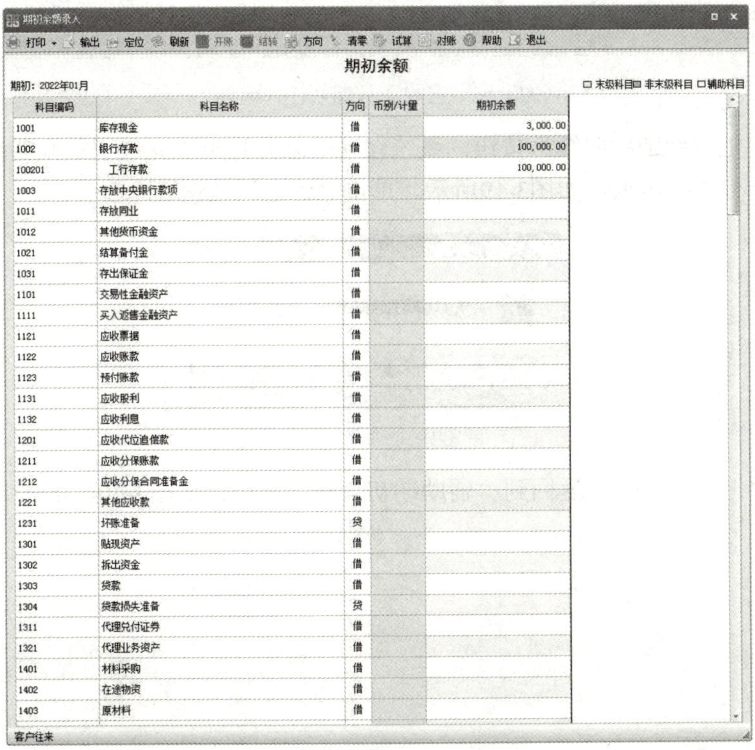

科目编码	科目名称	方向	币别/计量	期初余额
1001	库存现金	借		3,000.00
1002	银行存款	借		100,000.00
100201	工行存款	借		100,000.00
1003	存放中央银行款项	借		
1011	存放同业	借		
1012	其他货币资金	借		
1021	结算备付金	借		
1031	存出保证金	借		
1101	交易性金融资产	借		
1111	买入返售金融资产	借		
1121	应收票据	借		
1122	应收账款	借		
1123	预付账款	借		
1131	应收股利	借		
1132	应收利息	借		
1201	应收代位追偿款	借		
1211	应收分保账款	借		
1212	应收分保合同准备金	借		
1221	其他应收款	借		
1231	坏账准备	贷		
1301	贴现资产	借		
1302	拆出资金	借		
1303	贷款	借		
1304	贷款损失准备	贷		
1311	代理兑付证券	借		
1321	代理业务资产	借		
1401	材料采购	借		
1402	在途物资	借		
1403	原材料	借		

图3-17 自动生成期初余额

③如果是数量辅助核算或外币辅助核算科目,在期初余额界面显示两行,第1行录入人民币期初余额,第2行录入数量或外币,且必须先录本位币期初金额再录数量或外币。

> **提示**
> - 如果要修改余额的方向,可以在未录入余额的情况下,单击"方向"按钮改变余额的方向。
> - 总账科目与其下级科目的方向必须一致。如果所录入明细余额的方向与总账余额方向相反,则用"-"号表示。如"应交税金/应交增值税/进项税额"科目借方余额3 832需要录入"-3 832"。

(2)客户往来辅助核算科目录入。

底色为黄色的单元是设置了客户往来、供应商往来、部门核算、个人往来、项目核算的科目。如本例应收账款期初余额为119 000。

①双击"应收账款"科目期初余额栏,进入"辅助期初余额"窗口。
②单击"往来明细"按钮,进入"期初往来明细"窗口。
③单击"增行"按钮,按明细资料录入应收账款往来明细,如图3-18所示。

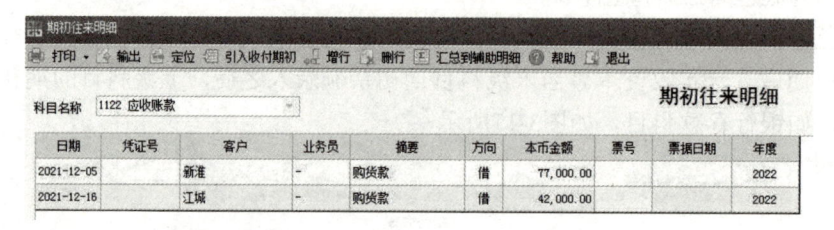

图3-18 应收账款期初往来明细

④单击"汇总到辅助明细"按钮,系统自动汇总并弹出"完成了往来明细到辅助期初表的汇总!"信息提示框,如图3-19所示。单击"确定"按钮。

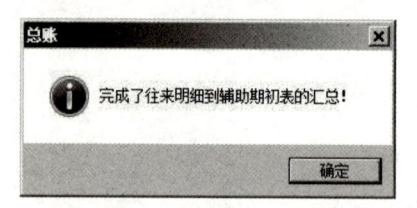

图3-19 信息提示框

⑤单击"退出"按钮,返回到"辅助期初余额"窗口,如图3-20所示。

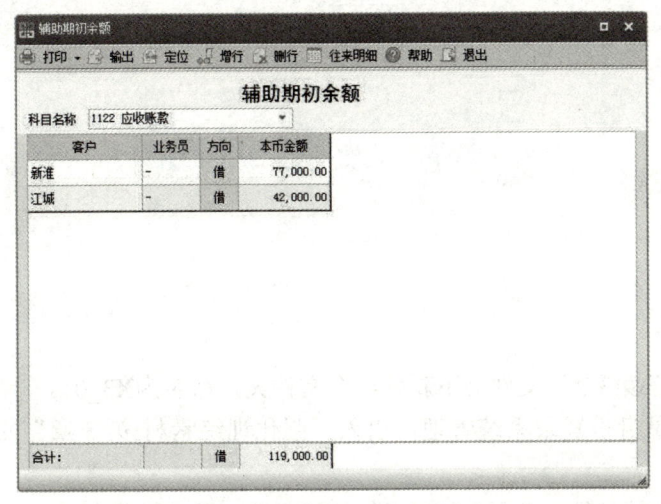

图3-20 辅助期初余额

⑥单击"退出"按钮,返回"期初余额录入"窗口,已自动生成应收账款科目余额。

4.试算平衡

输完所有科目余额后,单击"试算"按钮,打开"期初试算平衡表"对话框,如图3-21所示。

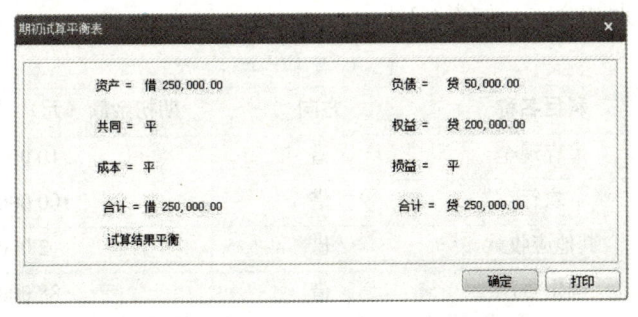

图3-21 "期初试算平衡表"对话框

若期初余额不平衡,则修改期初余额;若期初余额试算平衡,单击"确定"按钮。

> **提示**
> - 系统只能对期初余额的平衡关系进行试算,而不能对年初余额进行试算。
> - 如果期初余额不平衡,可以填制凭证、审核凭证,但是不允许记账。
> - 凭证记账后,期初余额变为"只读、浏览"状态,不能再修改。

5.输出账套

在"案例解析\第3章"文件夹下新建一个文件夹,命名为X3_01,将操作结果输出至该文件夹中。

3.4 强化训练

实训1

在"强化训练\第3章"文件夹下新建一个文件夹，命名为X3_01。

以系统管理员身份登录系统管理，引入"强化训练素材\第3章"文件夹下的账套文件Y3_01。

以1021操作员的身份（密码为021）登录102账套，登录日期为"2017-08-11"进行总账初始化设置。

1. 设置总账选项

设置"可以使用应收受控科目"和"可以使用应付受控科目"，其他选项采用系统默认。

2. 录入期初余额

在系统中录入期初余额，如表3-3所示。

表3-3 期初余额

科目名称	方向	期初余额（元）
库存现金	借	10 000
农行	借	100 000
其他应收款	借	2 000
固定资产	借	88 000
实收资本	贷	200 000

其中，其他应收账款业务明细如表3-4所示，未指定的内容可以输入任意字符。

表3-4 其他应收账款明细

日期	人员	摘要	金额（元）
2017-7-31	王超	出差借款	2 000

3. 试算平衡

对期初余额进行试算平衡。

4. 输出账套

将操作结果输出至"强化训练\第3章\X3_01"文件夹中。

实训2

在"强化训练\第3章"文件夹下新建一个文件夹，命名为X3_02。

以系统管理员身份登录系统管理，引入"强化训练素材\第3章"文件夹下的账套文件Y3_02。

以1031操作员的身份（密码为031）登录103账套，登录日期为"2017-01-01"，进行总账初始化设置。

1．设置总账选项

设置"可以使用应收受控科目"和"可以使用应付受控科目"，其他选项采用系统默认。

2．录入期初余额

期初余额信息如表3-5所示。

表3-5　期初余额

科目名称	方向	期初余额（元）
库存现金	借	5 000
银行存款	借	100 000
原材料	借	60 000
应收账款	借	5 000
实收资本	贷	100 000
短期借款	贷	70 000

其中，应收账款业务明细如表3-6所示。

表3-6　应收账款业务明细

日期	客户	摘要	金额（元）
2016-10-31	米斯	康宁感冒片	5 000

3．试算平衡

对期初余额进行试算平衡。

4．输出账套

将操作结果输出至"强化训练\第3章\X3_02"文件夹中。

实训3

在"强化训练\第3章"文件夹下新建一个文件夹，命名为X3_03。

以系统管理员身份登录系统管理，引入"强化训练素材\第3章"文件夹下的账套文件Y3_03。

以1041操作员的身份（密码为041）登录104账套，登录日期为"2017-11-01"，进行总账初始化设置。

1．设置总账选项

设置"可以使用应收受控科目"和"可以使用应付受控科目"，其他选项采用系统默认。

2．录入期初余额

期初余额信息如表3-7所示。

表3-7 期初余额

科目名称	方向	期初余额（元）
库存现金	借	10 000
工行存款	借	50 000
库存商品	借	134 500
其他应收款	借	5 500
长期借款	贷	200 000

其中，其他应收款业务明细如表3-8所示。

表3-8 其他应收款业务明细

日期	人员	摘要	金额（元）
2017-10-30	李芳	出差借款	3 500
2017-10-31	赵新	出差借款	2 000

3.试算平衡

对期初余额进行试算平衡。

4.输出账套

将操作结果输出至"强化训练\第3章\X3_03"文件夹中。

实训4

在"强化训练\第3章"文件夹下新建一个文件夹，命名为X3_04。

以系统管理员身份登录系统管理，引入"强化训练素材\第3章"文件夹下的账套文件Y3_04。

以1051操作员的身份（密码为051）登录105账套，登录日期为"2017-05-01"，进行总账初始化设置。

1.设置总账选项

设置"可以使用应付受控科目"和"可以使用应收受控科目"，其他选项采用系统默认。

2.录入期初余额

期初余额信息如表3-9所示。

表3-9 期初余额

科目名称	方向	期初余额（元）
库存现金	借	10 000
农行存款	借	100 000
应收账款	借	30 000
固定资产	借	100 000
短期借款	贷	140 000
实收资本	贷	100 000

其中，应收账款业务明细如表3-10所示。

表3-10　应收账款业务明细

日期	客户	摘要	金额（元）
2017-04-30	华联	BX-01 欠款	20 000
2017-04-15	仁元汇通	KT-01 欠款	10 000

3．试算平衡

对期初余额进行试算平衡。

4．输出账套

将操作结果输出至"强化训练\第3章\X3_04"文件夹中。

实训5

在"强化训练\第3章"文件夹下新建一个文件夹，命名为X3_05。

以系统管理员身份登录系统管理，引入"强化训练素材\第3章"文件夹下的账套文件Y3_05。

以1061操作员的身份（密码为061）登录106账套，登录日期为"2017-10-01"，进行总账初始化设置。

1．设置总账选项

设置"可以使用应收受控科目"和"可以使用应付受控科目"，其他选项采用系统默认。

2．录入期初余额

期初余额信息如表3-11所示。

表3-11　期初余额

科目名称	方向	期初余额（元）
工行	借	100 000
工程物资	借	200 000
应收账款	借	50 000
短期借款	贷	150 000
实收资本	贷	200 000

其中，应收账款业务明细如表3-12所示，未指定的内容可以输入任意字符。

表3-12　应收账款业务明细

日期	客户	摘要	金额（元）
2016-07-30	润达	货款	50 000

3．试算平衡

对期初余额进行试算平衡。

4. 输出账套

将操作结果输出至"强化训练\第3章\X3_05"文件夹中。

本章小结

本章先概述了总账系统的基本功能，包括处理和管理企业的日常财务交易、生成财务报表等，然后探讨了总账系统初始化的意义，即为了确保系统的正常运行和数据的准确性，需要对系统进行一系列的设置和准备工作。

在技能解析部分，详细介绍了如何设置总账选项和录入期初数据；设置总账选项包括选择会计期间、确定记账规则等，这些设置将直接影响后续的财务处理。通过学习本章，可知录入期初数据是为了将企业在开始使用总账系统之前的财务数据导入系统中，以便后续生成财务分析和报表，承前启后的操作对后续财务数据的正确性起着关键的作用。

在案例解析部分，可以更好地理解总账系统的实际应用和操作流程。

最后提供的强化训练让读者能够通过实际操作来巩固所学知识，通过实践更好地掌握总账系统的使用方法和技巧。

课后习题

1. 判断题

（1）审核人员在审核凭证的过程中发现凭证有误，是否可以作废和修改取决于是否勾选了"允许修改、作废他人填制的凭证"。（　　）

（2）系统只能对期初余额的平衡关系进行试算，而不能对年初余额进行试算。（　　）

（3）如果期初余额不平衡，可以填制凭证、审核凭证和记账。（　　）

2. 简答题

（1）阐述总账系统的基本功能。

（2）权限控制包括哪几个方面？对这几个方面进行概述。

第4章
总账日常业务处理

本章导读

总账日常业务处理是完成企业日常经营活动中涉及资金变动的日常业务的记录、记账等管理内容。用友U8中，日常业务处理分为"输入—处理—输出"3个环节。系统录入记账凭证后，经过审核、记账，自动生成总账、明细账、日记账及各种辅助账。与手工记账环境不同，记账凭证是总账系统数据的唯一来源，确保填制凭证的正确性极其关键。本章主要介绍了总账管理日常业务处理的工作流程和主要内容，包括填制凭证、复核凭证、记账、修改凭证、删除凭证、冲销凭证、查询凭证、登记支票登记簿、银行对账、基本会计账簿查询和辅助核算账簿查询等。

学习目标

- 理解总账日常业务处理工作流程
- 填制凭证
- 审核凭证
- 记账

数字资源

【本章案例素材】："案例素材\第4章"目录下
【本章强化训练素材】："强化训练素材\第4章"目录下

素质要求

《中华人民共和国会计法》（节选）

第十三条　会计凭证、会计账簿、财务会计报告和其他会计资料，必须符合国家统一的会计制度的规定。

使用电子计算机进行会计核算的，其软件及其生成的会计凭证、会计账簿、财务会计报告和其他会计资料，也必须符合国家统一的会计制度的规定。

任何单位和个人不得伪造、变造会计凭证、会计账簿及其他会计资料，不得提供虚假的财务会计报告。

4.1 基本认知

总账初始设置完成后，就可以开始进行日常业务处理了。

4.1.1 总账管理日常业务处理的工作流程

总账日常业务处理的工作流程如图4-1所示。

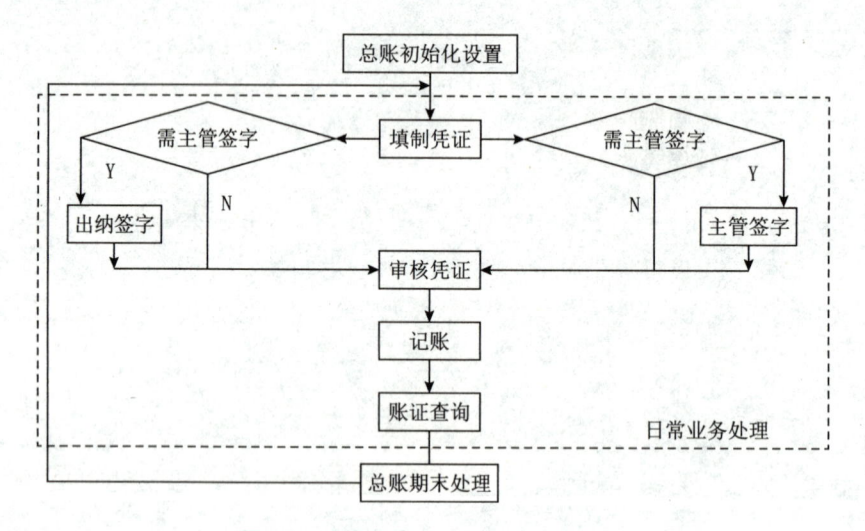

图4-1　总账日常业务处理的工作流程

4.1.2 总账日常业务处理的主要内容

总账日常业务处理的主要包括以下几项工作：凭证管理、出纳管理和账证查询。

1. 凭证管理

凭证是记录企业各项经济业务发生的载体，凭证管理是总账系统的核心功能，主要包括填制凭证、出纳签字、审核凭证、记账、查询打印凭证等。凭证是总账系统数据的唯一来源，为保证数据源的准确性，总账系统设置了严格的制单控制以保证凭证填制的准确性。另外，总账系统还提供资金赤字控制、支票控制、预算控制、外币折算误差控制、凭证类型控制、制单金额控制等功能，以加强对业务的及时管理和控制。

(1) 填制凭证。

记账凭证按其编制来源可分为两大类：手工填制凭证和机制凭证。机制凭证包括利用总账系统自动转账功能生成的凭证以及在其他系统中生成并传递到总账的凭证。本节主要介绍手工填制凭证。

手工填制凭证也分为两种方式：一种是根据审核无误的原始凭证直接在总账系统中填制记账凭证；另一种是先在手工方式下填制好记账凭证，而后再集中输入到总账系统中。企业可以根据实际情况选择合适的方式。

(2) 复核凭证。

为了保证正确处理会计事项和正确填制记账凭证，需要对记账凭证进行复核。凭证复核包括出纳签字、主管签字和审核凭证。

① 出纳签字。

由于出纳凭证涉及企业资金的收支，应加强对出纳凭证的管理。出纳签字功能使出纳可以对涉及现金、银行存款的凭证进行核对，以判定凭证是否有误。如果凭证正确无误，出纳便可签字，否则必须交由制单人进行修改后再重新核对。

出纳凭证是否必须由出纳签字取决于系统参数的设置，如果选择了"出纳凭证必须由出纳签字"选项，出纳凭证则必须经过出纳签字才能够记账。

② 主管签字。

为了加强对会计人员制单的管理，有的企业所有凭证都需要由主管签字，为了满足这一应用需求，总账系统提供主管签字功能。凭证是否需要主管签字才能记账，取决于系统参数的设置。

③ 审核凭证。

审核凭证是审核人员按照相关规定，对制单人填制的记账凭证进行检查核对，如是否与原始凭证相符、会计分录是否正确等。凭证审核无误后，审核人便可签字，否则必须交由制单人进行修改后再重新审核。

所有凭证必须审核后才能记账。注意，审核人与制单人不能是同一人。

若设置了凭证审核明细权限，审核凭证还会受到明细权限的制约。

(3) 记账。

记账是以会计凭证为依据，将经济业务全面、系统、连续地记录到账簿中的一种方法。手工状态下，记账是由会计人员根据已审核的记账凭证及其所附有的原始凭证逐笔或汇总登记有关的总账和明细账。在信息系统中，记账是由有权限的用户发出指令，由总账系统按照预先设定的记账规则自动登记。

记账凭证经过审核签字后，便可以记账了。记账时可以选择要记账的凭证范围。

在总账系统中，记账是由系统自动进行的。记账后若发现输入的记账凭证有误，则需要人工调用"恢复记账前状态"功能。系统提供了两种恢复记账前状态的方式：将系统恢复到最后一次记账前状态和恢复到月初状态。只有主管才能选择将数据"恢复到月初状态"。

(4) 修改凭证。

若凭证填制错误，则涉及修改凭证。在信息化方式下，凭证的修改分为无痕迹修改和有痕迹修改两种。

①无痕迹修改。

无痕迹修改，是指系统内不保存任何修改线索和痕迹。对于尚未审核和签字的凭证可以直接进行修改；对于已经审核或签字的凭证应该先取消审核或签字，然后才能修改。显然，这两种情况下，都没有保留任何审计线索。

②有痕迹修改。

有痕迹修改是指系统通过保存错误凭证和更正凭证的方式而保留修改痕迹，因而可以留下审计线索。对于已经记账的错误凭证，一般应采用有痕迹修改。具体方法是采用红字更正法或补充更正法。前者适用于更正记账金额大于应记金额的错误或者会计科目的错误，后者适用于更正记账金额小于应记金额的错误。

能否修改他人填制的凭证取决于系统参数的设置。其他系统生成的凭证，在账务系统中只能进行查询、审核、记账，不能修改和作废，只能在生成该凭证的原系统中进行修改和删除，以保证记账凭证和原系统中的原始单据相一致。

修改凭证时，凭证类别及编号一般是不能修改的。修改凭证日期时，为了保持序时性，日期应介于前后两张凭证日期之间，同时日期月份不能修改。

(5) 删除凭证。

在U8系统中，没有直接删除凭证的功能。如果需要删除凭证，须分为两步。第一步，对于尚未审核和签字的凭证，如果要删除，可以直接将其作废，作废凭证仍保留凭证内容及编号，仅显示"作废"字样。作废凭证不能修改，不能审核，但应参与记账，否则月末无法结账。记账时不对作废凭证进行数据处理，相当于一张空凭证。账簿查询时，查不到作废凭证的数据。与作废凭证相对应，系统也提供对作废凭证的恢复，将已标识为作废的凭证恢复为正常凭证。第二步，如果作废凭证没有保留的必要时，可以通过"整理凭证"将其彻底删除。

(6) 冲销凭证。

冲销凭证是针对已记账凭证而言的。红字冲销可以采用手工方式，也可以由系统自动进行。如果采用自动冲销，只要告知系统要被冲销的凭证类型及凭证号，系统便会自动生成一张与该凭证相同但金额为红字（负数）的凭证。

(7) 凭证查询。

查询是U8系统相比手工方式的优势之一。既可以查询已记账凭证，也可以查询未记账凭证；既可以查询作废凭证，也可以查询标错凭证；既可以按凭证号范围查询，也可以按日期查询；既可以按制单人查询，也可以按审核人或出纳员查询；通过设置查询条件，还可以按科目、摘要、金额、外币、数量、结算方式或各种辅助项查询。

(8) 凭证汇总。

凭证汇总时，可按一定条件对记账凭证进行汇总并生成凭证汇总表。进行凭证汇总的凭证可以是已记账凭证，也可以是未记账凭证，可供财务人员随时查询凭证汇总信息，及时了解企业的经营状况及其他财务信息。

（9）设置常用凭证。

企业发生的经济业务都有其规律性，有些业务在一个月内会重复发生若干次。在填制凭证的过程中，经常会有许多凭证完全相同或部分相同，因而可以将这些经常出现的凭证进行预先设置，以便将来填制凭证时随时调用，简化凭证的填制过程。

2. 出纳管理

资金收付的核算与管理是企业的重要日常工作，也是出纳的一项重要工作内容。总账系统中的出纳管理为出纳人员提供了一个集成办公环境，可完成现金日记账、银行存款日记账的查询和打印，随时出最新的资金日报表，进行银行对账并生成银行存款余额调节表。

出纳管理是总账系统为出纳人员提供的一套管理工具和工作平台，主要包括现金日记账和银行存款日记账的查询打印、资金日报、支票登记簿以及银行对账。

需要说明的是，如果在总账选项中选中了"出纳凭证必须经由出纳签字"，那么当凭证上使用了指定为库存现金或银行存款属性的科目，就需要出纳对该类业务进行确认。出纳签字在凭证管理中已有介绍，此处不再赘述。

（1）现金日记账和银行日记账的查询打印。

现金日记账和银行存款日记账不同于一般科目的日记账，属于出纳管理的范畴，因此将其查询和打印功能放置于出纳管理平台上。

现金、银行日记账一般可按月或按日查询，查询时也可以包含未记账凭证。

（2）资金日报表。

资金日报表可以反映现金和银行存款的日发生额及余额情况。手工环境下，资金日报表由出纳员逐日填写，以反映当天营业结束时的现金、银行存款的收支情况及余额。在计算机系统中，资金日报表可由总账系统根据记账凭证自动生成，及时掌握当日借/贷金额合计、余额以及当日业务量等信息。资金日报表既可以根据已记账凭证生成，也可以根据未记账凭证生成。

（3）支票登记簿。

加强支票的管理对于企业来说非常重要，因此总账系统提供了支票登记簿功能，以供出纳员详细登记支票领用及报销情况，如领用日期、领用部门、领用人、支票号、用途、预计金额、报销日期、实际金额、备注等。

一般而言，使用支票登记簿时，应注意以下3点。

①只有在总账系统的初始设置选项中已选择"支票控制"，在结算方式中已设置"票据结算"，并在"会计科目"中已指定银行账的科目，才能使用支票登记簿。

②领用支票时，银行出纳必须据实填写领用日期、领用部门、领用人、用途、预计金额、备注等信息。

③支票支出后，经办人持原始单据报销，会计人员据此填制记账凭证。在录入该凭证时，系统要求录入结算方式和支票号，填制完凭证后，在采用支票控制的方法下，系统自动在支票登记簿中将该支票填上报销日期，表示该支票已报销，否则出纳员需要自己填写报销日期。

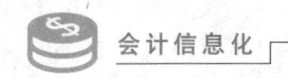

(4) 银行对账。

银行对账是出纳在月末应进行的一项工作，企业为了了解未达账项的情况，通常都会定期与开户银行进行对账。在信息化方式下，银行对账的流程如下所述。

①录入银行对账期初数据。

在第一次利用总账系统进行银行对账前，应该录入银行启用日期时的银行对账期初数据。银行对账的启用日期是指使用银行对账功能前最后一次手工对账的截止日期，银行对账不一定和总账系统同时启用，银行对账的启用日期可以晚于总账系统的启用日期。

银行对账期初数据包括银行对账启用日的单位方银行日记账与银行方银行对账单的调整前余额，以及启用日期之前的单位日记账和银行对账单的未达账项。

录入期初数据后，应保证银行日记账的调整后余额等于银行对账单的调整后余额，否则会影响以后的银行对账。

②录入银行对账单。

在开始对账之前，须将银行开出的银行对账单录入系统中，以便将其与企业银行日记账进行核对。有些系统还提供了银行账单导入的功能，避免了烦琐的手工录入过程。

③银行对账。

银行对账可采用自动对账和手工对账相结合的方式，先进行自动对账，然后在此基础上进行手工对账。

自动对账是指系统根据设定的对账依据，将银行日记账（银行未达账项文件）与银行对账单进行自动核对和核销。对于已核对上的银行业务，系统将自动在银行日记账和银行对账单双方打上两清标志，视为已达账项，否则视为未达账项。

对账依据可由用户自己设置，但"方向+金额"是必要条件，通常可设置为"结算方式+结算号+方向+金额"。

采用自动对账后，可能还有一些特殊的已达账项没有对上而被视为未达账项，为了保证对账的彻底性和正确性，在自动对账的基础上还要进行手工补对。例如，自动对账只能针对"一对一"的情况进行对账，而对于"一对多""多对一"或"多对多"的情况，只能由手工对账来实现。

④输出余额调节表。

在进行对账后，系统根据对账结果自动生成银行存款余额调节表，以供用户查询、打印或输出。

对账后，还可以查询银行日记账和银行对账单对账的详细情况，包括已达账项和未达账项。

⑤核销银行账。

为了避免文件过大，占用磁盘空间，可以利用核销银行账功能将已达账项删除。对于企业银行日记账已达账项的删除不会影响企业银行日记账的查询和打印。

⑥长期未达账项审计。

有的软件还提供长期未达账项审计的功能。通过设置截止日期以及至截止日期未达天数，系统可以自行将至截止日期未达账项、未达天数和超过指定天数的所有未达账项列示出来，以便企业了解长期未达账项的情况，从而采取追踪、加强监督的措施，避免不必要的损失。

3.账簿管理

总账系统提供了强大的账证查询功能。可以查询打印总账、明细账、日记账、发生额余额表、多栏账、序时账等。不仅可以查询到已记账凭证的数据,而且查询的账表中也可以包含未记账凭证的数据,可以轻松实现总账、明细账、日记账和凭证的联查。

总账中的辅助核算,不仅可以使业务得到全面、详细的记录,而且提供了各种维度的辅助信息查询功能,为管理人员提供多方位的管理信息。

(1) 基本会计账簿查询。

基本会计账簿就是手工处理方式下的总账、明细账、日记账、多栏账等。凭证记账后,所有的账簿资料自动生成。

① 总账。

查询总账时,显示指定查询科目的年初余额、各月累计发生额合计、全年累计发生额和月末余额等。

② 发生额余额表。

发生额余额表可以显示全部科目的期初余额、本期发生额、累计发生额和期末余额等。

③ 明细账。

明细账以凭证为单位显示各账户的明细发生情况,包括日期、凭证号、摘要、借方发生额、贷方发生额和余额等。

明细账的格式包括金额式、数量金额式、外币金额式、数量外币式等。

④ 序时账。

序时账根据记账凭证以流水账的形式反映各账户的信息,包括日期、凭证号、摘要、方向、数量、外币及金额等。

⑤ 日记账。

在手工状态下,限于会计人员的劳动强度及科目重要性,一般只对库存现金和银行存款科目记日记账。信息化环境下,记账工作不再成为负担,若有必要,只要在会计科目界面选中"日记账"选项,可以对任何需要的科目记日记账。

日记账的内容包括日期、凭证号、摘要、对方科目、借方发生额、贷方发生额和余额等。

⑥ 多栏账。

在查询多栏账之前,必须先定义多栏账的格式。多栏账格式有两种设置方式:自动编制栏目和手工编制栏目。

(2) 辅助核算账簿查询。

辅助核算账薄在手工环境下一般作为备查账存在。信息化环境下,设置了辅助核算的科目可以查询其相应的辅助账。

① 个人核算。

个人核算主要用于个人借款、还款管理工作,及时地控制个人借款,完成清欠工作。个人核算可以提供个人往来明细账、催款单、余额表、账龄分析报告及自动清理核销已清账等功能。

② 部门核算。

部门核算主要为了考核部门收支的发生情况，及时反映控制部门费用的支出，对各部门的收支情况加以比较分析，便于部门考核。部门核算可以提供各级部门的总账、明细账，以及对各部门收入与费用进行部门收支分析等功能。

③项目核算。

项目核算用于收入、成本、在建工程等业务的核算，以项目为中心为使用者提供各项目的成本、费用、收入、往来等汇总与明细信息，以及项目计划执行报告等。

④客户核算和供应商核算。

客户核算和供应商核算主要用于客户和供应商往来款项的发生、清欠管理工作，及时掌握往来款项的最新情况。可以提供往来款的总账、明细账、催款单、对账单、往来账清理、账龄分析报告等功能。如果用户启用了应收款管理系统和应付款管理系统的话，可以分别在这两个系统中对客户往来款和供应商往来款进行更为详细的核算与管理。

4.2 技能解析

4.2.1 填制凭证

在用友U8中，记账凭证是登记账簿的依据，是总账系统的唯一数据源，如图4-2所示，填制凭证也是最基础和最频繁的日常工作。在总账系统中，账簿的准确与完整完全依赖于记账凭证，因此必须确保正确地录入记账凭证，U8系统也提供了一些控制手段，用于检查凭证中各个项目的正确性。

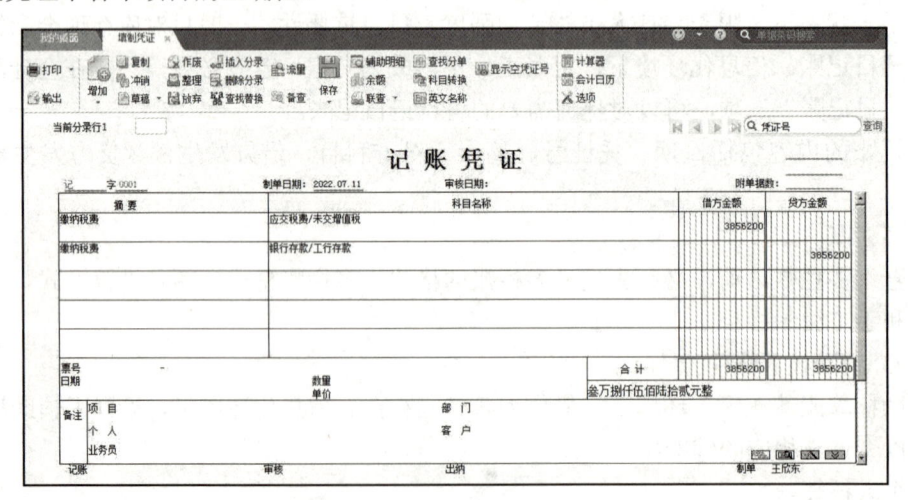

图4-2 记账凭证

凭证上应填制的项目及注意事项如下所述。

1. 凭证类别

按照企业在基础档案设置中设置的凭证类别系统自动显示。如企业只选择了"记账凭证"的凭证类别，则默认显示"记"；如果企业选择了"收款凭证、付款凭证、转账凭证"3种凭证类别，增加凭证时系统自动显示"收"，如果当前录入的是付款凭证，需要更换凭证类别。

如果在设置凭证类别时设置了凭证的限制类型，则必须符合限制类型的要求，否则系统会给出错误提示的信息。例如，假定企业选择了"收、付、转"3种凭证，且设置了收款凭证的限制类型为"借方必有"科目"1001，1002"，如果企业发生了"销售产品，货款未收"的业务，应借记"应收账款"科目、贷记"主营业务收入"科目，如果用户误选择了"收款凭证"类别，保存时系统会提示"不满足借方必有条件"。

2．凭证编号

如果选择了凭证编号方式为"系统编号"，那么系统按凭证类别、按月自动顺序编号，即每月都从收-0001、付-0001、转-0001重新排号。如果选择"手工编号"方式，需要手工输入凭证号，但应注意凭证号的连续性和唯一性。

3．凭证日期

填制凭证时，日期一般自动采用登录系统时的业务日期。在选择"制单序时控制"的情况下，凭证日期应大于等于该类凭证最后一张凭证日期，但不能超过机内系统日期。

4．附单据数

记账凭证打印出来后，应将相应的原始凭证粘附其后，这里的附单据数就是指将来该记账凭证所附的原始单据数。

5．摘要

摘要是对经济业务的概括说明。因为总账系统记账时是以记录行为单位，因此每行记录都要有摘要，不同记录行的摘要可以相同也可以不同，每行摘要将随相应的会计科目在明细账、日记账中出现。摘要可以直接输入，如果定义了常用摘要，也可以直接调用常用摘要。

6．会计科目

填制凭证时，要求会计科目必须是末级科目。可以输入科目编码、科目名称、科目助记码。

如果输入的是银行科目，一般系统会要求输入有关结算方式的信息，此时最好输入，以方便日后银行对账；如果输入的科目有外币核算，系统会自动带出在外币设置中已设置的相关汇率，如果不符还可以修改，输入外币金额后，系统会自动计算出本币金额；如果输入的科目有数量核算，应该输入数量和单价，系统会自动计算出本币金额；如果输入的科目有辅助核算，应该输入相关的辅助信息，以便系统生成辅助核算信息。

7．金额

金额可以是正数或负数（即红字），但不能为零。凭证金额应符合"有借必有贷，借贷必相等"原则，否则不能保存。

另外，如果设置了常用凭证，可以在填制凭证时直接调用常用凭证，从而提高凭证录入的速度和规范性。

4.2.2 复核凭证

填制凭证后，必须由出纳签字，再经过会计主管审核才能记账，如图4-3所示。按照内部控制要求，审核与制单不能为同一人。

图4-3 凭证审核

1.复核凭证的注意事项

（1）真实性复核：原始凭证上注明的业务内容必须反映经济业务的实际情况，不能掩盖、歪曲或篡改原始情况。这要求经济双方当事人、单位、时间、地点、内容、数量和金额都是真实的。除了业务人员在原始凭证上签章外，还需要了解该项业务的主管人员签章，由会计主管审核，才能作为据以入账的原始凭证。

（2）完整性复核：根据原始凭证所必须具备的要素，检查原始凭证是否已填写完整。对于需要旁证的原始凭证，如果旁证不齐，则视为手续不齐全。例如，购货发票要附有购货名称、规格、数量明细、销货单位的出库证明单或本单位的入库单；不需入库的物品，发票上应有使用证明人的签名。

（3）合法性复核：复核时要确保原始凭证符合会计制度和企业财务管理的要求。所有记账的会计事项均要有记账凭证，因为记账凭证是记账的依据。除结账和更正错误外，所有的记账凭证都应附有原始凭证。

（4）检查原始凭证是否完整：必须检查原始凭证的完整性，例如有无缺失或者遗漏，或者是否还有其他的凭证缺失，原始凭证上的数字是否有误，是不是与账户簿记录一致。

2.复核凭证的过程

（1）依次点击总账下的凭证，选择审核凭证标签。

（2）输入需要反审核凭证的条件，例如选中凭证所在的月份，如果是具体某一张凭证，可以直接输入凭证号，然后单击确认。

（3）选中需要反审核的凭证，将前面的选择框勾选上，单击上面的弃审标签即可。

（4）在"付字0002"号凭证作废后，需要对记账凭证进行整理凭证断号。

（5）如果发现凭证有误，可以在审核凭证窗口中，单击"标错"按钮，系统在该凭证上标识为有错，便于制单人修改，审核完毕后，单击"退出"按钮。

用友U8中提供单张审核和成批审核两种方式。

审核过程中，如果审核通过，则单击"审核"按钮，凭证下方的审核处签署当前登录用户的姓名；如果发现错误，可单击"标错"按钮，系统打开"填写凭证错误原因"的对话框，输入错误描述，单击"确定"按钮返回，凭证左上角将标注"有错"字样，之后制单人在查询凭证环节可以只查看有错的凭证。

4.2.3 记账

凭证审核之后可以进行记账处理。用友U8中，记账由总账系统自动将已审核的凭证数据登记总账、日记账、明细账、辅助账，提高了记账的效率和质量。

1．记账的注意事项

（1）若期初余额试算不平衡，系统不允许记账。

（2）未审核凭证不允许记账，但作废凭证无须审核可直接记账。

（3）上月未结账，本月不能记账。

2．记账过程

（1）选择记账范围：记账范围可输入数字、"-"和"，"，如输入"1-3"表示对第1张、第2张和第3张凭证记账；选择"1，3"表示对第1张和第3张凭证记账。

（2）记账处理：记账之前检查期初是否试算平衡，进行记账处理时，总账、明细账、日记账、相关辅助账同步登记完成。

（3）记账完成，会显示科目汇总情况，也可查看记账报告。

4.2.4 修改凭证

凭证填写错误时，需要修改凭证，但只有具有相应权限的用户才能进行修改凭证的操作。同时，在修改凭证时要注意核对凭证的各个字段，确保修改的准确性和合规性。

1．修改凭证的注意事项

（1）修改凭证应该及时，只有在记账的期间内才能执行修改操作，以免影响后续账务处理。

（2）修改的凭证信息应该与初次填写的信息保持一致，否则在后续的财务处理中会导致账务错误。

（3）处理作废凭证包括将作废凭证的档案进行整理并存档、将作废凭证的相关凭证进行重新核对和修复、将作废凭证的金额进行调整等。

（4）修改后的凭证应重新进行审核和过账。只有具有相应权限的人员才能执行删除和作废操作。

（5）在修改过程中，如果发现错误或重复的凭证，应及时作废并进行修改或删除。需要注意的是，只有具有相应权限的人员才能执行删除和作废操作。

（6）修改银行存款凭证最好与核对银行流水一起进行，以了解资金的来龙去脉。同时要注意查看日期是否跨期，并确认双方账户是否存在于公司银行开户信息中。

（7）在进行查询操作时，应保持谨慎，避免误操作导致数据的丢失或错乱。

2. 修改凭证的过程

（1）登录企业应用平台，进入"业务工作"页面，执行"财务会计"→"总账"→"凭证"→"出纳签字"命令，弹出"出纳签字"窗口。

（2）在"出纳签字列表"窗口中，找到需要修改的凭证，选中该凭证，如图4-4所示。

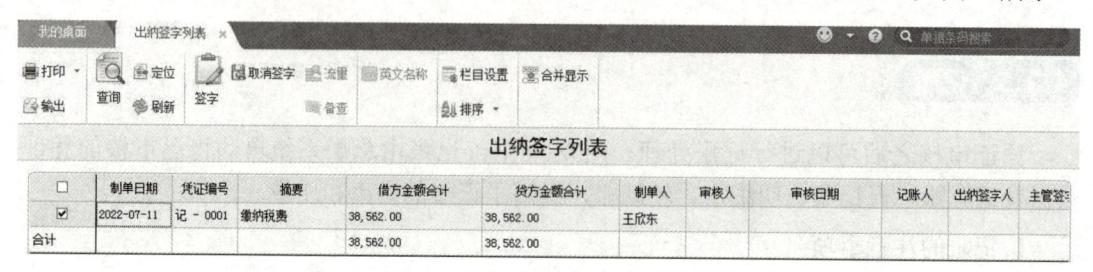

	制单日期	凭证编号	摘要	借方金额合计	贷方金额合计	制单人	审核人	审核日期	记账人	出纳签字人	主管签
☑	2022-07-11	记-0001	缴纳税费	38,562.00	38,562.00	王欣东					
合计				38,562.00	38,562.00						

图4-4 "出纳签字列表"窗口

（3）双击需要修改的凭证，弹出"凭证编辑"窗口。

（4）在"凭证编辑"窗口中，可以对凭证的各个字段进行修改，如科目、金额等。

（5）修改完成后，单击"保存"按钮，系统会提示是否保存修改后的凭证。

（6）单击"确定"按钮，系统会将修改后的凭证保存并退出凭证编辑窗口。

4.2.5 删除凭证

在财务上，删除凭证是一项重要的操作。一般来说，根据财务会计法规，只有计量单位经理有权删除记账凭证。在删除记账凭证之前，必须记录并证明审批流程的合法性，以保证删除动作的合法性。

1. 删除凭证的注意事项

（1）只有具有删除权限的人员才能执行删除操作。

（2）如果凭证已经审核或过账，需要先取消审核和过账才能删除。也就是说，一般的财务软件在凭证审核前是可以修改和删除的。修改和删除凭证遵循的原则一般是谁制单谁修改或删除；凭证审核后，是不能进行修改和删除的（针对的是同一张凭证）；记账后，如果需要修改或删除凭证，需先取消记账和审核，再进行修改和删除。

（3）凭证一旦被删除，则不能恢复。因此，删除凭证前应仔细核对相关信息和数据，并确保有备份。

（4）对于保管期满、确无保存价值的会计档案，可以按照规定程序销毁。但需要注意的是，会计档案销毁应遵循一定的程序，如多人见证、出具鉴定意见书等。

总之，删除凭证是一个需要谨慎操作的过程，尤其是在确认凭证的删除状态和可能导致的后果时。为了避免出现操作失误或者遗漏，建议在执行删除操作前详细核对相关信息和数据。

2. 删除凭证的过程

（1）登录企业应用平台，调出会计分录，选中需要删除的会计分录。选中会计分录后，此笔分录会变成黑色。

（2）选中会计分录后，单击鼠标右键，在弹出的选项菜单中，选择"删除单张凭证"，即可把选中的凭证删除。

4.2.6 冲销凭证

在财务工作中，当发现会计记录存在记账方向有误或实记金额大于应记金额或在记账后发现原始凭证有误时，需要采取冲销凭证的操作。

1. 冲销凭证的注意事项

（1）冲销凭证是为了更正错误凭证所产生的错账而制作的凭证，与错误凭证的借贷科目、余额相同，但余额为负值。也就是说，冲销凭证的科目和方向应该与原错误凭证相反。

（2）在冲销后的凭证中，某些特定类型的原始凭证号码可能可以在其关联的数据中找到，比如采购收货凭证。然而，并非所有类型的凭证都适用这种方式找到原始凭证号码。

（3）对于差旅费等费用科目，如果需要冲销多个月的累计发生额，可以先录入一张凭证到需要冲销的月份，然后通过相应的路径进行冲销操作。

（4）冲销凭证是一个需要谨慎操作的过程，尤其是在确认冲销的科目和金额时。为了避免出现操作失误或者遗漏，建议在制作冲销凭证前详细核对相关信息和数据。

2. 冲销凭证的过程

（1）登录企业应用平台，执行"财务会计"→"凭证"→"查询凭证"命令，弹出"凭证查询"窗口。

（2）在"查询凭证列表"界面中，找到需要冲销的凭证，双击需要冲销的凭证，系统将自动跳转到修改界面，如图4-5所示。

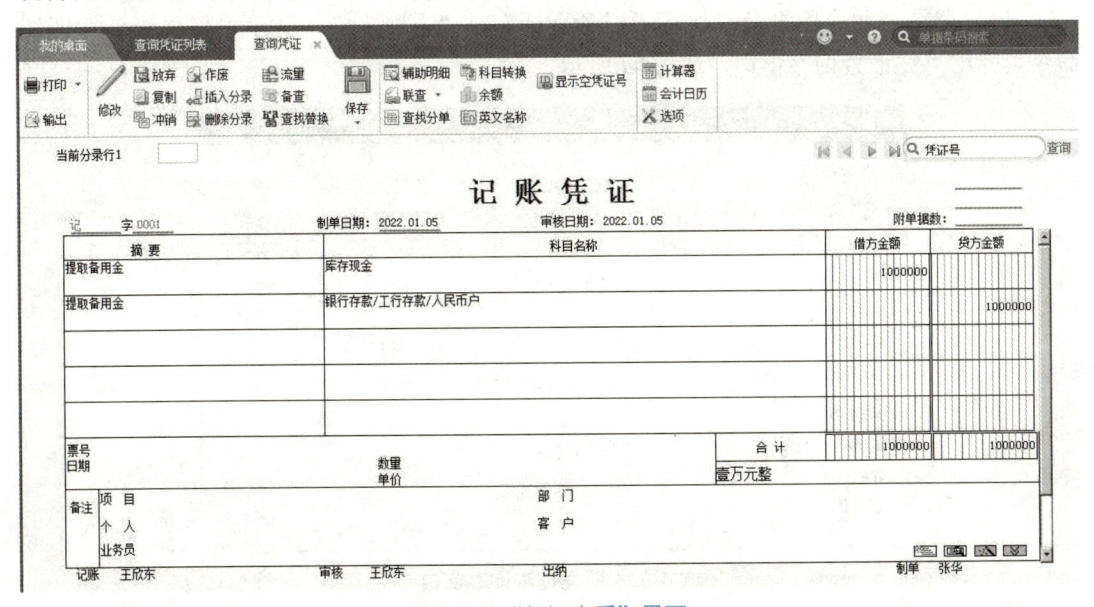

图4-5 "凭证查看"界面

（3）在修改界面中，将凭证类型修改为"冲销凭证"，摘要中会增加一个"冲销凭证号"字段。

4.2.7 查询凭证

会计工作中，查询凭证的应用非常广，审核、账务分析、整理单据、统计和汇总的工作都会用到查询凭证的功能。

在整理单据时，财务人员需要将各种因具体业务发生所开具或收到的发票、自制的入库（出库）单、工资表以及印制填写的费用报销单、支出凭单、借款单等进行分类和整理，这时使用查询凭证可提升工作的效率和准确性。

1. 查询凭证的注意事项

（1）在查询凭证前，应明确要查询的凭证类别、日期范围、凭证号等过滤条件。

（2）对于银行存款凭证的查询，最好与核对银行流水一起进行，以了解资金的来龙去脉。同时要注意查看日期是否跨期，并确认双方账户是否存在于公司银行开户信息中。

（3）检查记账凭证时，如果一笔经济业务需要填制两张以上（含两张）记账凭证的，可以采用"分数编号法"编号。

（4）在查询过程中，如果发现错误或重复的凭证，应及时作废并进行修改或删除。但需要注意，只有具有相应权限的人员才能执行删除和作废操作。

（5）查询后如果需要修改或删除凭证，需先取消记账和审核后，再进行修改和删除。

（6）抽查银行存款凭证以及一些重要的原始凭证时，最好有另一人进行监督，防止误操作或者伪造数据。

（7）在进行查询操作时，应保持谨慎，避免误操作导致数据的丢失或错乱。

2. 查询凭证的过程

（1）登录企业应用平台，执行"财务会计"→"总账"→"凭证"→"查询凭证"命令，弹出"凭证查询"窗口，如图4-6所示。

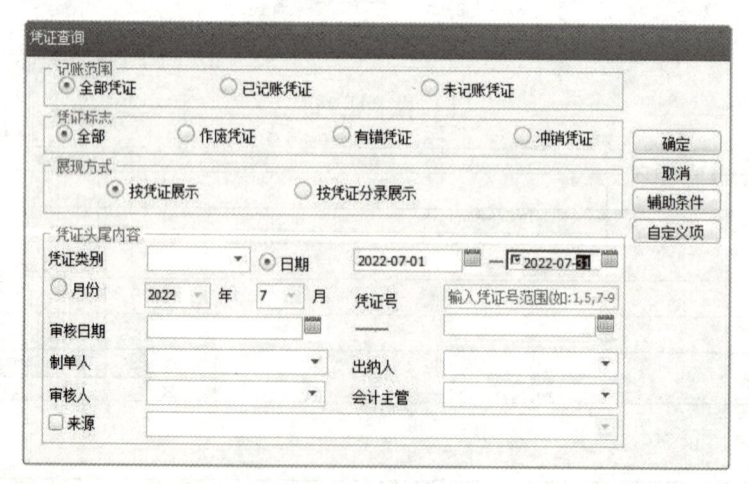

图4-6 "凭证查询"窗口

（2）在"凭证查询"界面输入查找的凭证条件，单击"确定"按钮，弹出"查询凭证列表"窗口，如图4-7所示。

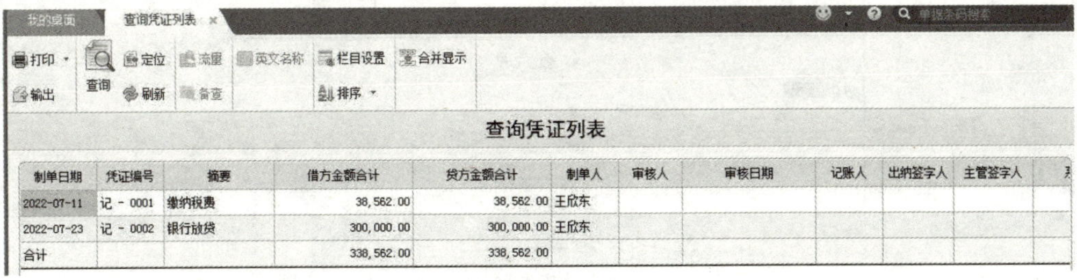

图4-7 "查询凭证列表"窗口

（3）若要更精确地查找凭证，可单击右侧的辅助条件来确认更多的查询条件，此时会列出所有符合输入条件的凭证。

（4）找到需要查看的凭证后，双击该凭证，系统将弹出该凭证的详细信息。

（5）如果需要查看或导出凭证，可以单击上方的输出按钮。选择凭证保存的地址及类型后，单击"确定"按钮即可。

4.2.8 登记支票登记簿

在财务工作中，支票登记簿是一个重要的工具，用于记录员工领用的支票，包括相应的支票号码、领用日期、用途、预计金额等。这在一定程度上有助于银行存款的管理。

一般在这4种情况下需要登记支票登记簿：员工领用支票时；支票使用后需要报销时；支票作废时；支票遗失时。

1. 登记支票的相关注意事项

（1）在总账设置中，需要勾选"支票控制"选项。

（2）在结算方式设置中，要确保勾选了"是否票据管理"选项。

（3）在会计科目设置中，需要指定银行科目，并确保该科目是在贷方。

（4）在填制凭证界面，务必录入银行科目（确保是在贷方），并输入结算方式和票号。完成这些步骤后，系统会弹出是否报销的提示，单击"是"即可自动报销。

（5）支票登记簿上的票号需要与录入的票号一致。

（6）如果支票在出纳管理中的支票登记簿中不能自动报销，可能是由于某些设置或数据问题导致的。

（7）在进行期末处理时，特别关注出纳业务的处理，确保所有支票都已经正确记录和报销。

（8）为了确保系统的正常运行和数据的准确性，建议定期备份数据，并进行系统检查和维护。

2. 登记支票的过程

（1）在系统初始设置选项中勾选"支票控制"。

（2）在结算方式设置界面中添加"现金支票""转账支票"等结算方式，并勾选"是否票据管理"的选项，如图4-8所示。

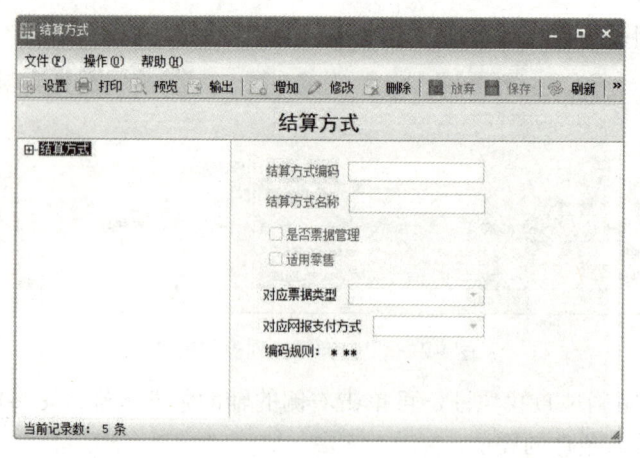

图4-8 "结算方式"窗口

（3）打开会计科目功能，单击上方的"指定科目"按键，要确保已经设置了相关的银行科目。

（4）在"填制凭证"界面录入银行科目（确保是在贷方），并录入结算方式和票号，然后弹出"是否报销或是否登记"的提示信息，根据提示操作即可。

4.2.9 银行对账

一般来说，企业需要在每月月末进行银行对账，将企业的银行存款日记账与开户银行发来的当月银行存款对账单进行逐笔核对，勾对已达账项，找出未达账项，并编制每月银行存款余额调节表。

1. 银行对账注意事项

（1）在进行银行对账之前，首先需要录入银行对账期初数据。这包括选择科目、确定启用日期以及输入单位日记账和银行对账单调整前的余额等信息。

（2）录入银行对账单是另一个重要的步骤。在这一环节中，需要先选择相应的银行存款科目和月份，然后单击"确定"按钮，接着增加录入银行对账单信息。

（3）在执行银行对账过程中，通常会有两种对账方式可供选择：自动对账和手工对账。在大多数情况下，建议用户首选自动对账，如果存在问题或疑点，则采用手工对账进行调整。

以上是在用友U8中进行银行对账时需要特别注意的几个关键点。在整个过程中，还需要用户仔细核对各项数据的准确性，以防出现错误或遗漏。

2. 银行对账的过程

（1）单击"业务工作"选项卡。

（2）执行"财务会计"→"总账"→"出纳"→"银行对账"→"银行对账期初录入"命令，弹出"银行科目选择"对话框，如图4-9所示。

（3）单击"确定"按钮，弹出"银行对账期初"窗口，如图4-10所示，确定科目后选取银行账户的启用日期，输入单位日记账和银行对账单的调整前余额。单击"对账单期初未达项"按钮，增加并录入对账单期初未达账。

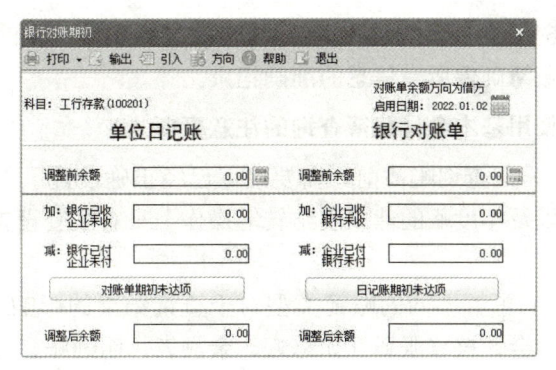

图4-9 "银行科目选择"对话框   图4-10 "银行对账期初"窗口

（4）录入银行对账单，根据银行提供的对账单信息进行录入。

（5）银行对账，核对企业银行存款日记账与开户银行发来的当月银行存款对账单，找出未达账项，并编制每月银行存款余额调节表。

4.2.10 基本会计账簿查询

基本会计账簿查询主要用于记录和反映企业的经济业务情况，包括资产、负债、所有者权益、收入、费用等方面的信息。在财务工作中，基本会计账簿查询的主要作用是为了及时了解各会计科目的发生额、余额情况，便于及时掌握会计信息。以下是可能需要使用基本会计账簿进行查询的具体情况和场景。

1. 基本会计账簿查询的使用场景

（1）当企业需要了解某一时期的财务状况时，可以通过查询总分类账获取各项经济业务的全面信息。

（2）当需要详细了解某一类经济业务的情况时，可以通过查询明细账获取详细信息。

（3）当发现序时账和分类账中未能记载或记载不全的事项时，可以通过辅助账簿进行补充登记。

（4）当需要进行会计核算或制作财务报表时，总账作为会计核算的基础和制作财务报表的重要依据是必不可少的。

（5）每年年底，企业需要对账簿进行结账，总结一年的经济活动。

2. 会计账簿在财务管理和审计中的作用

（1）编制财务报表：为了确保财务报表的准确性和完整性，需要查询总账和明细账来核对数据。

（2）审计工作：在进行内部或外部审计时，审计人员需要查询相关账簿来核实账务处理的真实性和合规性。

（3）预算编制：在制定下一年度的预算时，需要查询历史账簿数据来预测未来的收入和支出。

（4）税务申报：在准备税务申报表时，需要查询相关的账簿数据以确保准确性。

（5）经济管理和财务管理：为了加强经济管理，提高经济效益，维护社会主义市场经济秩序，需要定期查询和分析账簿数据。

（6）登记会计账簿：会计人员在根据审核无误的会计凭证登记会计账簿时，需要查询相关账簿确保所有信息的准确记录。

3. 使用基本会计账簿查询的注意事项

（1）在查询账簿前，需要确保已经正确设置了账套，这包括账套的备份还原、用户的添加以及年度账的建立及结转等操作。只有账套设置正确，才能保证后续查询的准确性和完整性。

（2）了解不同的账簿类型对于查询结果的影响。在用友U8中，账簿管理包括日记账、基本会计核算账簿（如总账、余额表、明细账、序时账、多栏账等）以及各种辅助账的查询和输出。每种账簿类型都提供了不同维度的财务数据，因此在查询前需要明确自己的需求，选择合适的账簿类型以获取所需的信息。

（3）对于跨年度查询的需求，需要注意系统版本的支持情况。早期版本的用友U8可能不支持跨年查询功能，而较新的版本则提供了更多的灵活性。因此，在进行跨年度查询前，首先确认系统版本是否支持该功能。

（4）了解权限管理和用户角色非常重要。在用友U8中，不同用户根据其角色和权限可能具有不同的操作权限。在进行查询操作时，需要确保用户具有适当的权限，以避免因权限限制而导致查询失败或无法获取完整的数据。

总之，使用用友U8进行基本会计账簿查询时，需要关注账套设置、账簿类型选择、系统版本以及权限管理等方面，以确保查询操作的准确性和有效性。

4. 总账账簿查询的过程

（1）进入系统管理模块，备份还原账套，添加用户以及 建立年度账等。

（2）从系统管理模块，转到总账部分。

（3）在"业务工作"选项卡下，执行"财务会计"→"总账"→"账表"→"科目账"→"总账"命令，弹出"总账"对话框，如图4-11所示。

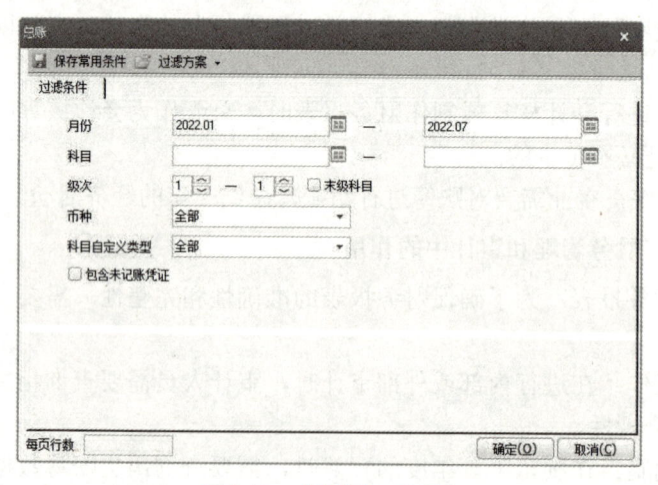

图4-11 "总账"对话框

（4）根据需求选择对应的科目，若想查看包含未记账凭证的信息，则勾选"包含未记账凭证"选项，然后单击"确认"按钮，完成查询工作。

5.序时账账簿查询的过程

（1）单击"业务工作"选项卡，执行"财务会计"→"总账"→"账表"→"科目账"命令。

（2）在"科目账"的下级菜单中可选"序时账""多栏账""明细账"等。

（3）单击"序时账"选项，弹出"序时账"对话框，若想查询包含未记账凭证的信息，勾选"包含未记账凭证"选项，单击"确定"按钮，如图4-12所示。

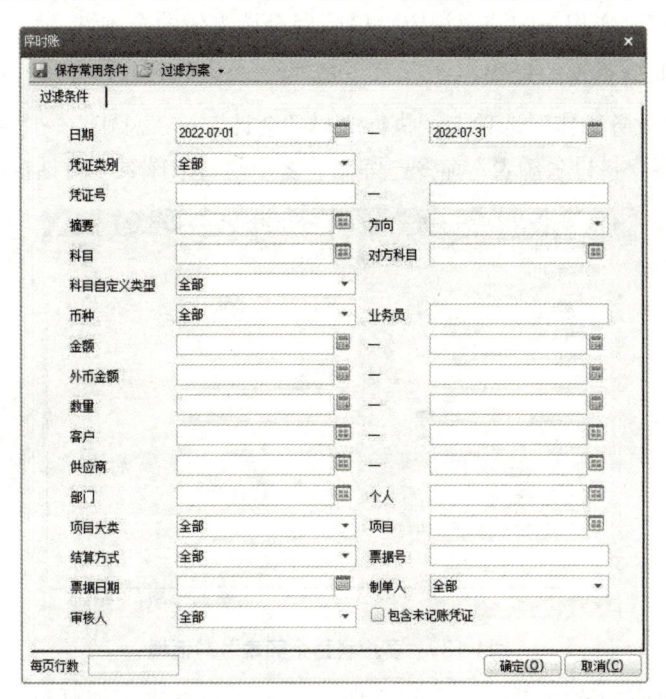

图4-12 "序时账"对话框

4.2.11 辅助核算账簿查询

在财务上，当需要对某些科目进行更为明细的核算时，就需要使用辅助核算账簿查询，例如应收账款、应付账款等往来科目，或者需要按照部门、职员等进行核算时。

辅助核算是对账务处理的一种补充，即实现更广泛的账务处理，以适应企业管理和决策的需要。辅助核算一般通过核算项目来实现。核算项目是会计科目的一种延伸，设置某科目有相应的辅助核算后，相当于设置了该科目按核算项目进行更为明细的核算。

1.辅助核算账簿查询的注意事项

（1）辅助核算必须在建账初期就设定好。如果将设置辅助核算的步骤推迟到系统使用一半时进行，可能会导致前期的数据无法被查询出来，从而产生数据遗漏的问题。

（2）如果设置了需要辅助核算的科目，但在录入数据时没有进行辅助核算，则相关的凭证是无法保存的。

（3）辅助核算也称为辅助账类，用于说明会计科目是否有其他核算要求。这种功能在一笔经济业务发生后，记账时不仅需要记到总分类账、明细账等，还要根据具体的辅助核算要求进行处理。

（4）辅助核算是对账务处理的一种补充，可以实现更广泛的账务处理，以适应企业管理和决策的需要。

（5）在查询辅助核算账簿时，应确保遵循《中华人民共和国会计法》的相关规定，包括依法设账，设置会计账簿的种类等。

总之，正确设定和使用辅助核算账簿是保证会计工作准确、有效的重要环节。同时，也需要充分理解和遵守相关的法律规定，以确保会计工作的合规性。

2. 辅助核算账簿查询的过程

（1）单击"业务工作"选项卡，执行"财务会计"→"总账"→"账表"→"客户往来辅助账"→"客户科目余额表"命令，弹出"客户科目余额表"对话框，如图4-13所示。

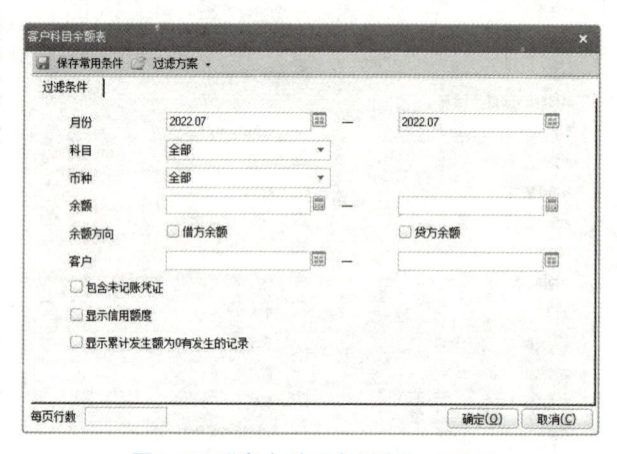

图4-13 "客户科目余额表"对话框

（2）弹出相应的查询界面，选择日期，勾选"包含未记账凭证"选项，单击"确定"按钮，弹出"客户科目余额表"窗口。

（3）双击具体的单位名称，弹出"客户科目明细账"窗口，可查询该客户的明细账。

4.3 案例解析

案例素材

以系统管理员身份登录系统管理，引入"案例素材\第4章"文件夹下的账套文件Y4_01。

以1012操作员的身份（密码为012）登录102账套，登录日期为"2022-01-05"，填制凭证。

1. 填制凭证（未给定的辅助内容不需输入）

（1）1月11日，财务部出纳持现金支票（票号为1701）从工行提取现金10 000元，作为备用金。

借：库存现金（1001）　　　　　　　　　　　10 000
　　　贷：银行存款/工行存款（100201）　　　　10 000
（2）1月11日，总经办购买办公用品800元，用现金支付。
借：管理费用/办公费（660201）　　　　　　800
　　　贷：库存现金（1001）　　　　　　　　　800
（3）1月11日，销售部纪群出差，借差旅费3 000元。
借：其他应收款（1221）　　　　　　　　　　3 000
　　　贷：库存现金（1001）　　　　　　　　　3 000
（4）1月11日，向新淮动力机厂销售产品一批，金额82 831.86元，增值税10 768.14元，价税合计93 600元，货款未收。
借：应收账款（1122）　　　　　　　　　　　93 600
　　　贷：主营业务收入（6001）　　　　　　　82 831.86
　　　　　应交税费/应交增值税/销项税额（22210105）　10 768.14
（5）领用工程材料20 000元，用于建造1号家属楼。
借：在建工程（1604）　　　　　　　　　　　20 000
　　　贷：工程物资（1605）　　　　　　　　　20 000

2. 审核凭证

更换为操作员1011，审核全部记账凭证。

3. 记账

由操作员1011对已审核凭证进行记账。

4. 输出账套

将操作结果输出至"案例解析\X4_01"文件夹中。

操作步骤

以系统管理员身份登录系统管理，引入"案例素材\第4章"文件夹下的账套文件Y4_01。

1. 以1012操作员的身份登录102账套

（1）执行"开始"→"所有程序"→"用友U8+V13.0"→"企业应用平台"命令，打开"登录"对话框。

（2）录入操作员"1012"，密码"012"，单击"账套"栏的下拉三角按钮，选择"[102] (default)hope102"，操作日期设置为"2022-01-05"。单击"登录"按钮，进入"企业应用平台"窗口。窗口状态栏中显示当前操作员为"张华"。

（3）在业务工作中，显示的功能组如图4-14所示。

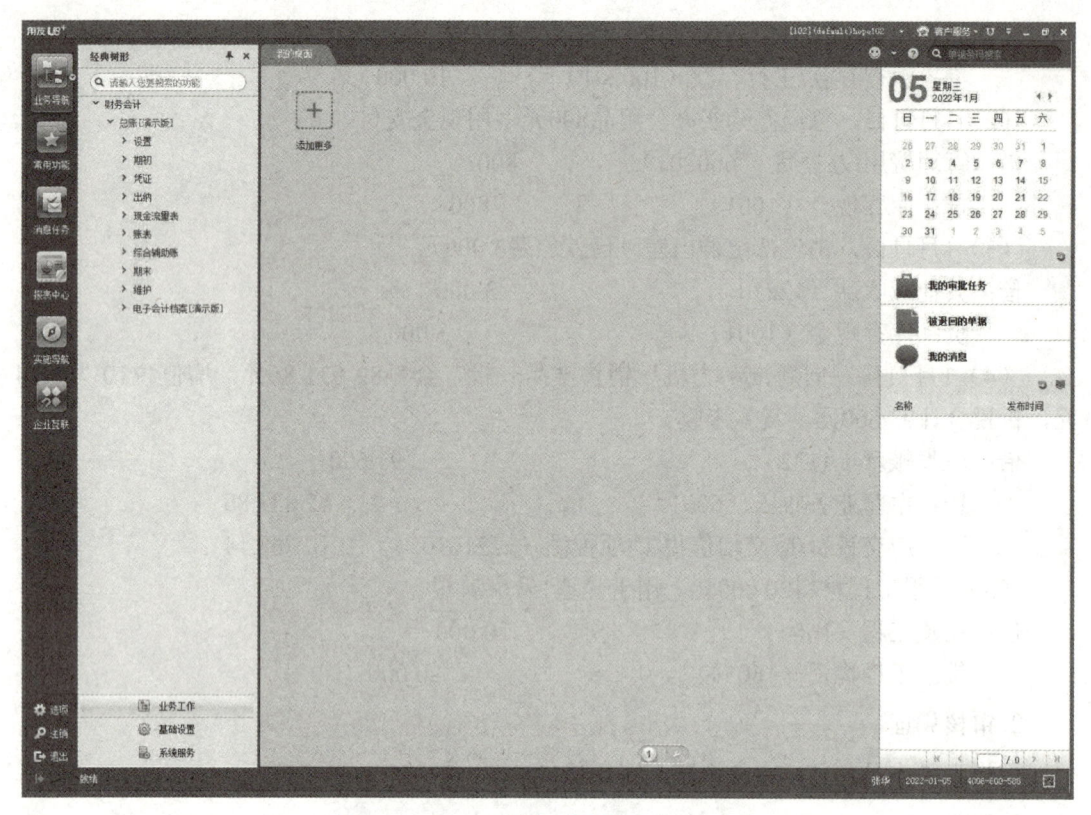

图4-14 以1012操作员身份登录102账套

操作员1011和操作员1012登录102账套的窗口有所区别,原因在于操作员1012和操作员1011的权限不同。

2．填制凭证

（1）第1张凭证。

业务特征:"银行存款/工行存款"科目设置了"银行账"辅助核算。

①在企业应用平台业务工作中,执行"总账"→"凭证"→"填制凭证"命令,弹出"填制凭证"窗口。

凭证界面上有5行,在U8中称为分录行,如果是多借多贷超过5行的,在凭证号之后会自动出现分单号,如0001/0002；下方的制单处显示"张华",该用户名由系统自动根据登录的用户识别,以明确经济责任。

②单击"增加"按钮或者按F5键,系统自动增加一张空白记账凭证。

③如果设置了多个凭证类别且当前凭证类别不符合需要,则单击凭证类别的参照按钮,从中选择正确的凭证类别。按Enter键,凭证号0001自动生成。

④修改凭证日期为"2022.07.11"。按照制单序时控制要求,制单日期不能小于上一张同类型凭证的制单日期,且不能大于系统日期。

⑤输入附单据数。附单据数是指该记账凭证所附原始单据的张数,可以为空。

⑥在摘要栏直接录入摘要"提取备用金"。按Enter键,或用鼠标单击"科目名称"栏,单击科目名称栏的参照按钮（或按F2键）,选择"资产"类科目"1001 库存现金",如图4-15所示。

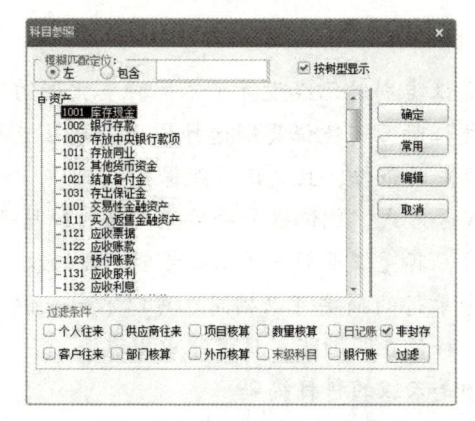

图4-15　参照选择会计科目

或者直接在科目名称栏输入"1001"，按Enter键，录入借方金额"10 000"。

⑦按Enter键，系统自动复制上一行的摘要，可以修改。输入贷方科目"100201"，按Enter键，打开"辅助项"对话框。按案例要求，输入结算方式为"201现金支票"，票号为"1701"，如图4-16所示。

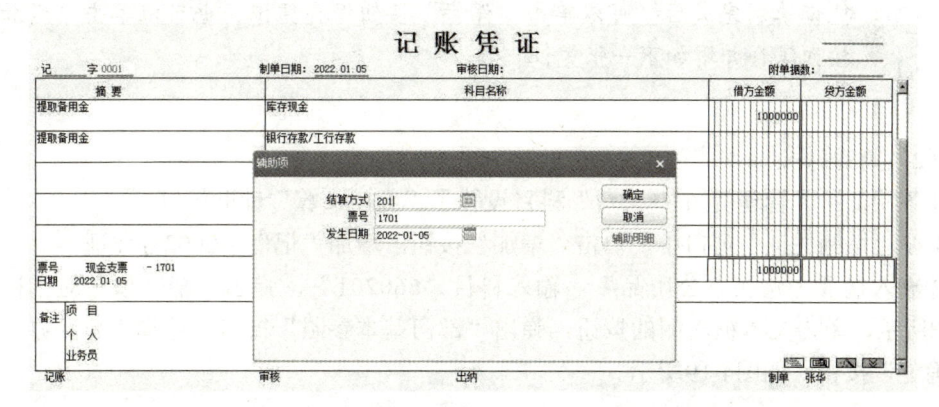

图4-16　与银行账科目相关的"辅助项"对话框

⑧单击"确定"按钮，录入贷方金额时，可以在贷方金额处直接按"="键，系统自动计算目前借贷方差额并放置于当前位置。

⑨单击"保存"按钮，系统弹出"凭证已成功保存！"信息提示框，单击"确定"按钮返回，如图4-17所示。

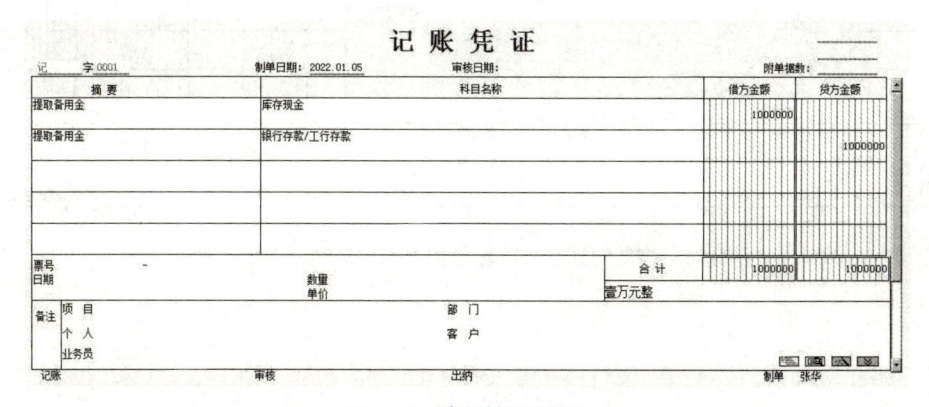

图4-17　填制第1张凭证

133

> **提示**
> - 如果在设置凭证类别时已经设置了不同种类凭证的限制类型及限制科目，那么在填制凭证时，若凭证类别选择错误，则在进入新的状态时系统会提示凭证不能满足的条件，且凭证不能保存。
> - 选择了系统编号方式，凭证编号将按凭证类别按月顺序编号。
> - 凭证一旦保存，其凭证类别、凭证编号皆不能修改。
> - 正文中不同分录行的摘要可以相同也可以不同，但不能为空。每行摘要将随相应的会计科目在明细账、日记账中出现。
> - 科目编码必须是末级的科目编码。
> - 金额不能为"零"；红字以"—"号表示。
> - 直接按"="键意为取借贷方差额到当前光标位置。每张凭证上只能使用一次。
> - 如果凭证的金额录错了方向，可以直接按空格键改变金额方向。
> - 每张凭证借贷方金额必须相等。
> - 凭证填制完成后，可以单击"保存"按钮保存凭证，也可以单击"增加"按钮保存并增加下一张凭证。

（2）第2张凭证。

业务特征："管理费用/办公费"科目设置了"部门核算"辅助核算。

①在"填制凭证"窗口中，单击"增加"按钮，增加"记"字0002号凭证。

②输入摘要"购买办公用品"，输入科目"660201"，弹出"辅助项"对话框，如图4-18所示，单击文本框右侧的按钮，弹出"部门基本参照"窗口，选择"总经办"，单击"确定"按钮，如图4-19所示。

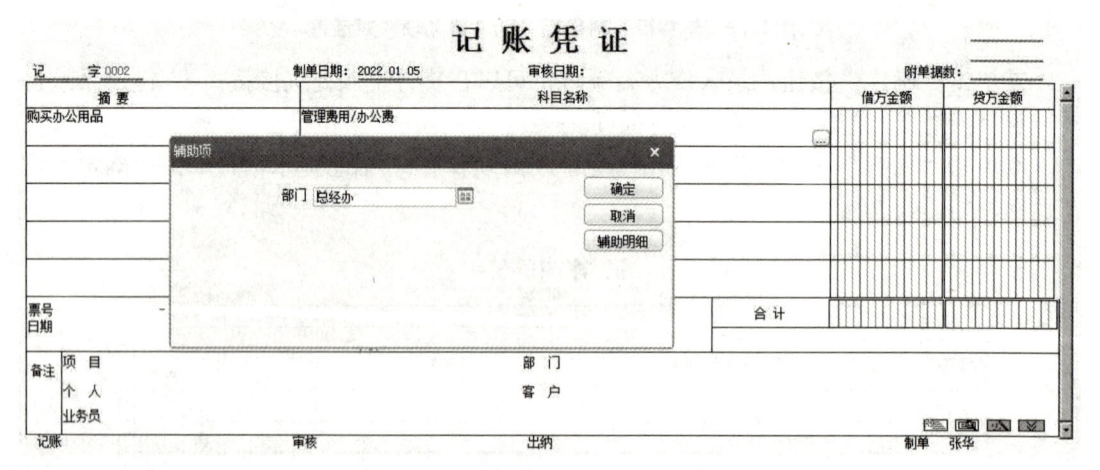

图4-18 与部门辅助核算科目相关的"辅助项"对话框

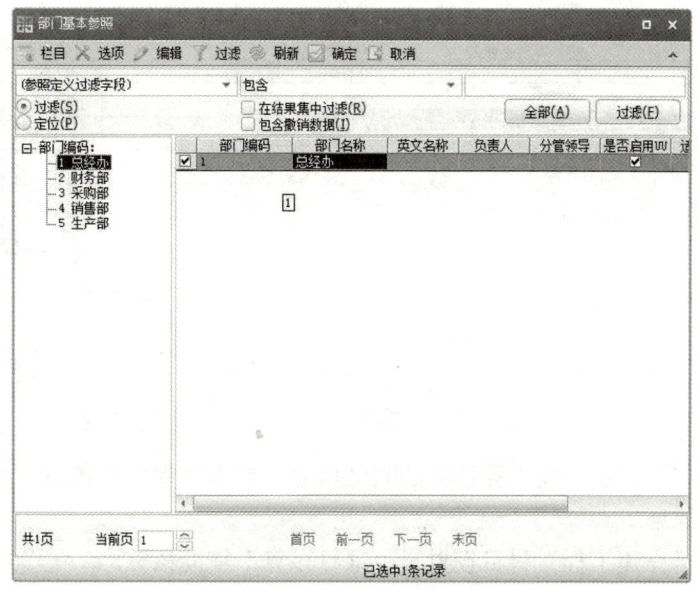

图4-19 "部门基本参照"窗口

③单击"确定"按钮,输入凭证上的其他内容,单击"保存"按钮。

(3)第3张凭证。

业务特征:"其他应收款"科目设置了"个人往来"辅助核算。

①在"填制凭证"窗口中,单击"增加"按钮,增加"记"字0003号凭证。

②输入摘要"预借差旅费",输入科目"1221",弹出"辅助项"对话框,"部门"选择"销售部","个人"选择"纪群",如图4-20所示。

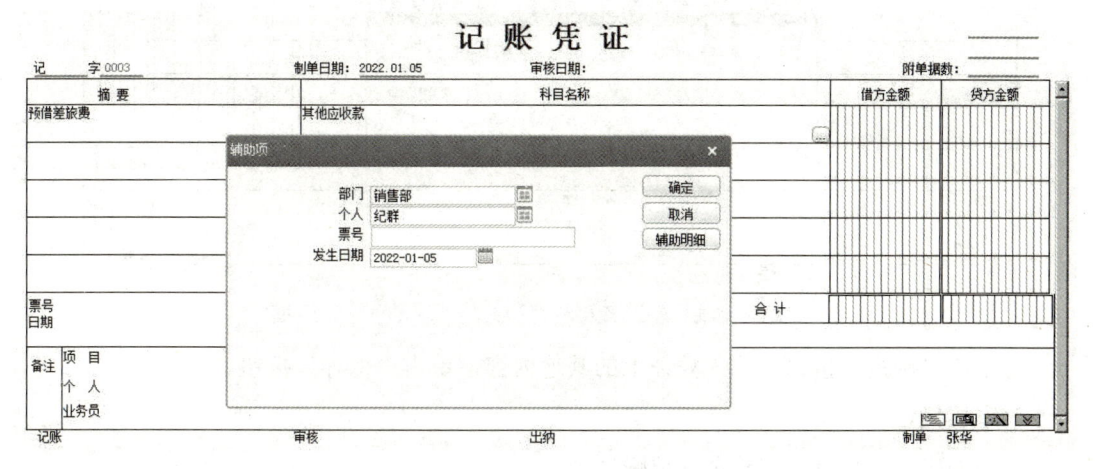

图4-20 与个人往来辅助核算科目相关的"辅助项"对话框

③单击"确定"按钮,输入凭证上的其他内容,单击"保存"按钮。

(4)第4张凭证。

业务特征:"应收账款"科目设置了"客户往来"辅助核算。

①在"填制凭证"窗口中,单击"增加"按钮,增加"记"字0004号凭证。

②输入摘要"销售商品一批",输入科目"1122",打开"辅助项"对话框。选择客户"新淮",发生日期为"2022-01-05",如图4-21所示。

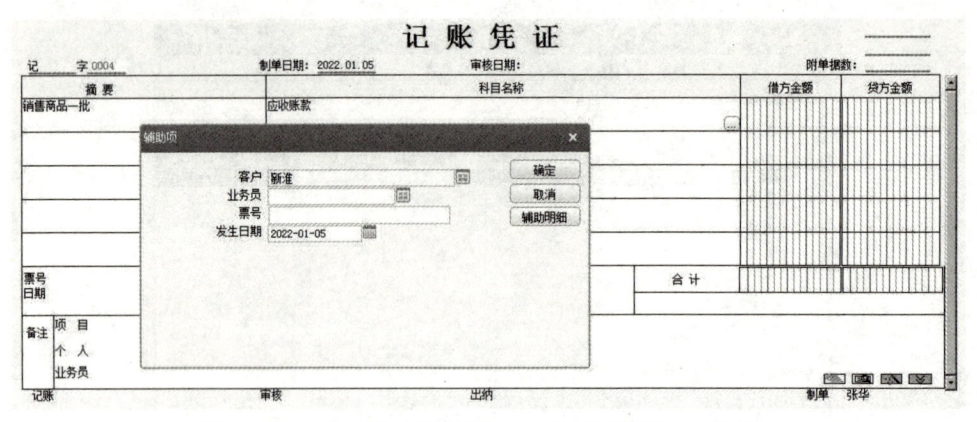

图4-21 与客户往来辅助核算科目相关的辅助项对话框

③单击"确定"按钮,输入凭证上的其他内容,单击"保存"按钮。

(5)第5张凭证。

业务特征:"在建工程"科目设置了"项目核算"辅助核算。

①在"填制凭证"窗口中,单击"增加"按钮,增加"记"字0005号凭证。

②"摘要"输入"领用工程物资","科目名称"输入"1604",弹出"辅助项"对话框,单击文本框右侧的按钮,弹出"参照"窗口,选择项目"1号楼",单击"返回"按钮,如图4-22所示。

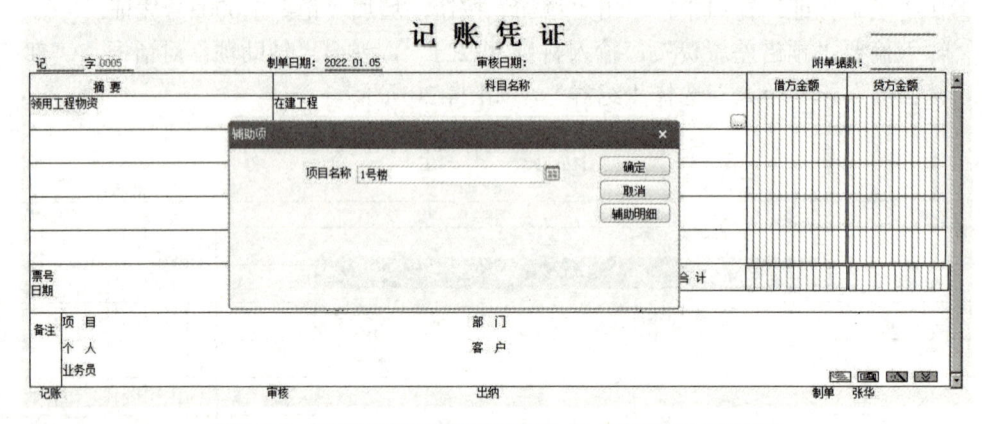

图4-22 与项目辅助核算科目相关的"辅助项"对话框

③单击"确定"按钮,输入凭证上的其他内容,单击"保存"按钮。

3.审核凭证

更换为操作员1011,审核全部记账凭证。

(1)更换操作员。

会计内部控制要求,制单与审核不能为同一人。因此,张华制单后,需要由其他操作员进行审核,本例由账套主管王欣东审核。

①在"企业应用平台"窗口,单击左下角的"注销"按钮,弹出"登录"对话框。

②以"1011 王欣东"(密码为011)的身份重新登录"企业应用平台"窗口,进入系统。

(2)审核凭证。

①执行"财务会计"→"总账"→"凭证"→"审核凭证"命令,弹出"凭证审核"

对话框，如图4-23所示。

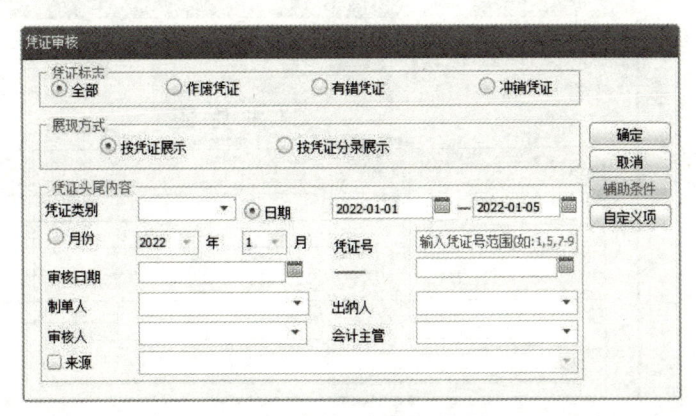

图4-23 "凭证审核"对话框

②可以按需要根据对话框中给定的条件来查找要审核的凭证，如可以按凭证类别、按日期范围、按凭证的制单人等条件查找。本案例直接单击"确定"按钮，进入"凭证审核列表"界面，如图4-24所示。

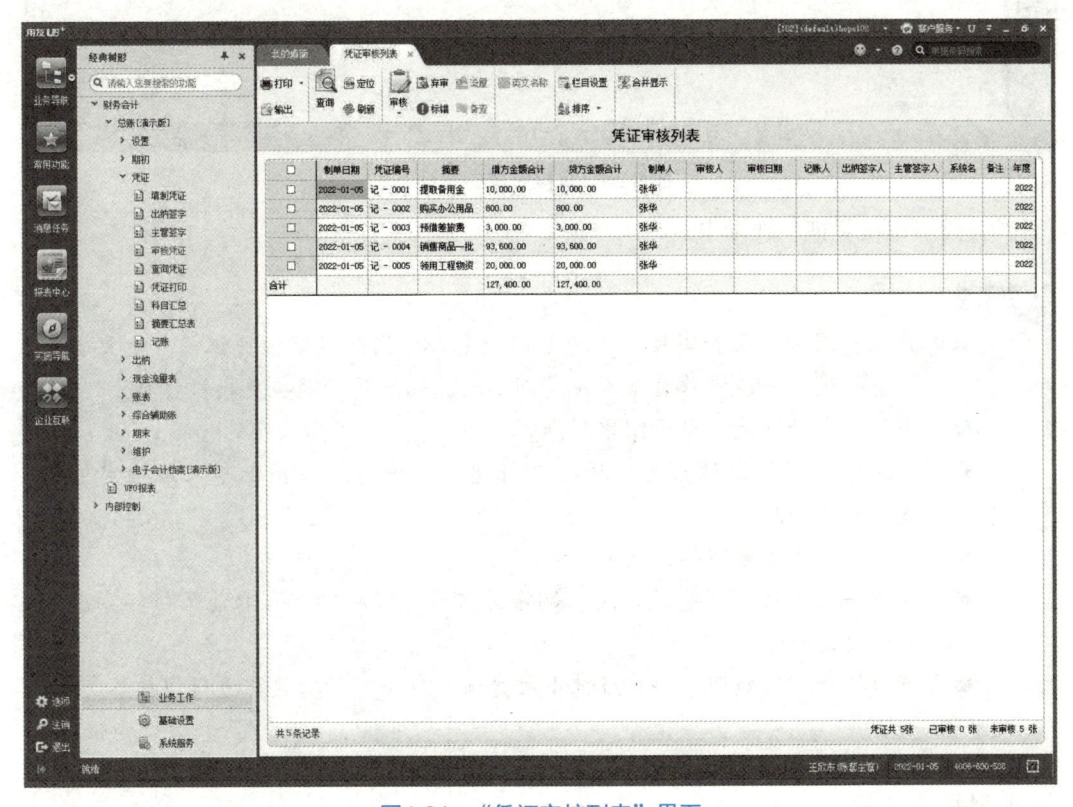

图4-24 "凭证审核列表"界面

③双击待审核的第1张记账凭证，进入"审核凭证"界面。

④检查无误后，单击"审核"按钮（第1张收款凭证审核完成后，系统自动翻到第2张待审核的凭证），再单击"审核"按钮，直到将5张凭证全部审核签字。审核完成的凭证在凭证底部的审核处已签署审核人的姓名，如图4-25所示。

137

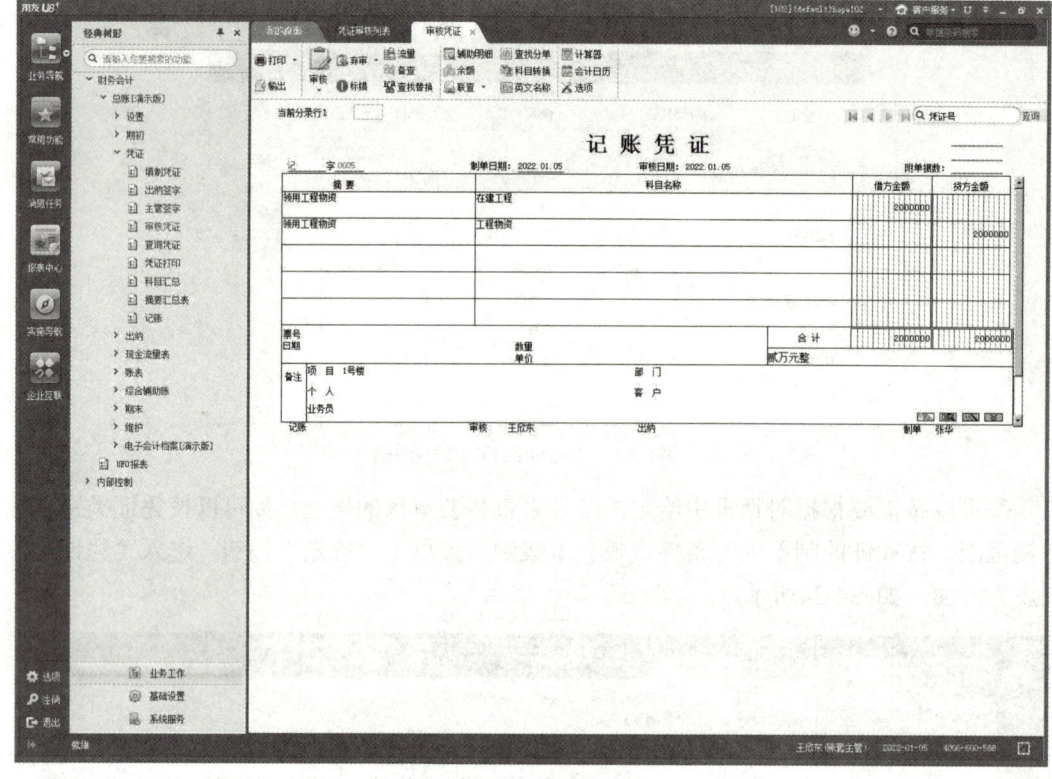

图4-25 审核完成的凭证

⑤关闭"审核凭证"选项卡。

> **提示**
> - 系统要求制单人和审核人不能是同一个人，因此在审核凭证前一定要首先检查一下，当前操作员是否就是制单人，如果是，则应更换操作员。
> - 审核日期必须大于等于制单日期。
> - 审核中发现凭证错误可以进行"标错"处理，以方便制单人准确定位错误，以便修改。
> - 作废凭证不能被审核，也不能被标错。
> - 凭证一经审核，不能被修改、删除，只有原审核签字人取消审核签字后才可修改或删除。
> - 可以执行"批处理"→"成批审核凭证"命令对所有凭证进行审核签字。

4.记账

由操作员1011对已审核凭证进行记账。

（1）执行"凭证"→"记账"命令，打开"记账"对话框，如图4-26所示。

（2）单击"全选"按钮，选择对所有已审核凭证进行记账。记账范围处显示"1-5"。

（3）单击"记账"按钮，打开"期初试算平衡表"对话框，如图4-27所示。

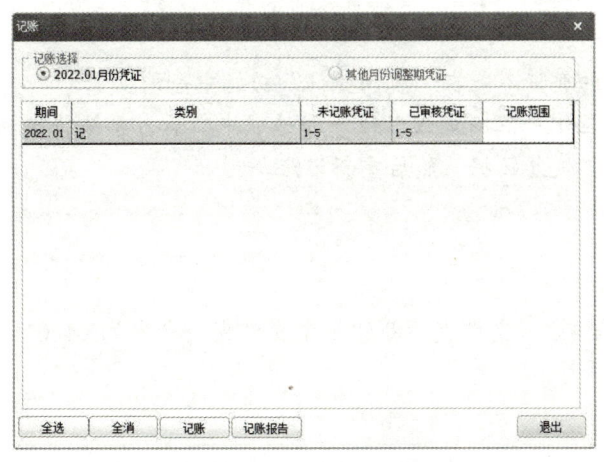

图4-26 "记账"对话框

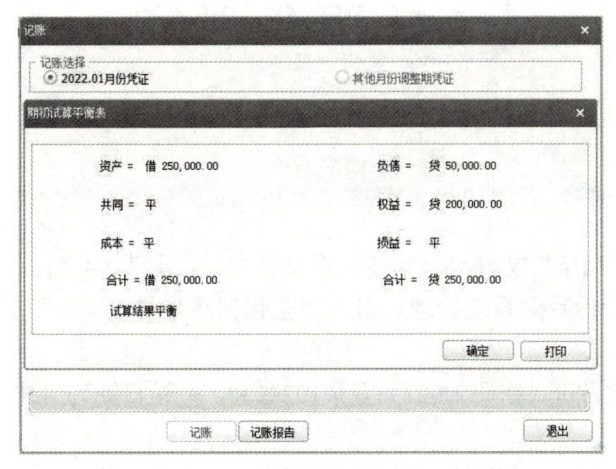

图4-27 记账之前进行期初试算平衡检查

（4）单击"确定"按钮，系统自动进行记账，记账完成后，系统弹出"记账完毕！"信息提示框，如图4-28所示。

（5）单击"确定"按钮。单击"退出"按钮。

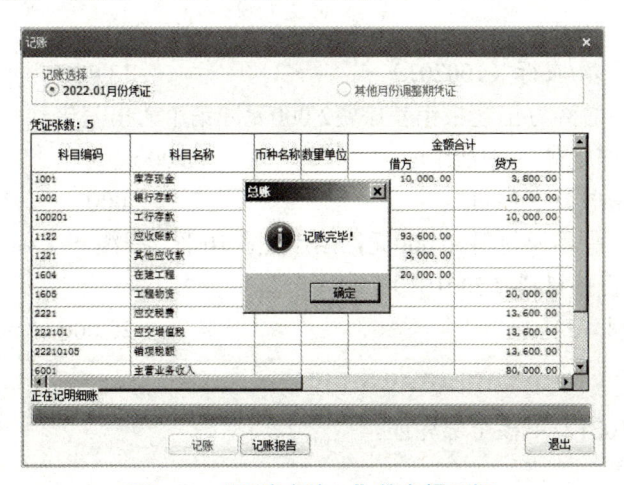

图4-28 "记账完毕！"信息提示框

> **提示**
> - 已记账的凭证不能在"填制凭证"功能中查询。
> - 记账过程中一旦断电或其他原因造成中断后,系统将自动调用"恢复记账前状态"恢复数据,然后重新记账。

5. 输出账套

在"案例解析\第4章"文件夹下新建一个文件夹,命名为X4_01,将操作结果输出至该文件夹中。

4.4 强化训练

实训1

在"强化训练\第4章"文件夹下新建一个文件夹,命名为X4_01。

以系统管理员身份登录系统管理,引入"强化训练素材\第4章"文件夹下的账套文件Y4_01。

以1022操作员的身份(密码为022)登录102账套,登录日期为"2017-08-11",填制凭证。

以1021操作员的身份(密码为021)登录102账套,登录日期为"2017-08-11",审核凭证和记账。

1. 填制凭证(未给定的辅助内容不需输入)

(1)8月11日,财务部出纳从农行提取现金13 400元作为备用金。

借:库存现金(1001)　　　　　　　　　　　　　13 400
　　贷:银行存款/农行(100201)　　　　　　　　　　13 400

(2)8月11日,总经办王超报销差旅费2 000元冲销个人出差借款。

借:管理费用/差旅费(660201)　　　　　　　　　2 000
　　贷:其他应收款(1221)　　　　　　　　　　　　2 000

(3)8月11日,领用原材料20 000元,用于生产10平方线缆。

借:生产成本/直接材料(500101)　　　　　　　20 000
　　贷:原材料(1403)　　　　　　　　　　　　　20 000

2. 审核凭证

更换为操作员1021,审核全部凭证。

3．记账

由操作员1021对已审核凭证进行记账。

4．输出账套

将操作结果输出至"强化训练\第4章\X4_01"文件夹中。

实训2

在"强化训练\第4章"文件夹下新建一个文件夹，命名为X4_02。

以系统管理员身份登录系统管理，引入"强化训练素材\第4章"文件夹下的账套文件Y4_02。

以1032操作员的身份（密码为032）登录103账套，登录日期为"2017-01-15"，填制凭证。

以1031操作员的身份（密码为031）登录103账套，登录日期为"2017-01-15"，审核凭证和记账。

1．填制凭证（未给定的辅助内容不需输入）

（1）1月15日，财务部购入A4纸，现金支付500元。

借：管理费用/办公费（660202）　　　　　　500
　　贷：库存现金（1001）　　　　　　　　　　　500

（2）1月15日，总经办江维那报销差旅费5 000元，现金支付。

借：管理费用/差旅费（660201）　　　　　　5 000
　　贷：库存现金（1001）　　　　　　　　　　　5 000

（3）1月15日，领用原材料10 000元，用于生产阿奇霉素片。

借：生产成本/直接材料(500101)　　　　　　10 000
　　贷：原材料（1403）　　　　　　　　　　　　10 000

（4）1月15日，收到新宇公司阿奇霉素片账款35 100元，票号170503，存入银行。

借：银行存款（1002）　　　　　　　　　　35 100
　　贷：应收账款（1122）　　　　　　　　　　　35 100

2．审核凭证

更换为操作员1031，审核全部记账凭证。

3．记账

由操作员1031对已审核凭证进行记账。

4．输出账套

将操作结果输出至"强化训练\第4章\X4_02"文件夹中。

实训3

在"强化训练\第4章"文件夹下新建一个文件夹，命名为X4_03。

以系统管理员身份登录系统管理，引入"强化训练素材\第4章"文件夹下的账套文件Y4_03。

以1042操作员的身份（密码为042）登录104账套，登录日期为"2017-11-20"，填制凭证。

以1041操作员的身份（密码为041）登录104账套，登录日期为"2017-11-20"，审核凭证和记账。

1．填制凭证（未给定的辅助内容不需输入）

（1）11月20日，从银行购买支票100元，工行转账支付。

借：财务费用（6603）　　　　　　　　　　100
　　贷：银行存款/工行存款（100201）　　　100

（2）11月20日，总经办赵新报销差旅费1 500元，退还现金500元。

借：管理费用/差旅费（660201）　　　　　1 500
　　库存现金（1001）　　　　　　　　　　500
　　贷：其他应收款（1221）　　　　　　　2 000

（3）11月20日，现金支付总经办电话费800元。

借：管理费用/通讯费（660202）　　　　　800
　　贷：库存现金（1001）　　　　　　　　800

（4）11月20日，从工行账户转账45 000元发放工资。

借：应付职工薪酬（2211）　　　　　　　45 000
　　贷：银行存款/工行存款（100201）　　45 000

2．审核凭证

更换为操作员1041，审核全部记账凭证。

3．记账

由操作员1041对已审核凭证进行记账。

4．输出账套

将操作结果输出至"强化训练\第4章\X4_03"文件夹中。

实训4

在"强化训练\第4章"文件夹下新建一个文件夹，命名为X4_04。

以系统管理员身份登录系统管理，引入"强化训练素材\第4章"文件夹下的账套文件Y4_04。

以1052操作员的身份（密码为052）登录105账套，登录日期为"2017-05-17"，填制凭证。

以1051操作员的身份（密码为051）登录105账套，登录日期为"2017-05-17"，审核凭证和记账。

1．填制凭证（未给定的辅助内容不需输入）

（1）5月17日，用农行账户发放工资63 000元。

借：应付职工薪酬（2211） 63 000
　　贷：银行存款/农行（100201） 63 000

（2）5月17日，华联归还之前欠款20 000元，存入农行。
借：银行存款/农行（100201） 20 000
　　贷：应收账款（1122） 20 000

（3）5月17日，销售部刘丽报销差旅费1 000元，现金支付。
借：销售费用/差旅费（660101） 1 000
　　贷：库存现金（1001） 1 000

（4）5月17日，财务部购入办公用品2 000元，现金支付。
借：管理费用/办公费（660201） 2 000
　　贷：库存现金（1001） 2 000

2. 审核凭证

更换为操作员1051，审核全部记账凭证。

3. 记账

由操作员1051对已审核凭证进行记账。

4. 输出账套

将操作结果输出至"强化训练\第4章\X4_04"文件夹中。

实训5

在"强化训练\第4章"文件夹下新建一个文件夹，命名为X4_05。

以系统管理员身份登录系统管理，引入"强化训练素材\第4章"文件夹下的账套文件Y4_05。

以1061操作员的身份（密码为061）登录106账套，登录日期为"2017-10-08"，填制凭证。

以1062操作员的身份（密码为062）登录106账套，登录日期为"2017-10-08"，审核凭证和记账。

1. 填制凭证（未给定的辅助内容不需输入）

（1）10月8日，从工行提取备用金10 000元。
借：库存现金（1001） 10 000
　　贷：银行存款/工行（100201） 10 000

（2）10月8日，总经办购入A4纸，金额1 000元，现金支付。
借：管理费用/办公费（660201） 1 000
　　贷：库存现金（1001） 1 000

（3）10月8日，财务部刘涛报销差旅费3 000元，现金支付。
借：管理费用/差旅费（660202） 3 000
　　贷：库存现金（1001） 3 000

2. 审核凭证

更换为操作员1062，审核全部凭证。

3. 记账

由操作员1062对已审核凭证进行记账。

4. 输出账套

将操作结果输出至"强化训练\第4章\X4_05"文件夹中。

实训6

在"强化训练\第4章"文件夹下新建一个文件夹，命名为X4_06。

以系统管理员身份登录系统管理，引入"强化训练素材\第4章"文件夹下的账套文件Y4_06。

以1072操作员的身份（密码为072）登录107账套，登录日期为"2017-08-10"，填制凭证。

以1071操作员的身份（密码为071）登录107账套，登录日期为"2017-08-10"，审核凭证和记账。

1. 填制凭证（未给定的辅助内容不需输入）

（1）8月10日，领用原材料3 000元用于生产餐桌。

借：生产成本/直接材料（500101）　　　　3 000
　　贷：原材料（1403）　　　　　　　　　　　　3 000

（2）8月10日，计提总经办折旧费200元，计入管理费用。

借：管理费用/折旧费（660201）　　　　　200
　　贷：累计折旧（1602）　　　　　　　　　　　200

（3）8月10日，收到有缘思公司还款20 000元，存入建行。

借：银行存款/建行（100201）　　　　　20 000
　　贷：应收账款（1122）　　　　　　　　　　20 000

（4）8月10日，购入空调柜机，金额5 000元，增值税850元，建行支付。

借：固定资产（1601）　　　　　　　　　5 000
　　应交税费/应交增值税/进项税额（22210101）　850
　　贷：银行存款/建行（100201）　　　　　　　5 850

2. 审核凭证

更换为操作员1071，审核全部记账凭证。

3. 记账

由操作员1071对已审核凭证进行记账。

4. 输出账套

将操作结果输出至"考生文件夹\X4_06"文件夹中。

本章小结

首先，讲解了总账管理日常业务处理的工作流程，包括填制凭证、复核凭证、记账、修改凭证、删除凭证、冲销凭证、查询凭证、登记支票登记簿、银行对账、基本会计账簿查询和辅助核算账簿查询等环节。

然后，对每个环节进行了详细的技能解析，例如，如何正确地填制凭证，如何进行复核，如何进行记账，如何修改和删除凭证，如何冲销凭证，以及如何查询各种账簿等。

在案例解析部分，通过实例来进一步巩固和应用这些知识和技能。

最后，还提供了强化训练环节，帮助读者将理论知识转化为实际操作能力。

课后习题

1. 判断题

（1）凭证记账后，期初余额变为"只读、浏览"状态，但还可以修改。（   ）
（2）如果凭证的金额录错了方向，可以直接按空格键改变金额方向。（   ）
（3）在系统中，制单人和审核人可以是同一人，也可以不是同一人。（   ）

2. 简答题

（1）简述删除凭证的注意事项。
（2）简述银行对账的流程。

第 5 章
总账期末处理

本章导读

手工环境下，期末是财务人员最忙碌的一段时间，忙于结账和编制报表。在用友U8中，编制报表是由单独的系统完成的。本章主要介绍总账期末处理的工作流程和主要内容，包括转账定义、转账生成、对账、结账、自定义转账凭证、生成自定义凭证等。

学习目标

- 理解总账期末处理的工作内容
- 自定义凭证
- 生成自定义凭证

数字资源

【本章案例素材】："案例素材\第5章"目录下
【本章强化训练素材】："强化训练素材\第5章"目录下

> **素质要求**
>
> 《中华人民共和国会计法》(节选)
>
> 第十六条 各单位发生的各项经济业务事项应当在依法设置的会计账簿上统一登记、核算，不得违反本法和国家统一的会计制度的规定私设会计账簿登记、核算。
>
> 第十七条 各单位应当定期将会计账簿记录与实物、款项及有关资料相互核对，保证会计账簿记录与实物及款项的实有数额相符、会计账簿记录与会计凭证的有关内容相符、会计账簿之间相对应的记录相符、会计账簿记录与会计报表的有关内容相符。

5.1 基本认知

每个会计期末，会计人员都要完成一些特定的工作，如期末转账、试算平衡、对账、结转及编制财务报告等。期末处理完成后，才能开启下一个会计期间。

5.1.1 总账期末处理的工作流程

总账期末处理的工作流程如图5-1所示。

```
自动转账定义
    ↓
自动转账生成
    ↓
   对账
    ↓
   结账
```

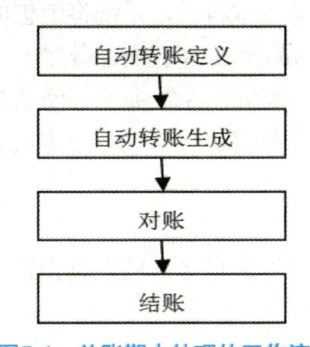

图5-1 总账期末处理的工作流程

5.1.2 总账期末处理的主要内容

总账系统月末处理主要包括自动转账凭证的定义、自动转账凭证的生成、对账和结账等。

1. 转账定义

（1）转账的分类。

转账分为内部转账和外部转账。外部转账是指将其他专项核算系统自动生成的凭证转入到总账系统，如工资系统有关工资费用分配的凭证、固定资产系统有关固定资产增减变动及计提折旧的凭证、应收款管理系统有关应收账款发生、收回及坏账准备的凭证、应付款管理系统有关应付账款发生及偿还的凭证。内部转账就是这里所讲的自动转账，是指在总账系统内部通过设置凭证模板自动生成相应的记账凭证。一些期末业务具有较强的规律性，而且每个月都会重复发生，例如费用的分配、费用的分摊、费用的计提、税金的计算、成本费用的结转、期间损益的结转等。这些业务的凭证分录是固定的，金额来源和计算方法也是固定的，因而可以利用自动转账功能将处理这些经济业务的凭证模板定义下来，期末时通过调用这些模板来自动生成相关凭证。

（2）定义自动转账。

用友U8中提供了自定义转账、对应结转、销售成本结转、售价结转、汇兑损益结转、自定义比例转账、费用摊销和预提几种类型的转账定义。

①自定义转账。

自定义转账指由用户自己来定义转账凭证模板，定义内容包括转账序号、凭证类型、摘要、科目、借贷方向和金额公式。其中，金额公式需要利用U8提供的账务函数从总账或其他系统中提取。

自定义转账设置具有通用性，下面介绍的另外几种类型的转账都是自定义转账对应于某种具体应用的特殊情况。

②对应结转。

对应结转是将某科目的余额按一定比例转入其他一个或多个科目。可一对一结转，也可一对多结转。对应结转只能结转期末余额。

③销售成本结转。

销售成本结转，是将月末商品（或产成品）销售数量乘以库存商品（或产成品）的平均单价，计算各类商品销售成本并进行结转。销售成本结转只需告知系统库存商品科目、主营业务收入科目和主营业务成本科目，系统将销售成本结转凭证定义为：

借：主营业务成本　（库存商品余额/库存商品数量）×销量
　　贷：库存商品　　　（库存商品余额/库存商品数量）×销量

库存商品科目、主营业务收入科目、主营业务成本科目及下级科目的结构必须相同，并且辅助账类必须完全相同。

④汇兑损益结转。

汇兑损益结转用于期末自动计算外币账户的汇兑损益，并在转账生成中自动生成汇兑损益转账凭证。

⑤期间损益结转。

期间损益结转用于在一个会计期间结束将损益类科目的余额结转到本年利润科目中，从而及时反映企业利润的盈亏情况。

2.转账生成

凭证模板定义好以后，当每个月发生相关经济业务时可不必再通过手工录入凭证，而可以直接调用已定义好的凭证模板来自动生成相关的记账凭证。

利用凭证模板生成记账凭证每月都需要重复进行。

3. 对账

对账是对账簿数据进行核对，以检查记账是否正确，是否账账相符。对账包括总账与明细账、总账与辅助账的核对。试算平衡时，系统会将所有账户的期末余额按会计平衡公式"借方余额=贷方余额"进行平衡检验，并输出科目余额表。正常情况下，系统自动记账后，应该是账账相符的，账户余额也是平衡的。有时，非法操作或计算机病毒等原因可能会造成数据被破坏，因而导致账账不符，为了检查是否账证相符、账账相符以及账户余额是否平衡，应经常使用对账及试算平衡功能。结账时，系统会自动进行对账和试算平衡。

4. 结账

每月月末都要结账。结账前要先进行数据备份。

每月结账时，系统会进行下列检查工作。

（1）检查当月业务是否已全部记账，有未记账凭证则不能结账。

（2）检查上月是否已结账，上月未结账，则当月不能结账。实际上，上月未结账，当月也不能记账，只能填制和复核凭证。

（3）核对总账与明细账、总账与辅助账时，账账不符不能结账。

（4）对科目余额进行试算平衡，试算结果不平衡不能结账。

（5）损益类账户是否已结转至当年利润。

（6）当各系统集成应用时，总账系统必须在其他各系统结账后才能结账。

结账后，当月不能再填制凭证，并终止各账户的记账工作。同时，系统会自动计算当月各账户发生额合计及余额，并将其转入到下月月初。

5.2 技能解析

5.2.1 自定义转账凭证

企业各会计期间的许多期末业务具有较强的规律性，对于这类业务，可以设置总账系统进行自动处理。自定义转账凭证功能可以完成各种费用的分配、分摊、计提、税金的计算及期间损益的结转设置等，这不但规范了会计业务处理，还提高了工作效率。

1. 转账目录定义

增加自定义转账凭证时，首先需要定义转账目录，如图5-2所示。转账目录包括转账序号、转账说明和凭证类别3项内容。

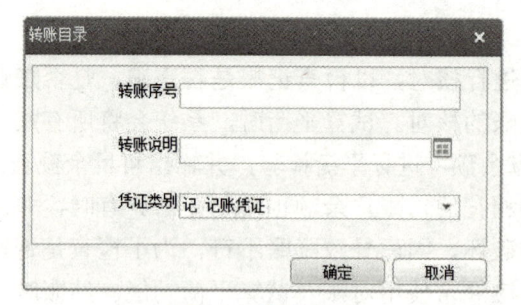

图5-2 转账目录

- 转账序号：指自定义转账凭证的唯一代号，可以输入数字、字母。注意转账序号不是凭证号，凭证号在生成自定义凭证时由系统根据凭证类别和当前凭证类别的最后序号加1生成。
- 转账说明：简要概括自定义转账凭证的经济内容。此处定义的转账说明会默认出现在凭证体的摘要栏中。
- 凭证类别：根据所定义的凭证内容选择。

2. 转账内容定义

转账内容包括摘要、科目编码、方向、金额等，如图5-3所示。

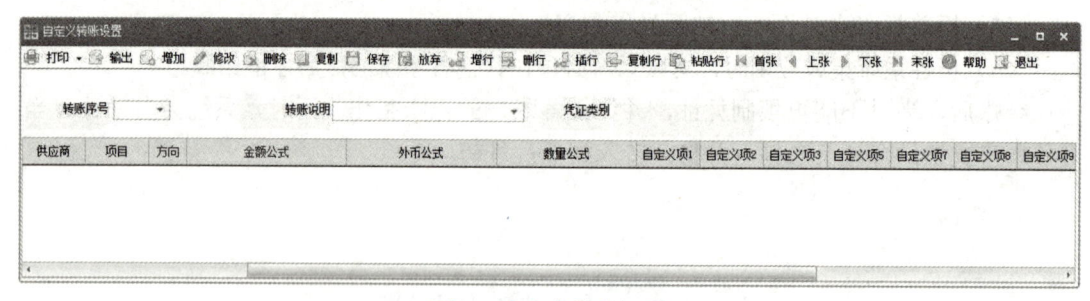

图5-3 自定义转账设置

- 摘要：系统自动带入转账说明中录入的内容，内容可以修改。
- 科目编码：录入或者选择本凭证涉及的科目编码。
- 部门、个人、客户、供应商、项目：如果科目设置了辅助核算，需要选择相应的辅助核算项目。
- 方向：选择当前科目是位于凭证的借方还是贷方。
- 金额：直接输入公式或者通过函数向导生成公式。

3. 函数

在自定义转账凭证和后面的编辑报表单元公式的过程中，会用到U8中预定义的函数，这些函数是帮助用户从数据库中获取所需数据或者完成数据计算。常用函数如表5-1所示。

表5-1 常用函数

函数分类	作用	具体函数
账务函数	金额函数	QC 期初余额 QM 期末余额 FS 发生额（分为借方发生和贷方发生） LFS 累计发生额（分为借方发生和贷方发生） JE 净发生额
	数量函数	SQC 数量期初余额 SQM 数量期末余额 SFS 数量发生额（分为借方发生和贷方发生） SLFS 数量累计发生额（分为借方发生和贷方发生） JE 数量净发生额
	取外币函数	WQC 外币期初余额 WQM 外币期末余额 WFS 外币发生额（分为借方发生和贷方发生） W LFS 外币累计发生额（分为借方发生和贷方发生） WJE 外币净发生额
计算函数	计算	JG( ) 取对方科目计算结果 SJG( ) 取对方科目计算结果 WJG( ) 取对方科目计算结果
		CE( ) 借贷平衡差额 SCE( ) 借贷平衡差额 WCE( ) 借贷平衡差额

5.2.2 生成自定义凭证

在定义完转账凭证后，每月月末只需执行本功能即可快速生成转账凭证，在此生成的转账凭证将自动追加到未记账凭证中。

一般而言，凭证只有在记账后，账务函数才能取出相关数据。利用自动转账生成凭证时，一定要确保相关凭证已经全部记账，这样才能保证取出完整的数据。例如，定义了一张根据本期利润计提所得税的凭证，要生成该张凭证，必须保证有关利润的凭证已经全部记账。若不是所有凭证都记账，则不能取出相应数据而导致金额为零，以致不能生成凭证；要么因取出的数据不完整而导致所得税计提错误。

定义转账凭证时，一定要注意凭证的生成顺序。例如，定义了结转销售成本、计算汇兑损益、结转期间损益、计提所得税、结转所得税等5张自动转账凭证，因为销售成本、汇兑损益是期间损益的一部分，所以一定要先生成结转销售成本、计算汇兑损益的凭证并复核记账后，才能生成结转期间损益的凭证。要依据本期利润计提所得税，一定要先生成结转期间损益的凭证并复核记账后，才能生成计提所得税的凭证。因为有了所得税费用才能结转所得税至本年利润，所以一定要先生成计提所得税的凭证并复核记账后才能生成结转所得税的凭证。因此，这5张凭证的顺序是结转销售成本→计算汇兑损益→结转期间损益→计提所得税→结转所得税，并且前一张凭证必须复核记账后才能继续生成后一张凭证。

5.2.3 对自定义凭证进行审核记账

利用自动转账生成凭证属于机制凭证，它仅仅代替了人工查账和填制凭证的环节，自动转账生成的凭证仍然需要审核记账才能记入账簿。

5.3 案例解析

案例素材

以系统管理员身份登录系统管理，引入"案例素材\第5章"文件夹下的账套文件Y3_01。

以1012操作员的身份（密码为012）登录102账套，登录日期为"2022-01-08"，自定义转账凭证并生成凭证。

以1011操作员的身份（密码为011）登录102账套，登录日期为"2022-01-08"，对生成的自定义凭证进行审核、记账。

1. 自定义转账凭证

按短期借款期初余额的6%计提短期借款利息。

借：财务费用（6603）　　　　　QC（2001,月）*0.06/12
　　贷：应付利息（2231）　　　　　　　　　　　　JG（）

2. 生成自定义凭证

生成计提短期借款利息的凭证并保存。

借：财务费用（6603）　　　　250
　　贷：应付利息（2231）　　　　250

3. 对自定义凭证进行审核记账

更换为1011操作员，将以上自定义凭证审核、记账。

4. 输出账套

将操作结果输出至"案例解析\X5_01"文件夹中。

操作步骤

以系统管理员身份登录系统管理，引入"案例素材\第3章"文件夹下的账套文件Y5_01。

以1012操作员身份登录102账套。

1. 设置自定义结转凭证

（1）执行"期末"→"转账定义"→"自定义转账"命令，弹出"自定义转账设置"窗口，如图5-4所示。

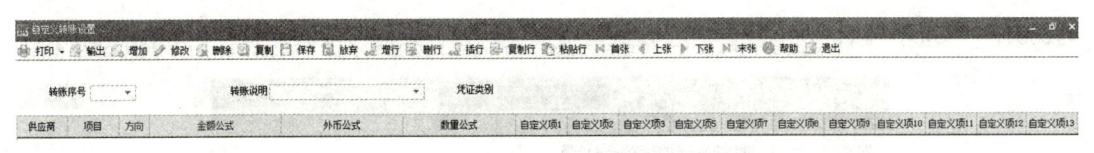

图5-4 "自定义转账设置"窗口

（2）单击"增加"按钮，打开"转账目录"对话框。输入"转账序号"为"0001"，输入转账说明为"计提短期借款利息"，"凭证类别"选择"记账凭证"，如图5-5所示。

（3）单击"确定"按钮，返回"自定义转账设置"窗口。单击"增行"按钮，"摘要"中将自动带入刚刚录入的"转账说明"内容，如图5-6所示。

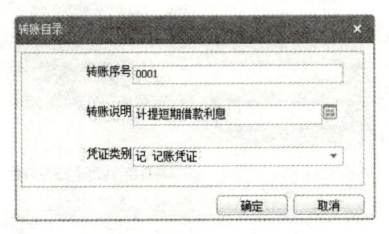

图5-5 "转账目录"窗口

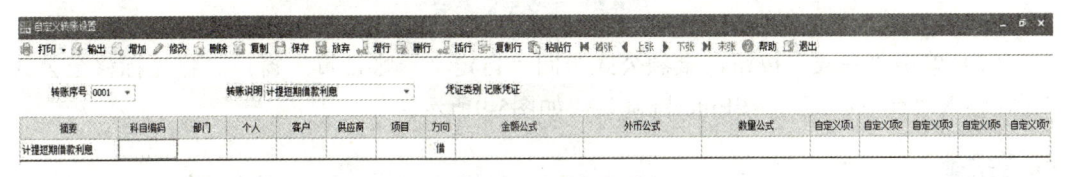

图5-6 单击"增行"按钮

（4）选择科目编码6603、方向"借"；双击"金额公式"栏，选择参照按钮，打开"公式向导"对话框。对话框左边显示U8中预置的函数名称，右边是对应的函数公式。

（5）选择"期末余额"的函数，如图5-7所示。

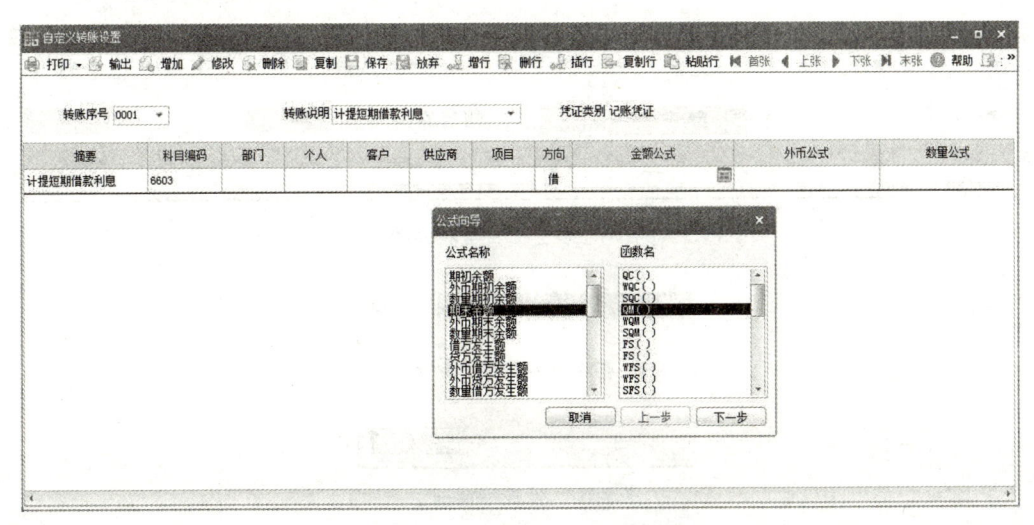

图5-7 选择"期末余额"函数

（6）单击"下一步"按钮，继续公式定义，此时默认的科目编码为6603，然后将其改为2001;"期间"默认为"月",方向默认负债类科目,余额方向为"贷",如图5-8所示。

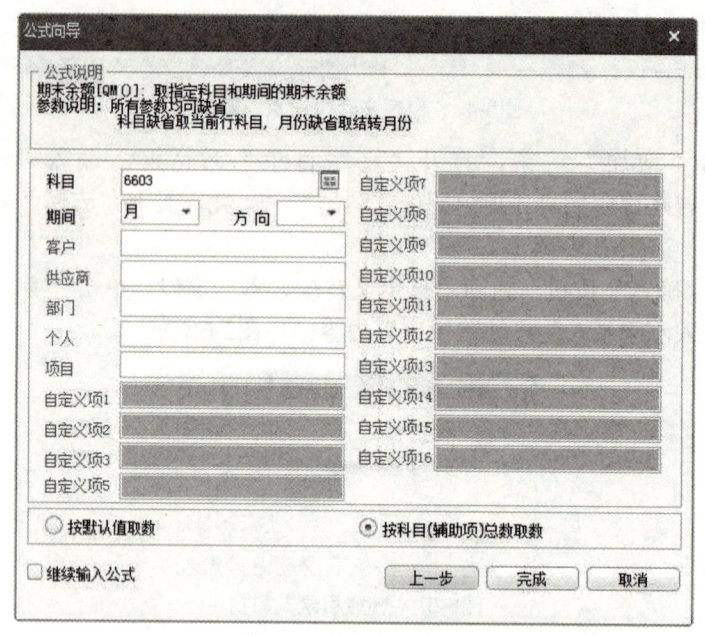

图5-8 定义金额公式

(7)单击"完成"按钮,金额公式带回"自定义转账设置"窗口。将光标移至公式末尾,输入"*0.06/12",按Enter键确认,如图5-9所示。

> **提示**
>
> - 不能在金额公式中录入百分数,如果录入6%,系统会弹出"金额公式不合法:词语或语法错误"的信息提示框,如图5-10所示。

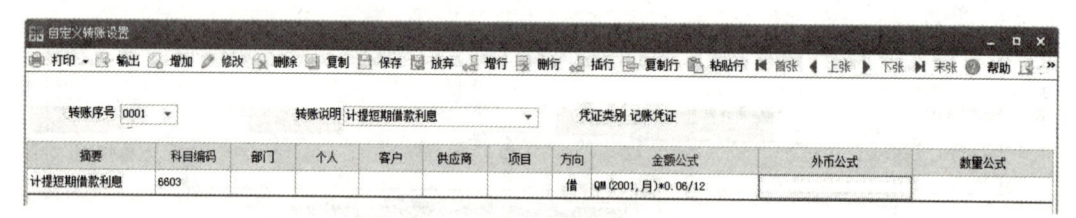

图5-9 定义借方金额公式

图5-10 公式错误提示

(8)单击"增行"按钮,确定分录的贷方信息。选择科目编码"2231"、方向为"贷",直接输入或选择金额公式"JG( )",如图5-11所示;单击"下一步"按钮,弹出"公式向导"对话框,如图5-12所示;然后单击"完成"按钮,返回"自定义转账设置"窗口。

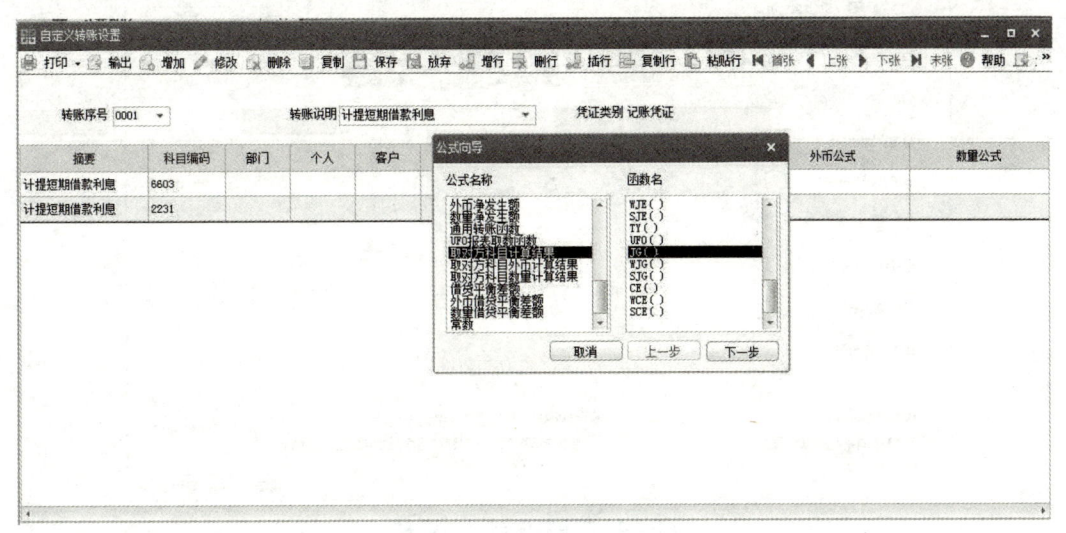

图5-11 定义贷方的金额公式

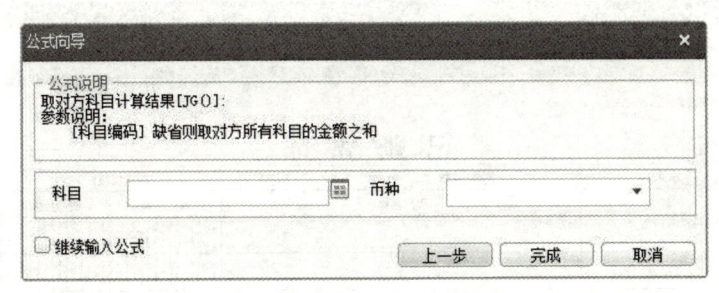

图5-12 "公式向导"对话框

(9)单击"保存"按钮,如图5-13所示。

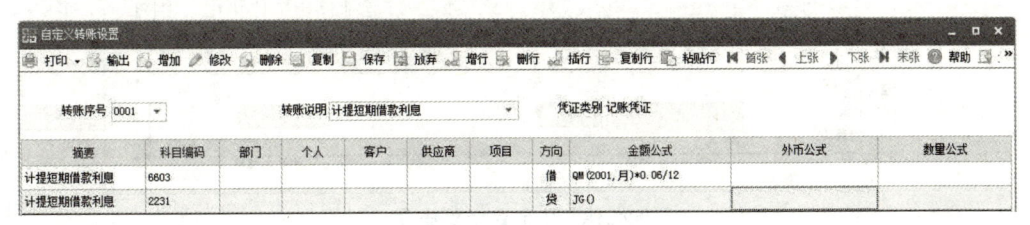

图5-13 自定义转账设置完成

(10)关闭窗口。

2.生成自定义凭证

(1)执行"财务会计"→"总账"→"期末"→"转账定义"→"转账生成"命令,弹出"转账生成"对话框。

(2)选中"自定义转账"单选按钮,然后单击"全选"按钮(或者选中要结转的凭证所在行),如图5-14所示。

(3)单击"确定"按钮,生成"计提短期借款利息"的凭证。单击"保存"按钮,凭证上出现"已生成"的标志,如图5-15所示。

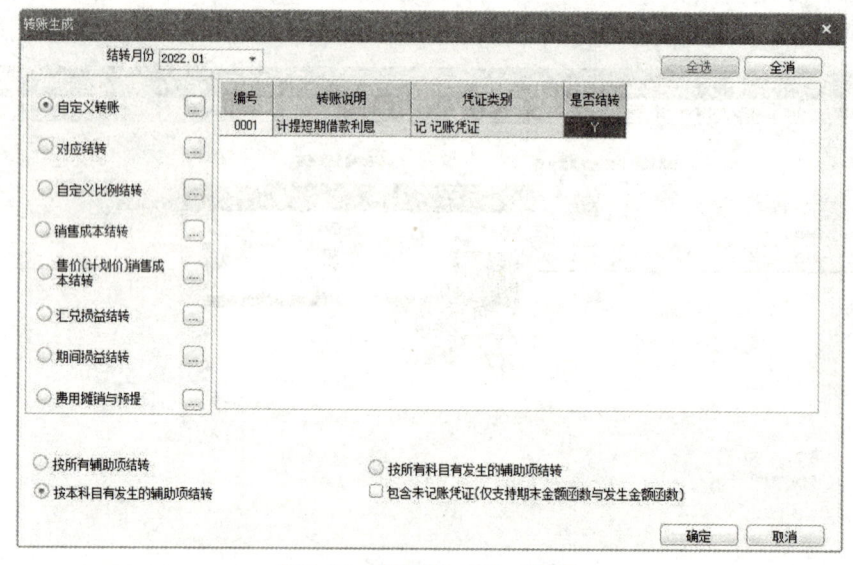

图5-14 "转账生成"对话框

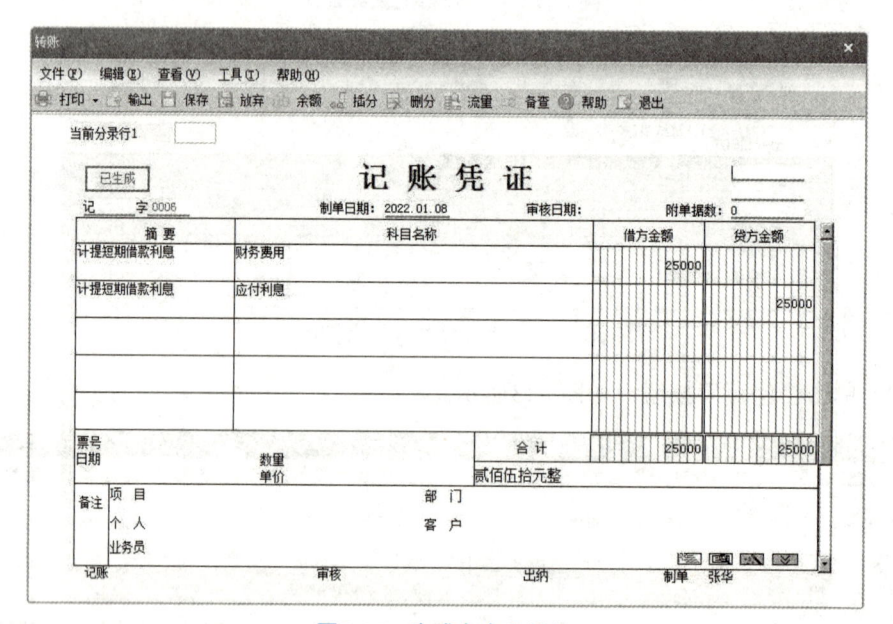

图5-15 生成自定义凭证

（4）单击"退出"按钮，返回"转账生成"对话框。

> **提示**
> - 转账凭证生成的工作应在月末进行。如果有多种转账凭证形式，特别是涉及多项转账业务，一定要注意转账的先后次序。
> - 通过转账生成功能生成的凭证必须保存，否则将视同放弃。
> - 期末自动转账处理工作是针对已记账业务进行的，在进行月末转账工作之前应将所有未记账的凭证记账。

3.对自定义凭证进行审核记账

（1）更换操作员。

①在"企业应用平台"窗口，单击左上角的"重注册"按钮，打开"登录"对话框。

②以"1011 王欣东"（密码为011）的身份重新登录"企业应用平台"，进入总账系统。

（2）审核凭证。

①执行"财务会计"→"总账"→"凭证"→"审核凭证"命令，打开"凭证审核"对话框，如图5-16所示。

②单击"确定"按钮，进入"凭证审核列表"界面，如图5-17所示。

③双击待审核的记账凭证，进入"审核凭证"界面，如图5-18所示。单击"审核"按钮，签上审核人姓名。

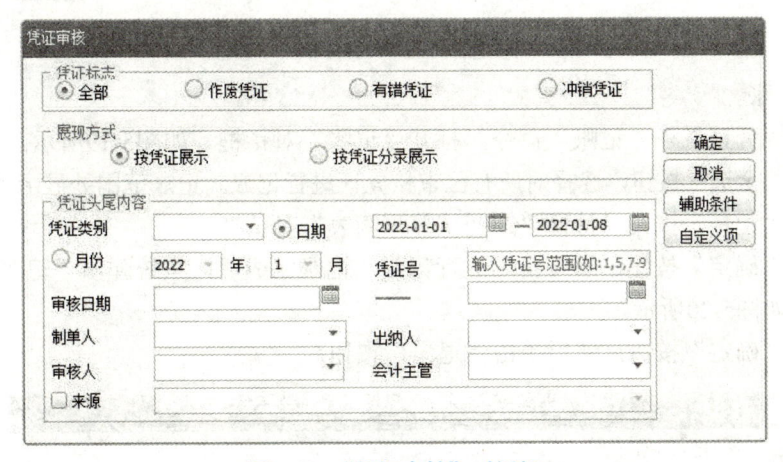

图5-16 "凭证审核"对话框

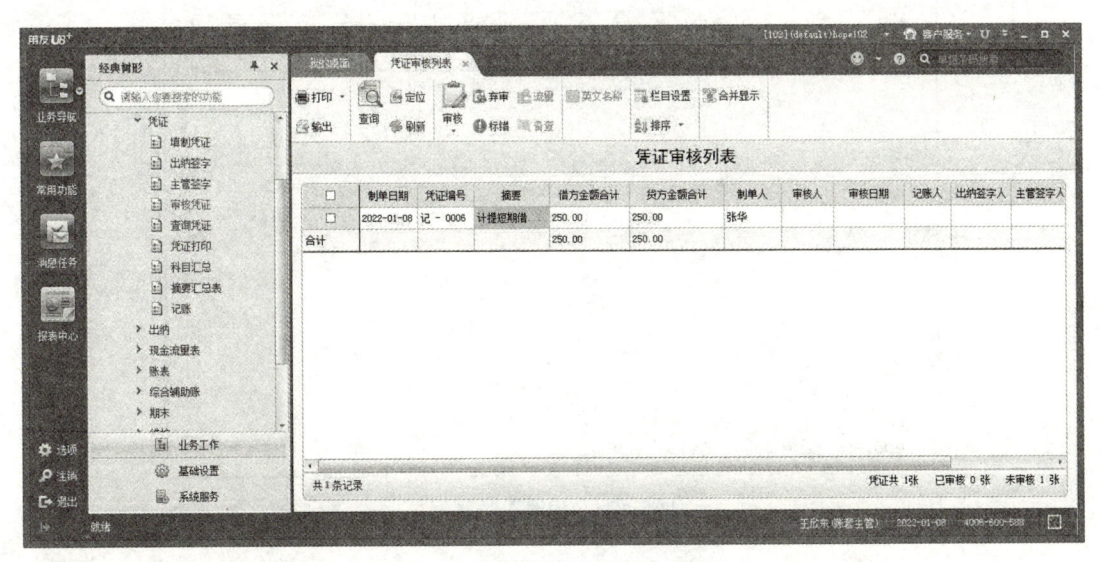

图5-17 "凭证审核列表"窗口

图5-18 审核凭证

（3）记账。

①执行"凭证"→"记账"命令，打开"记账"对话框，如图5-19所示。

②单击"全选"按钮，选择对所有已审核凭证进行记账。记账范围处显示"6-6"。

③单击"记账"按钮，打开"期初试算平衡表"对话框。

④单击"确定"按钮，系统自动进行记账，记账完成后，系统弹出"记账完毕！"信息提示框，如图5-20所示。

⑤单击"确定"按钮，然后单击"退出"按钮。

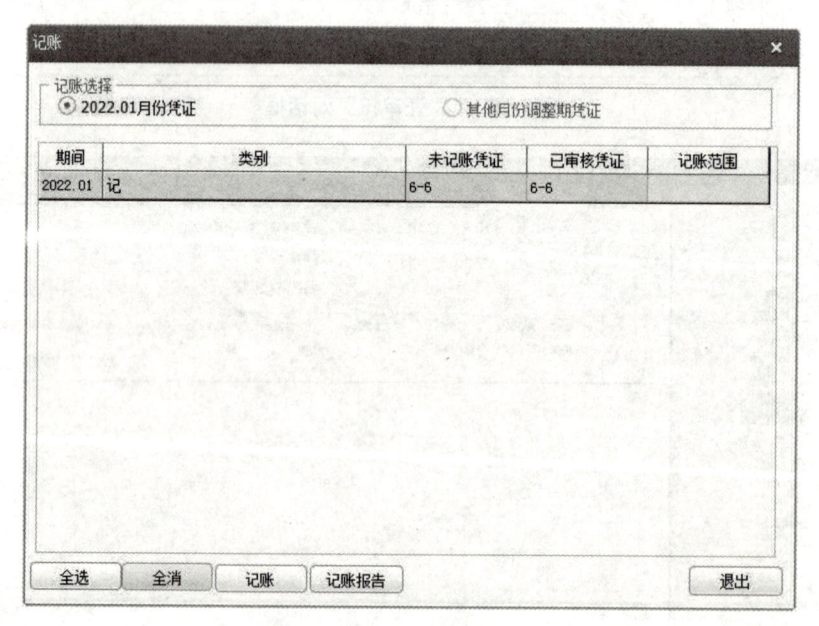

图5-19 "记账"对话框

158

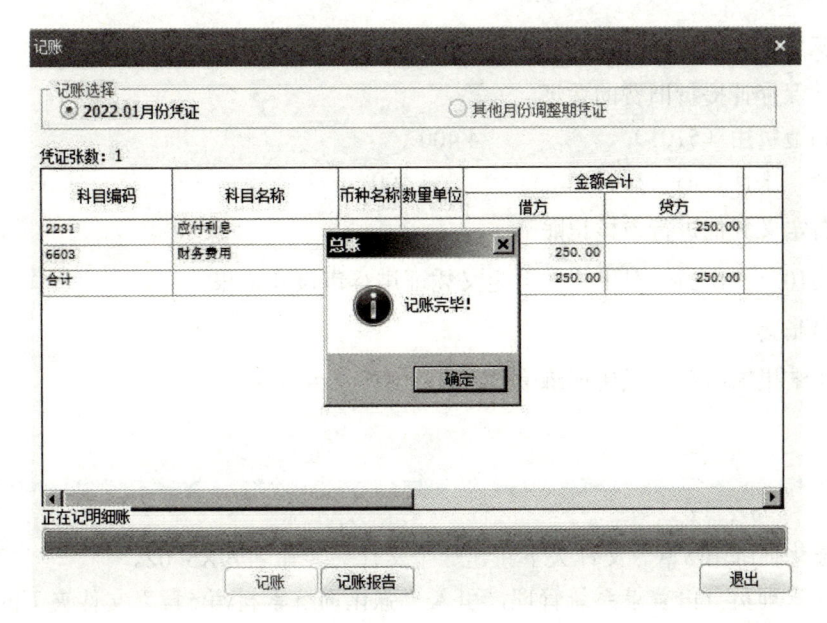

图5-20 记账完毕

4.输出账套

在"案例解析\第5章"文件夹下新建一个文件夹,命名为X5_01,将操作结果输出至该文件夹中。

5.4 强化训练

实训1

在"强化训练\第5章"文件夹下新建一个文件夹,命名为X5_01。

以系统管理员身份登录系统管理,引入"强化训练素材\第5章"文件夹下的账套文件Y5_01。

以1022操作员的身份(密码为022)登录102账套,登录日期为"2017-08-31",自定义转账凭证并生成凭证。

以1021操作员的身份(密码为021)登录102账套,登录日期为"2017-08-31",对生成的自定义凭证进行审核和记账。

1.自定义转账凭证

按固定资产期初余额的5%计提折旧费,计入制造费用。

借:制造费用(5101)　　　　JG()
　　贷:累计折旧(1602)　　　　QC(1601,月,借)*0.05

2. **生成自定义凭证**

生成并保存计提折旧费的凭证。

借：制造费用（5101）　　　　　4 400
　　贷：累计折旧（1602）　　　　4 400

3. **对自定义凭证进行审核记账**

更换为1021操作员，对生成的自定义凭证进行审核和记账。

4. **输出账套**

将操作结果输出至"强化训练\第5章\X5_01"文件夹中。

实训2

在"强化训练\第5章"文件夹下新建一个文件夹，命名为X5_02。

以系统管理员身份登录系统管理，引入"强化训练素材\第5章"文件夹下的账套文件Y5_02。

以1032操作员的身份（密码为032）登录103账套，登录日期为"2017-01-31"，自定义转账凭证并生成凭证。

以1031操作员的身份（密码为031）登录103账套，登录日期为"2017-01-31"，对生成的自定义凭证进行审核和记账。

1. **自定义转账凭证**

按短期借款期初余额的7%计提短期借款利息。

借：财务费用（6603）　　　　　JG()
　　贷：应付利息（2231）　　　　QC(2001,月)*0.07/12

2. **生成自定义凭证**

生成并保存短期借款利息的凭证。

借：财务费用（6603）　　　　　408.33
　　贷：应付利息（2231）　　　　408.33

3. **对自定义凭证进行审核记账**

更换为1031操作员，对生成的自定义凭证进行审核和记账。

4. **输出账套**

将操作结果输出至"强化训练\X5_02"文件夹中。

实训3

在"强化训练\第5章"文件夹下新建一个文件夹，命名为X5_03。

以系统管理员身份登录系统管理，引入"强化训练素材\第5章"文件夹下的账套文件Y5_03。

以1042操作员的身份（密码为042）登录104账套，登录日期为"2017-11-30"，自定义转账凭证并生成凭证。

以1041操作员的身份（密码为041）登录104账套，登录日期为"2017-11-30"，对生成的自定义凭证进行审核和记账。

1. 自定义转账凭证

按长期借款期初余额的8%计提长期借款利息。

借：财务费用（6603）　　　　　　JG()
　　贷：应付利息（2231）　　　　QC(2501,月)*0.08/12

2. 生成自定义凭证

生成并保存计提长期借款利息的凭证。

借：财务费用（6603）　　　　　1 333.33
　　贷：应付利息（2231）　　　　　　1 333.33

3. 对自定义凭证进行审核记账

更换为1041操作员，对生成的自定义凭证进行审核和记账。

4. 输出账套

将操作结果输出至"强化训练\X5_03"文件夹中。

实训4

在"强化训练\第5章"文件夹下新建一个文件夹，命名为X5_04。

以系统管理员身份登录系统管理，引入"强化训练素材\第5章"文件夹下的账套文件Y5_04。

以1052操作员的身份（密码为052）登录105账套，登录日期为"2017-05-31"，自定义转账凭证并生成凭证。

以1051操作员的身份（密码为051）登录105账套，登录日期为"2017-05-31"，对生成的自定义凭证进行审核和记账。

1. 自定义转账凭证

按固定资产期初余额的5%计提折旧费，计入管理费用。

借：管理费用/折旧费（660202）　　　JG()
　　贷：累计折旧（1602）　　　　QC(1601,月)*0.05

2. 生成自定义凭证

生成并保存计提折旧费的凭证。

借：管理费用/折旧费（660202）　　　5 000
　　贷：累计折旧（1602）　　　　　　5 000

3. 对自定义凭证进行审核记账

更换为1051操作员，对生成的自定义凭证进行审核和记账。

4.输出账套

将操作结果输出至"强化训练\X5_04"文件夹中。

实训5

在"强化训练\第5章"文件夹下新建一个文件夹,命名为X5_05。

以系统管理员身份登录系统管理,引入"强化训练素材\第5章"文件夹下的账套文件Y5_05。

以1062操作员的身份(密码为062)登录106账套,登录日期为"2017-10-31",自定义转账凭证并生成凭证。

以1061操作员的身份(密码为061)登录106账套,登录日期为"2017-10-31",对生成的自定义凭证进行审核和记账。

1.自定义转账凭证

按短期借款期初余额的8%计提短期借款利息。

借:财务费用(6603)　　　　　JG()
　　贷:应付利息(2231)　　　　QC(2001,月)*0.08/12

2.生成自定义凭证

生成并保存计提短期借款利息的凭证。

借:财务费用(6603)　　　　　1 000
　　贷:应付利息(2231)　　　　　　1 000

3.对自定义凭证进行审核记账

更换为1061操作员,对生成的自定义凭证进行审核和记账。

4.输出账套

将操作结果输出至"强化训练\X5_05"文件夹中。

本章小结

本章介绍了总账期末处理的工作流程,而且对其中的环节进行了详细的技能解析,包括自定义转账凭证、生成自定义凭证以及对这些自定义凭证进行审核和记账等环节。

在案例解析部分,通过实际案例来帮助读者进一步理解和掌握这些知识和技能。

最后提供的强化训练环节,帮助读者将理论知识转化为实际操作能力。

课后习题

1. 判断题

（1）在金额公式中可以录入百分数。（　　）

（2）通过转账生成功能生成的凭证必须保存，否则将视同放弃。（　　）

（3）定义转账凭证时，凭证的生成顺序可以随意。（　　）

2. 简答题

（1）简述生成自定义凭证的注意事项。

（2）简述记账的操作步骤。

第 6 章
利用报表模板生成报表

本章导读

企业购买了财务软件，相当于购置了一套制作报表的工具。企业财务报表分为对外财务报告和对内管理报表。对外财务报告格式由国家统一规定，软件中一般对这些统一格式的报表提供报表模板，企业财务人员可以直接调用，略加调整就可以轻松生成对外财务报告，减少了财务人员绘制表格的工作量。对于企业内部管理报表，需要设置相应会计科目对日常发生的经济业务进行完整记录，编报时可以设置自定义报表格式，通过设置公式从数据库中读取数据来快速生成报表。相比手工编报，U8系统在编制报表的及时性、准确性上都有了极大提升。

学习目标

- 理解报表模板的作用
- 利用报表模板生成报表

数字资源

【本章案例素材】："案例素材\第6章"目录下
【本章强化训练素材】："强化训练素材\第6章"目录下

素质要求

《企业会计准则第33号——合并财务报表》(节选)

第四十九条　母公司在不丧失控制权的情况下部分处置对子公司的长期股权投资，在合并财务报表中，处置价款与处置长期股权投资相对应享有子公司自购买日或合并日开始持续计算的净资产份额之间的差额，应当调整资本公积(资本溢价或股本溢价)，资本公积不足冲减的，调整留存收益。

6.1　基本认知

6.1.1　报表模板的作用

会计制度规定需要上报财务报表的企业提供的报表格式基本固定，为了减少用户自定义报表格式的工作量，用友U8中进行了预置。用户可以套用系统提供的标准报表格式，在标准报表格式的基础上根据本企业的具体情况进行局部修改，快速完成报表定义及生成报表的工作。U8系统中按照会计制度预置的标准报表就是报表模板，图6-1所示为利润表模板。

利用报表模板可以迅速建立一张财务报表，简化报表定义工作，提高效率及规范性。另外，对于一些企业常用但报表模板中没有提供的报表，用户在完成报表定义后也可以存为报表模板，方便日后调用。

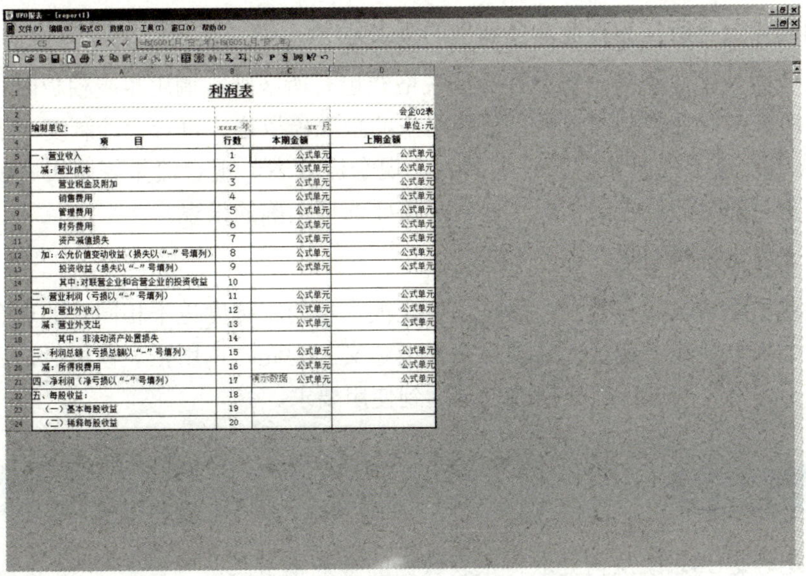

利润表

会企02表

编制单位：　　　xxxx 年　　xx 月　　单位:元

项　　目	行数	本期金额	上期金额
一、营业收入	1	公式单元	公式单元
减：营业成本	2	公式单元	公式单元
营业税金及附加	3	公式单元	公式单元
销售费用	4	公式单元	公式单元
管理费用	5	公式单元	公式单元
财务费用	6	公式单元	公式单元
资产减值损失	7	公式单元	公式单元
加：公允价值变动收益（损失以“-”号填列）	8	公式单元	公式单元
投资收益（损失以“-”号填列）	9	公式单元	公式单元
其中:对联营企业和合营企业的投资收益	10		
二、营业利润（亏损以“-”号填列）	11	公式单元	公式单元
加：营业外收入	12	公式单元	公式单元
减：营业外支出	13	公式单元	公式单元
其中：非流动资产处置损失	14		
三、利润总额（亏损总额以“-”号填列）	15	公式单元	公式单元
减：所得税费用	16	公式单元	公式单元
四、净利润（净亏损以“-”号填列）	17	演示数据　公式单元	公式单元
五、每股收益：	18		
（一）基本每股收益	19		
（二）稀释每股收益	20		

图6-1　利润表模板

6.1.2 利用报表模板生成报表的步骤

利用报表模板生成报表的步骤如图6-2所示。

```
进入 UFO，新建报表文件
       ↓
在格式状态下调用报表模板
       ↓
  检查、调整报表单元公式
       ↓
   在数据状态下录入关键字
       ↓
     生成报表数据并保存
```

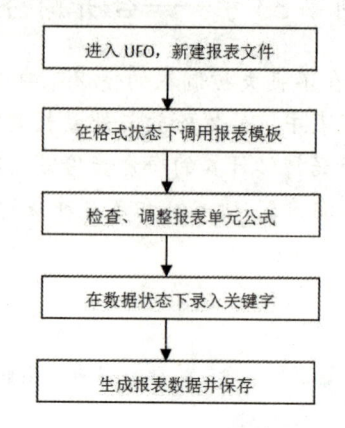

图6-2　利用报表模板生成报表的步骤

6.2 技能解析

6.2.1 调用报表模板

1. 在"格式"状态下调用报表模板

报表模板是预置了报表格式的文件，省却了财务人员自定义报表格式的工作。因此，需要在"格式"状态下调用。

2. 正确选择企业所在的行业及要调用的报表

每个企业所处行业不同，每个行业报表格式也有所区别。调用报表模板时，需要选择企业建账时所选的行业类型，才能保证调出来的报表模板格式符合会计制度要求。

U8系统中预置了资产负债表、利润表、现金流量表、现金流量表附表、所有者权益变动表这几张对外财务报告的格式，调用时需要选择正确的报表。

3. 对报表模板进行调整

每个企业实际情况略有差别，而且报表模板本身的完善度也不相同，如现金流量表模板中只定义了部分公式，现金流量项目公式未定义。因此，调用报表模板后，还需要认真检查，并对不完善之处进行补充修改直至达到使用要求。

6.2.2 录入关键字

关键字是确定U8系统从何处取得报表数据的唯一指引。

关键字在"格式"状态下定义，但在"数据"状态下录入，"录入关键字"对话框如图6-3所示。关键字一旦录入，系统会自动从机内账簿中读取数据，生成报表。

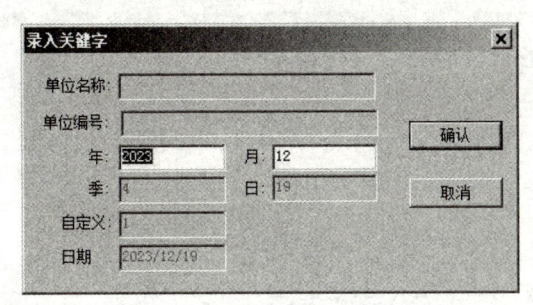

图6-3 "录入关键字"对话框

6.3 案例解析

案例素材

以系统管理员身份登录系统管理，引入"案例素材\第6章"文件夹下的账套文件Y6_01。

以1011操作员的身份（密码为011）登录102账套，登录日期为"2022-01-31"，调用报表模板生成报表。

1. 调用报表模板

在"格式"状态下调用利润表模板。

2. 录入关键字

在"数据"状态下，录入关键字"2022年1月"，生成利润表。

3. 保存报表

将利润表以"X6_01"命名并保存到"案例分析\X6_01"文件夹中。

操作步骤

新建一个文件夹，命名为X6_01。

以系统管理员身份登录系统管理，引入"案例素材\第6章"文件夹下的账套文件Y6_01。以1011操作员身份登录102账套企业应用平台。

1. 进入UFO，调用报表模板

（1）在企业应用平台业务工作中，执行"财务会计"→"UFO报表"命令，弹出"UFO报表"窗口，如图6-4所示。

（2）单击"新建"按钮，或执行"文件"→"新建"命令，打开一个新的报表文件，默认文件名为"report1"，并自动处于"格式"状态，如图6-5所示。

图6-4 "UFO报表"初始窗口

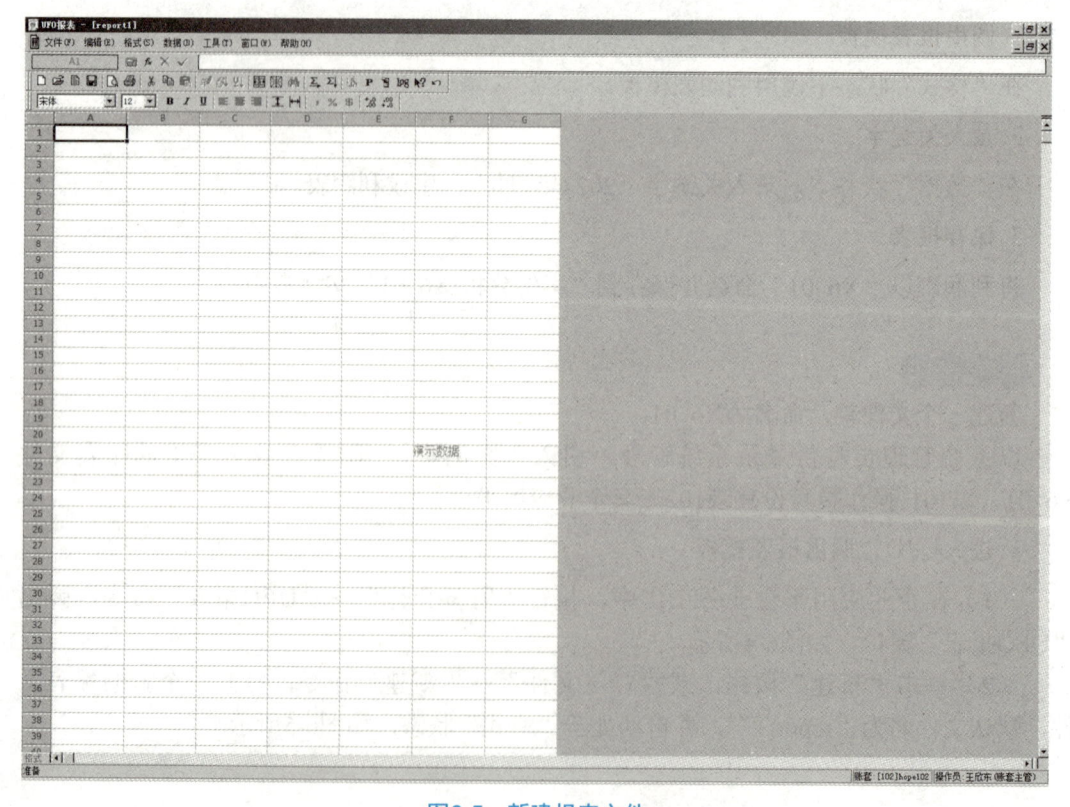

图6-5 新建报表文件

（3）在"格式"状态下，执行"格式"→"报表模板"命令，打开"报表模板"对话框。对话框打开时"您所在的行业"默认为"工业企业"，"财务报表"默认为"资产负债表"，如图6-6所示。

（4）在"您所在的行业"的下拉列表中选择"2007年新会计制度科目"，如图6-7所示；在"财务报表"下拉列表中选择"利润表"，如图6-8所示。

（5）单击"确认"按钮，系统弹出信息提示框，如图6-9所示。

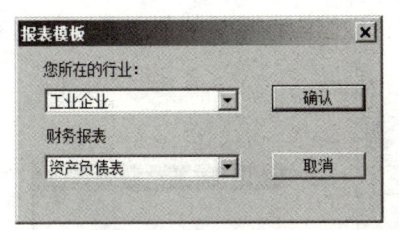

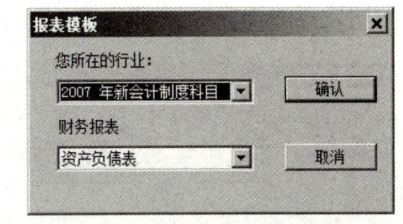

图6-6 报表模板　　　　　图6-7 "您所在行业"选择"2007年新会计制度科目"

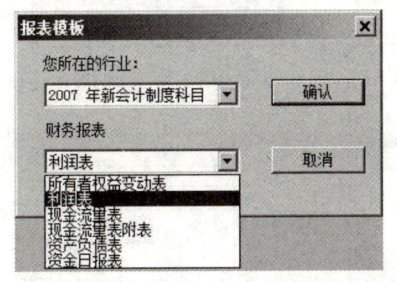

图6-8 "财务报表"选择"利润表"　　　　图6-9 调用报表模板信息提示

（6）单击"确定"按钮，调出"利润表"模板，如图6-10所示。

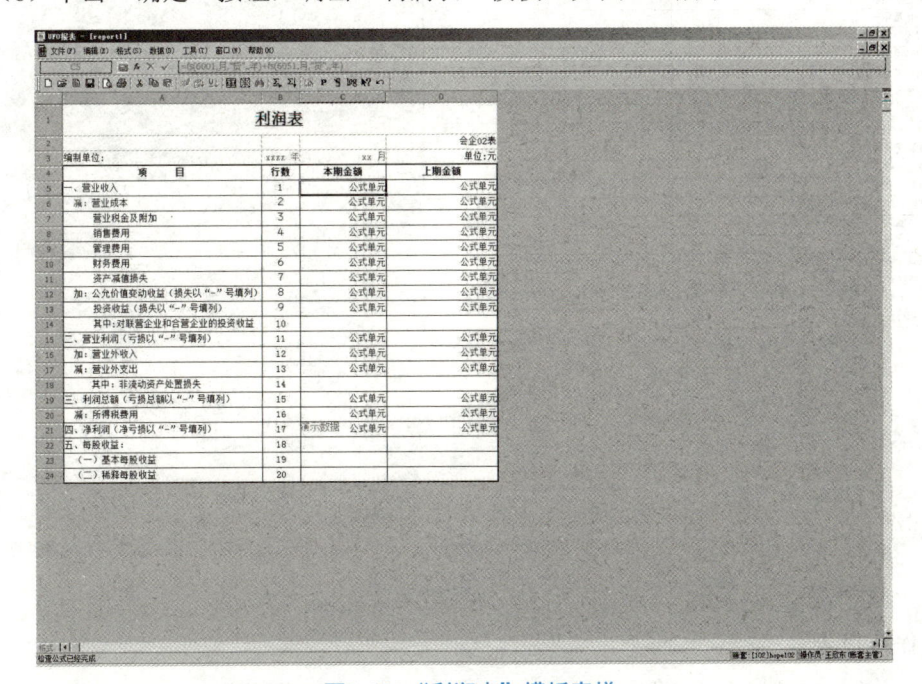

图6-10 "利润表"模板表样

2. 录入关键字

（1）单击左下角"格式"按钮，切换到"数据"状态。

（2）单击报表左下角的"格式/数据"按钮，在"数据"状态下，执行"数据"→"关键字"→"录入"命令，打开"录入关键字"对话框。

（3）输入关键字"年"为"2022"，"月"为"1"，如图6-11所示。

（4）单击"确认"按钮，弹出"是否重算第1页？"信息提示框，如图6-12所示，单击"是"按钮，系统会自动根据单元公式计算1月份数据，计算后的利润表如图6-13所示。

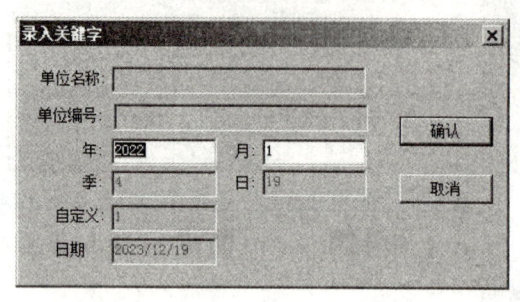

图6-11　录入关键字

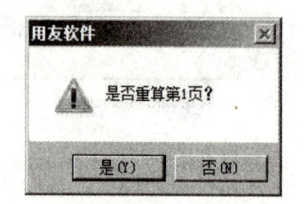

图6-12　信息提示框

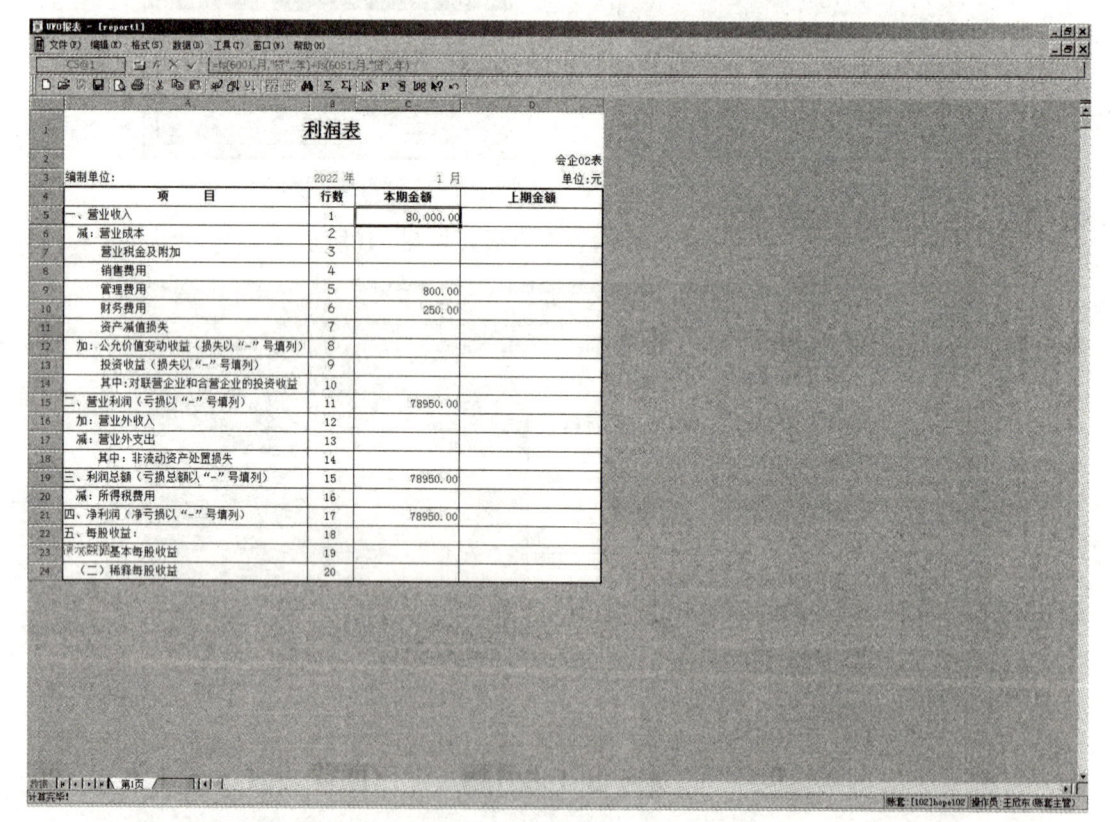

图6-13　生成利润表

3. 保存报表

（1）单击工具栏中的"保存"按钮，打开"另存为"对话框。

（2）选择指定路径，并按指定名称命名报表，如图6-14所示。

> **提示**
> - 报表文件以文档形式存在，并不存储于数据库中，因此，账套输出时是不包含报表文件的。

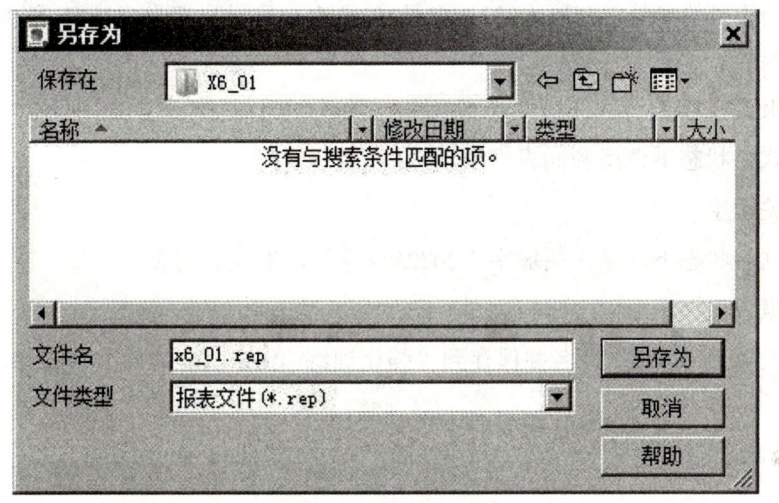

图6-14 "另存为"对话框

6.4 强化训练

实训1

在"强化训练\第6章"文件夹下新建一个文件夹，命名为X6_01。

以系统管理员身份登录系统管理，引入"强化训练素材\第6章"文件夹下的账套文件Y6_01。

以1021操作员的身份（密码为021）登录102账套，登录日期为"2017-08-31"，调用报表模板生成报表。

1．调用报表模板

在"格式"状态下调用利润表模板。

2．录入关键字

在"数据"状态下，录入关键字"2017年8月"，生成利润表。

3．保存报表

将利润表以"X6_01"命名并保存到"强化训练\第6章\X6_01"文件夹中。

实训2

在"强化训练\第6章"文件夹下新建一个文件夹，命名为X6_02。

以系统管理员身份登录系统管理，引入"强化训练素材\第6章"文件夹下的账套文件Y6_02。

以1031操作员的身份（密码为031）登录103账套，登录日期为"2017-01-31"，调用报表模板生成报表。

1．调用报表模板

在"格式"状态下调用利润表模板。

2．录入关键字

在"数据"状态下，录入关键字"2022年1月"，生成利润表。

3．保存报表

将利润表以"X6_02"命名并保存到"强化训练\第6章\X6_02"文件夹中。

实训3

在"强化训练\第6章"文件夹下新建一个文件夹，命名为X6_03。

以系统管理员身份登录系统管理，引入"强化训练素材\第6章"文件夹下的账套文件Y6_03。

以1041操作员的身份（密码为041）登录104账套，登录日期为"2017-11-30"，调用报表模板生成报表。

1．调用报表模板

在"格式"状态下调用利润表模板。

2．录入关键字

在"数据"状态下，录入关键字"2022年11月"，生成利润表。

3．保存报表

将利润表以"X6_03"命名并保存到"强化训练\第6章\X6_03"文件夹中。

实训4

在"强化训练\第6章"文件夹下新建一个文件夹，命名为X6_04。

以系统管理员身份登录系统管理，引入"强化训练素材\第6章"文件夹下的账套文件Y6_04。

以1051操作员的身份（密码为051）登录105账套，登录日期为"2017-05-31"，调用报表模板生成报表。

1. 调用报表模板

在"格式"状态下调用利润表模板。

2. 录入关键字

在"数据"状态下，录入关键字"2017年5月"，生成利润表。

3. 保存报表

将利润表以"X6_04"命名并保存到"强化训练\第6章\X6_04"文件夹中。

实训5

在"强化训练\第6章"文件夹下新建一个文件夹，命名为X6_05。

以系统管理员身份登录系统管理，引入"强化训练素材\第6章"文件夹下的账套文件Y6_05。

以1061操作员的身份（密码为061）登录106账套，登录日期为"2017-10-31"，调用报表模板生成报表。

1. 调用报表模板

在格式状态下调用利润表模板。

2. 录入关键字

在数据状态下，录入关键字"2017年10月"，生成利润表。

3. 保存报表

将利润表以"X6_05"命名并保存到"强化训练\第6章\X6_05"文件夹中。

课后小结

本章介绍了报表模板的作用，以及利用报表模板生成报表的步骤。

在技能解析部分，对每个环节进行了详细讲解，包括如何调用报表模板，如何录入关键字等。

在案例解析部分，通过实际案例来进一步理解和掌握这些知识和技能。

最后提供的强化训练环节，通过真实的账务环境帮助读者反复练习，将理论知识转化为具有随机应变的实际操作能力。

课后习题

1. 判断题

（1）报表文件以文档形式存在，并不存储于数据库中，因此账套输出时是没有包含

报表文件的。（　　）

（2）关键字是确定U8系统从何处取得报表数据的唯一指引。（　　）

2．简答题

（1）简述调用报表模板的操作步骤。

（2）简述录入关键字的操作步骤。

第7章
报表格式定义

本章导读

UFO报表系统是处理报表的工具。利用UFO报表既可以编制对外报表，又可以编制各种内部报表。报表的编制主要分为报表格式设计和报表数据处理。报表格式设计是指在UFO报表系统中建立一张报表中相对固定的部分，相当于在UFO报表中建立一个报表模板，可在此后编制同类报表时调用。

学习目标

- 理解报表格式设计的内容
- 报表格式设计

数字资源

【本章案例素材】："案例素材\第7章"目录下
【本章强化训练素材】："强化训练素材\第7章"目录下

素质要求

《企业会计准则第33号——合并财务报表》(节选)

第五十条 企业因处置部分股权投资等原因丧失了对被投资方的控制权的,在编制合并财务报表时,对于剩余股权,应当按照其在丧失控制权日的公允价值进行重新计量。处置股权取得的对价与剩余股权公允价值之和,减去按原持股比例计算应享有原有子公司自购买日或合并日开始持续计算的净资产的份额之间的差额,计入丧失控制权当期的投资收益,同时冲减商誉。与原有子公司股权投资相关的其他综合收益等,应当在丧失控制权时转为当期投资收益。

7.1 基本认知

7.1.1 UFO报表基本功能

1. 报表格式设计

把一张报表拆分为相对固定的内容和相对变动的内容两部分,相对固定的内容包括报表的标题、表格部分、表中的项目、表中数据的来源等;相对变动的内容主要是报表中的数据。报表格式设计是指在UFO报表系统中建立一张报表中相对固定的部分,相当于在UFO报表中建立一个报表模板,以便编制同类报表时调用。UFO报表系统提供了丰富的格式设计功能,包括设置报表行列数、定义组合单元、画表格线、定义报表关键字、设置公式等,如图7-1所示。

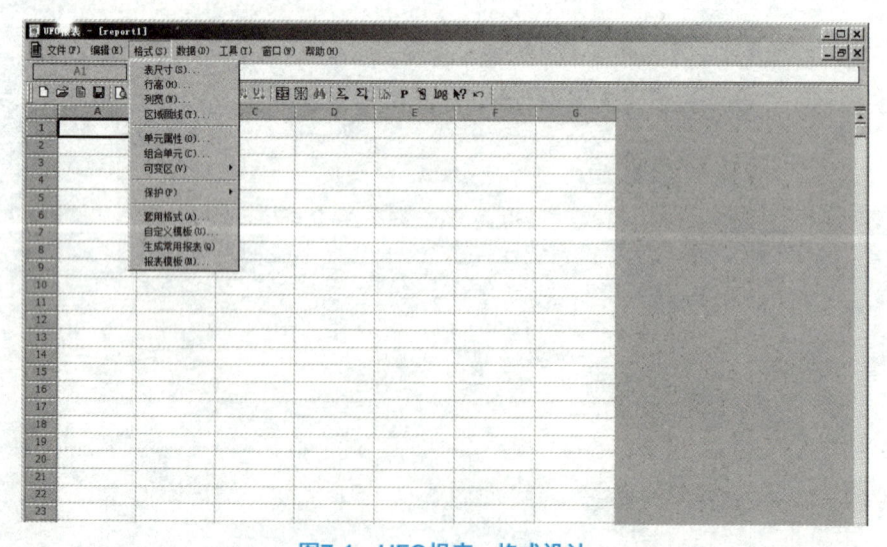

图7-1 UFO报表 - 格式设计

UFO报表系统中按照会计制度提供了不同行业的标准财务报表模板，简化了用户的报表格式设计工作。如果标准行业报表仍不能满足需要，可使用系统提供的自定义模板功能。

2．报表数据处理

报表数据处理是根据预先设置的报表格式和报表公式进行数据采集、计算、汇总等，生成会计报表，如图7-2所示。除此以外，UFO报表系统还提供了排序、审核、舍位平衡、汇总等功能。

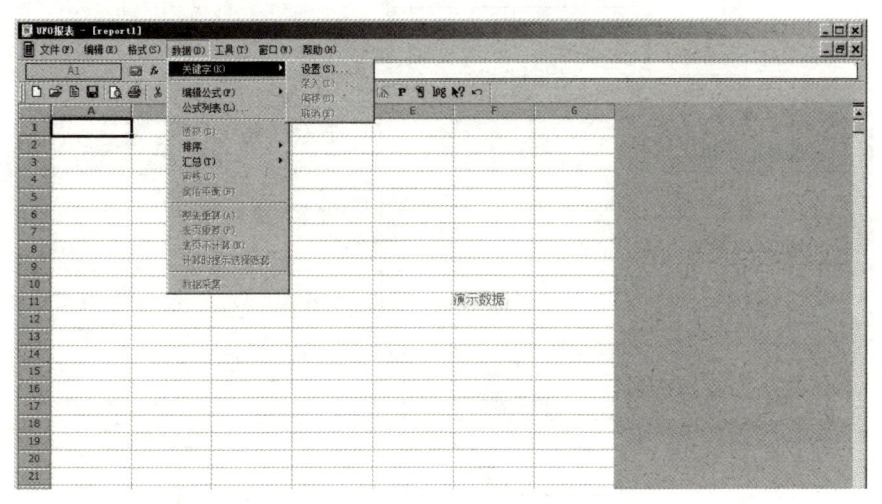

图7-2　UFO报表 - 数据处理

UFO的图表处理功能显著优于单纯的数据报告。UFO报表的图表处理功能能够轻松地将报表数据转化为图形形式，包括直方图、立体图、圆饼图、折线图等多种分析图表，并能灵活编辑图表的位置、大小、标题、字体、颜色等，打印输出各种图表。

3．文件管理功能

利用文件管理功能可以方便地完成报表文件的创建、保存等一般文件管理功能；能够转换为不同的文件格式，包括文本格式、*.MDB格式、Excel格式等；提供标准财务数据的导入、导出功能，如图7-3所示。

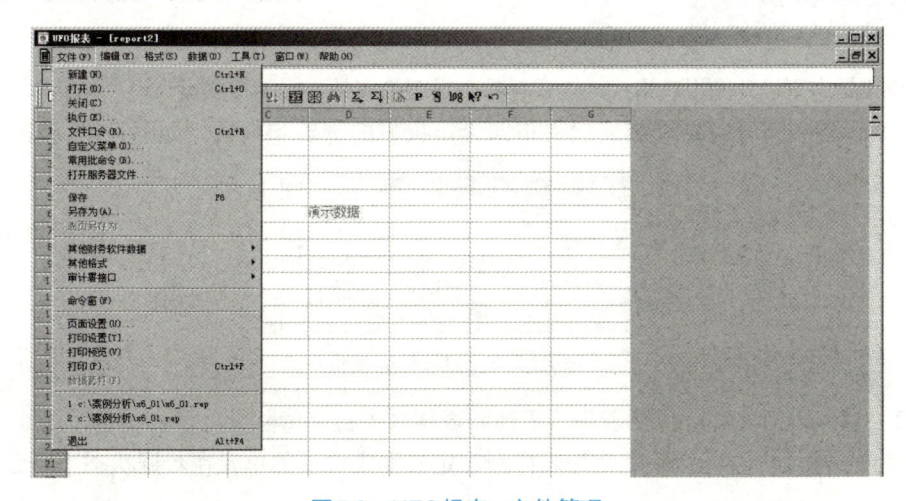

图7-3　UFO报表 - 文件管理

7.1.2 报表编制的工作流程

在UFO报表系统中，编制报表主要有两种方法。对于各企业标准的对外财务报告，一般调用系统预置的报表模板，微调后快速生成。对于企业内部用的各种管理报表，需要自行完成报表定义。结合以上两种情况，编制报表的工作流程，如图7-4所示。

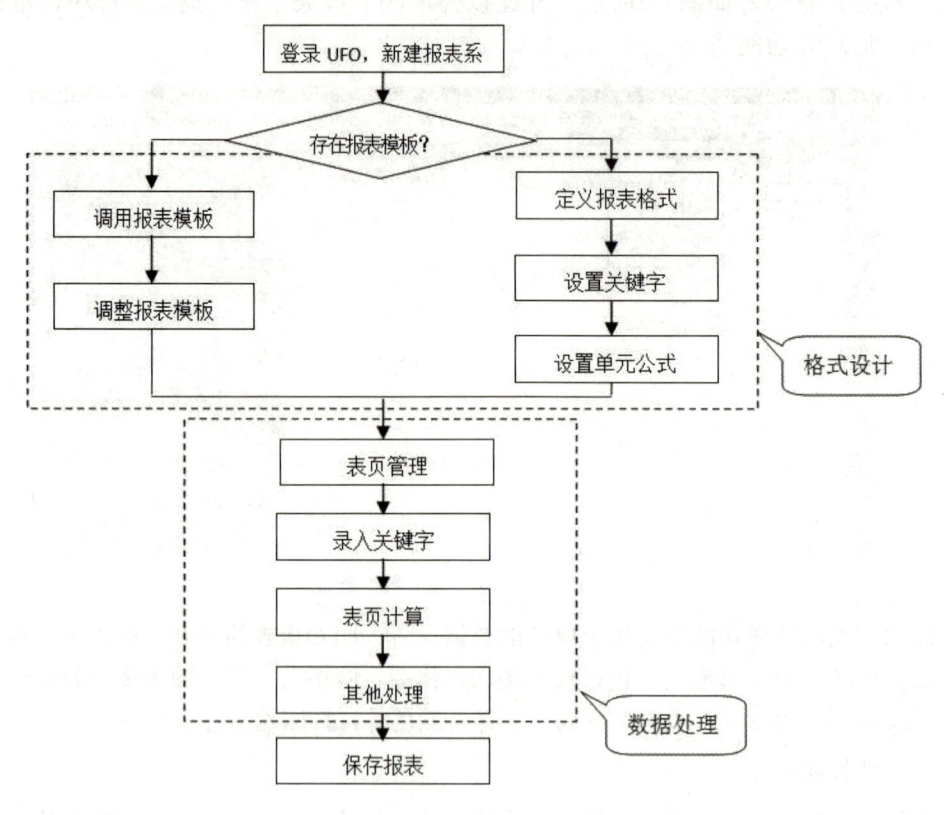

图7-4 编制报表的工作流程

7.1.3 报表格式设计

在格式状态下设计的报表格式，格式对整个报表都有效。报表格式设计设计包括以下操作。

（1）设置表尺寸：定义报表的大小即设定报表的行数和列数，如图7-5所示。

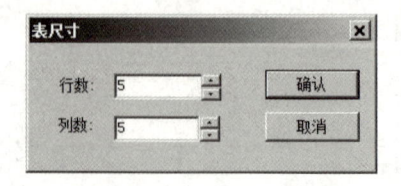

图7-5 "表尺寸"对话框

（2）录入表内文字：包括表头、表体和表尾（关键字值除外），如图7-6所示。在格式状态下定义了单元内容的自动默认为表样型，定义为表样型的单元在数据状态下不允许修改和删除。

图7-6 录入表内文字

（3）确定关键字在表页上的位置，如"单位名称""年""月"等，如图7-7所示。

图7-7 "设置关键字"对话框

（4）定义行高和列宽，如图7-8和图7-9所示。

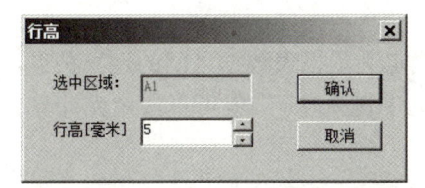

图7-8 "行高"对话框　　　　　图7-9 "列宽"对话框

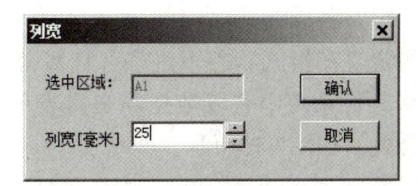

（5）定义组合单元，即把几个单元合并为一个单元使用，如图7-10所示。

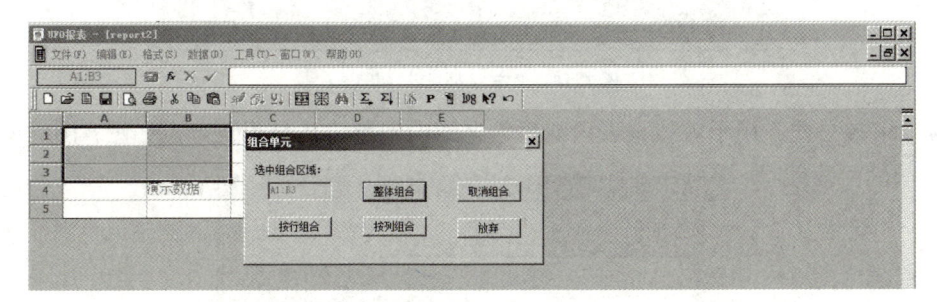

图7-10 "组合单元"窗口

（6）设置文字风格，即设置单元的字型、字体、字号、颜色、图案、折行显示等，如图7-11所示。

（7）设置单元类型，即把需要输入数字的单元定为数值单元，把需要输入字符的单元定为字符单元，如图7-12所示。

会计信息化

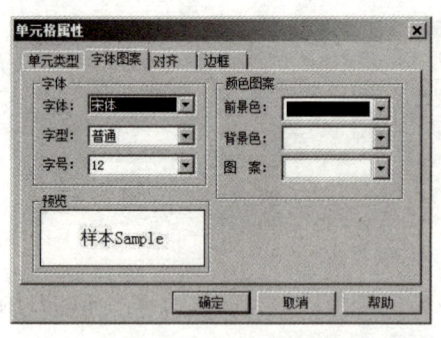

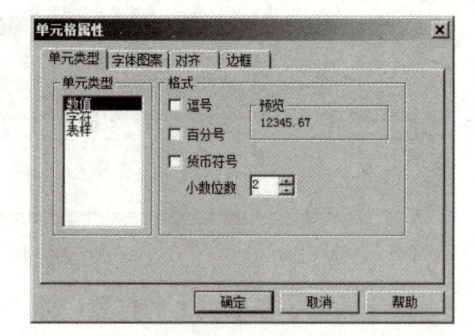

图7-11 "单元格属性"对话框-字体图案　　图7-12 "单元格属性"对话框-单元类型

（8）定义表格线，如图7-13所示。
（9）设置可变区，即确定可变区在表页上的位置和大小，如图7-14所示。

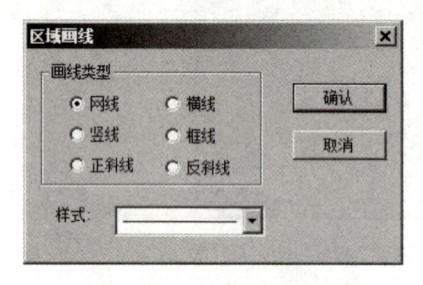

图7-13 "区域画线"对话框　　图7-14 "设置可变区"对话框

（10）定义各类公式。

公式的定义在格式状态下进行，计算公式定义了报表数据之间的运算关系，可以实现报表系统从其他系统中获取数据。在报表单元中键入"＝"就可直接定义计算公式，所以称为单元公式，如图7-15所示。

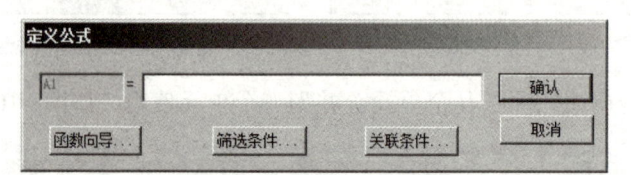

图7-15 "定义公式"对话框

- 审核公式：用于审核报表内或报表之间的勾稽关系是否正确，如图7-16所示。

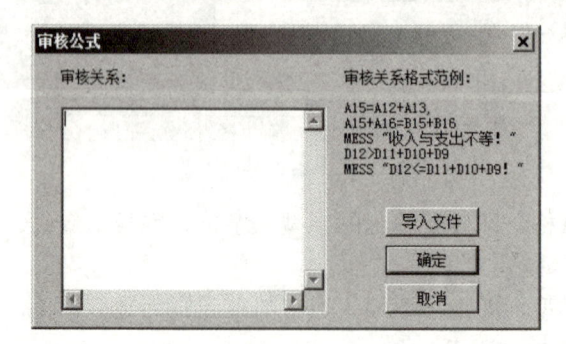

图7-16 "审核公式"对话框

舍位平衡公式：用于调整报表数据的进位或小数取整，避免破坏原数据平衡，如

180

图7-17所示。

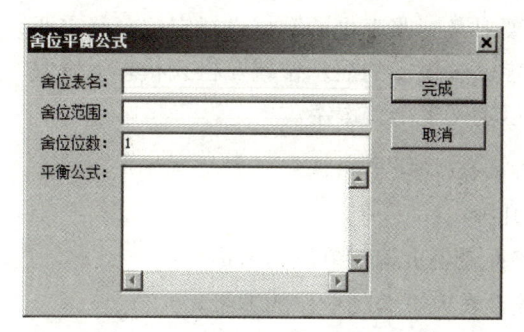

图7-17 "舍位平衡公式"对话框

如果是对外常用报表，U8系统中预置了不同行业的报表模板，报表模板中已经完成了报表的格式设计。调用报表模板后，可以在原有模板的基础上稍作修改，省去了大量的公式定义的工作。

7.2 技能解析

7.2.1 单元类型

在UFO报表系统中，单元是组成报表的最小单位，单元名称由所在行、列标识。例如，C8表示第3列第8行的单元。单元类型有数值单元、字符单元和表样单元3种。

1. 数值单元

数值单元用于存放报表的数据，在数据状态下输入。数值单元的内容可以直接输入或由单元中存放的单元公式运算生成。建立一个新表时，所有单元的类型默认为数值型。

2. 表样单元

表样单元即报表的格式。在格式状态下向空表中录入了文字、符号或数字的单元，将自动成为表样单元。一旦单元被定义为表样，那么在其中输入的内容对所有表页都有效。表样单元只能在格式状态下输入和修改。

3. 字符单元

字符单元也是报表的数据。在格式状态下定义单元类型为"字符型"，在数据状态下输入字符单元的内容。字符单元的内容可以直接输入，也可由单元公式生成。

7.2.2 关键字

1. 理解关键字

关键字是游离于单元之外的特殊数据单元，可以唯一标识一个表页，用于在大量表页中快速选择表页。例如：一个资产负债表的表文件可以存放一年12个月的资产负债表（甚至多年的多张表），当要对某一张表页的数据进行定位，就需要设定一些定位标志，这些定位标志就被称为关键字。关键字的显示位置在格式状态下设置，关键字的值则在数据状态下录入，每张报表可以定义多个关键字。

2. U8中的关键字

关键字通常有以下几种：

（1）单位名称：该报表表页编制单位的名称。

（2）单位编号：该报表表页编制单位的编号。

（3）年：该报表表页反映的年度。

（4）季：该报表表页反映的季度。

（5）月：该报表表页反映的月份。

（6）日：该报表表页反映的日期。

除了以上常见的关键字之外，系统通常还会提供一个自定义关键字功能，方便用户灵活定义并运用这些关键字。

3. 关键字的识别

关键字是游离于单元之外的特殊数据单元，以唯一性来定位一个表页，是编制报表时从总账系统提取数据的关键标记。已定义的关键字在单元中显示数量不等的红色的"XXXX"。如果在单元中直接输入红色字体的"XXXX"，是否能判断出是不是关键字呢？答案是肯定的。有两种方法可以验证：第一，既然关键字不属于单元格，那么当把光标定位到显示红色字体的单元时，编辑栏中不会显示任何内容。第二，如果用键盘上的Delete键清除，也不能清除掉真正的关键字信息。

7.2.3 报表公式设置

各种报表之间存在着密切的数据间的逻辑关系，所以报表中各种数据的采集、运算和勾稽关系的检测就用到了不同的公式，主要有计算公式、审核公式和舍位平衡公式。本书重点介绍计算公式。

计算公式的作用是从其他系统的账簿文件中、本表其他表页中或其他报表中采集数据，并直接填入表中相应的单元或经过简单计算填入相应的单元。因此，通常报表系统会内置一整套从各种数据文件中调取数据的函数。不同的报表软件函数的具体表示方法不同，但这些函数所提供的功能和使用方法一般是相同的。通过计算公式来组织报表数据，既经济又省事，简化了大量重复和复杂的劳动。合理地设计计算公式能节约大量的工作时间，提高工作效率。计算公式可以直接定义在报表单元中。这样的公式称为"单元公式"。

1. 常用账务函数

常用账务函数如表7-1所示。

表7-1 常用账务函数

分类	函数名	含义及用法示例
金额函数	QC期初余额	取指定会计科目的期初余额
	QM期末余额	取指定会计科目的期末余额
	FS发生额	取指定会计科目的发生额
	LFS累计发生额	取某科目从年初至今累计发生额
	DFS对方发生额	DFS(1405,6401,月,d)提取凭证中贷方为1405科目且借方为6401科目的当月贷方发生额
	JE净发生额	JE（1001,月）计算库存现金科目当月净发生额
	TFS条件发生额	TFS(22210101,月,j,"固定资产","=")提取进项税额科目22210101摘要中包含固定资产的当月借方发生额
现金流量函数	XJLL现金流量	提取现金流量项目特定会计期间或指定日期范围的发生额
数量函数		在金额函数的前面加"S"表示数量，如SQC表示取科目的数量期初余额
外币函数		在金额函数的前面加"W"表示外币，如WQC表示取科目的外币期初余额

2．统计函数

常用统计函数如表7-2所示。

表7-2 常用统计函数

函数名	含义及用法示例
PTOTAL	指定区域内所有满足区域筛选条件的固定区单元的合计
TOTAL	符合页面筛选条件的所有页面的区域内各单元值的合计
PAVG	指定区域内所有满足区域筛选条件的固定区单元的平均值
PMAX	指定区域内所有满足区域筛选条件的固定区单元中最大的单元的数值
PMIN	指定区域内所有满足区域筛选条件的固定区单元中最小的单元的数值

3．本表他页取数函数

本表他页取数是指要取数的表（目的表）和存放数据来源的表（源表）之间是同一文件中的不同表页。本表他页取数主要有两种情况：取确定页号表页的数据或按一定关键字取数。

（1）取确定页号表页的数据。

当已知所取数据所在的表页页号时，用以下格式可以方便地取得本表他页的数据：

<目标区域>＝<数据源区域>@<页号>

如：B2=C5@1的含义为各页B2单元取当前表第1页C5单元的值。

（2）按一定关键字取数。

可用SELECT函数按一定关键字从本表他页取得数据。

如：D=C+SELECT(D,年@=年and 月@=月+1)，表示当前表的D列等于当前表的C列加上同年上个月D列的值。

SELECT函数中，@前的年和月代表年关键字值和月关键字值；@后面的年和月代表源表的年关键字值和月关键字值。

4. 他表取数函数

他表取数是指目的表和源表不在一个表文件中。同样，他表取数也主要有两种情况：取确定页号表页的数据或按一定关键字取数。

（1）取他表确定页号表页的数据。

当已知所取数据所在的表页页号时，用以下格式可以方便地取得他表的数据：

<目标区域> = "<他表表名>"-><数据源区域>[@ <页号>]

如：B2="LRB"->C5@1的含义为各页B2单元取LRB第1页C5单元的值。

（2）按一定关键字取数。

当已知条件不是页号，而是通过年、月、日等关键字的对应关系来取他表中的数据时，就必须用到关联条件。

RELATION <单元 | 关键字 | 变量 | 常量> WITH "<他表表名>"-> <单元 | 关键字 | 变量 | 常量>

如：A1="FYB"->A1 FOR ALL RELATION 月WITH"FYB"->月，意为从FYB表中取与当前表的页和月相同的A1单元的值。

UFO允许在报表中的每个数值型、字符型的单元内写入代表一定运算关系的公式，用来建立表内各单元之间、报表与报表之间或报表系统与其他系统之间的运算关系。描述这些运算关系的表达式称为单元公式。为了规范和简化单元公式的定义过程，报表系统会提供公式向导，一步步引导公式的建立过程。

7.3 案例解析

案例素材

以系统管理员身份登录系统管理，引入"案例素材\第7章"文件夹下的账套文件Y7_01。

以1011操作员的身份（密码为011）登录102账套，登录日期为"2022-01-31"，完成管理费用明细表的定义。

管理费用明细表
2017年1月

	办公费	差旅费	通讯费	合计
总经办	*			*
财务部				
采购部				

1. 启动UFO并定义表格尺寸

（1）启动UFO报表系统。

（2）定义表格尺寸为6行5列。

2. 定义行高及列宽

（1）定义第1行的行高为12 mm。

（2）定义第2行至第6行的行高为8 mm。

（3）定义各列的列宽为30 mm。

3. 区域画线

选择区域A3:E6，设置其画线类型为"网线"、样式为"—"。

4. 组合单元

将单元A1:E1组合成一个单元。

5. 定义关键字

（1）在C2单元中定义关键字"年"。

（2）在D2单元中定义关键字"月"。

6. 录入表样文字

（1）在A1单元中录入"管理费用明细表"。

（2）在表体中按样表输入表内文字。

7. 设置单元属性

设置"管理费用明细表"的"字体"为"宋体"、"字型"为"粗下划线"、"字号"为20、"水平方向"和"垂直方向"为居中。

8. 定义单元公式

（1）设置B4单元公式。

利用用友账务函数获取总经办办公费本期发生额。

（2）设置E4单元公式。

利用统计函数PTOTAL计算总经办本期合计费用。

9. 保存报表

将管理费用明细表以"X7_01"命名并保存到"案例解析\X7_01"文件夹中。

操作步骤

1. 定义表尺寸

（1）在企业应用平台业务工作中，执行"财务会计"→"UFO报表"命令，弹出"UFO报表"窗口，如图7-18所示。

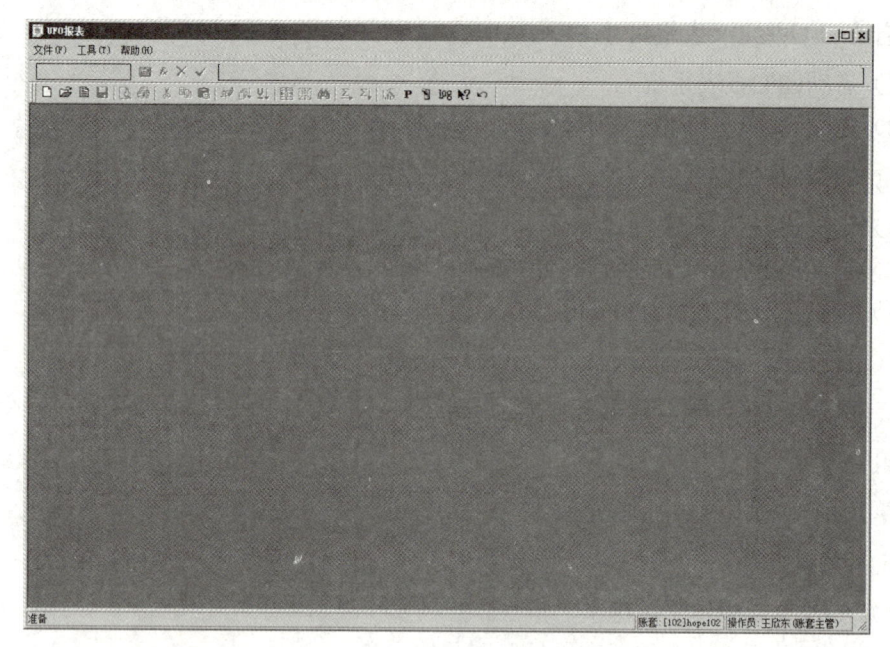

图7-18 "UFO报表"窗口

（2）执行"文件"→"新建"命令，建立一张空白报表，报表名默认为"report1"，如图7-19所示。查看空白报表底部左下角的"格式/数据"按钮，保持当前状态为"格式"状态。

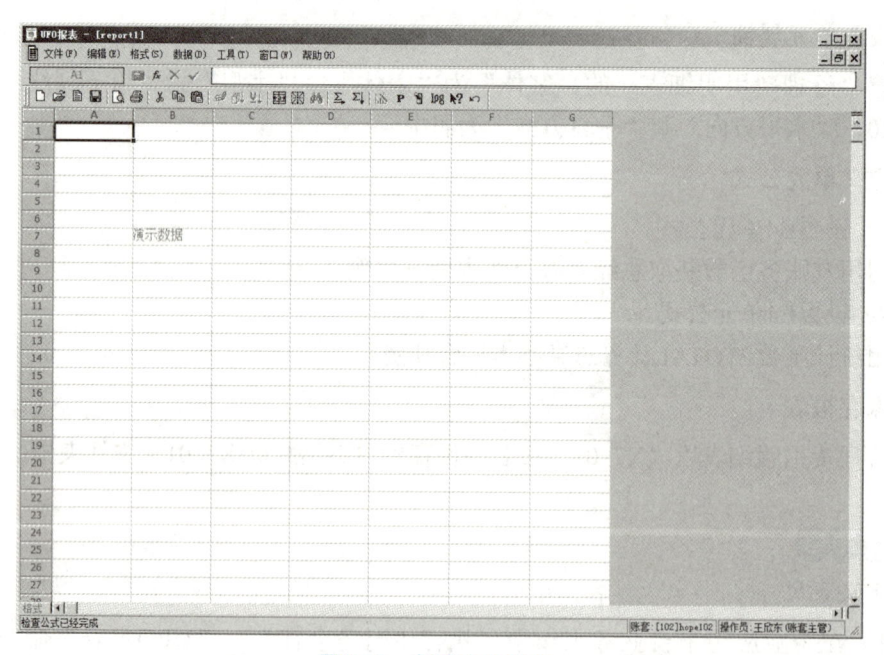

图7-19 新建空白报表

（3）执行"格式"→"表尺寸"命令，打开"表尺寸"对话框。"行数"输入6、"列数"输入5，如图7-20所示。

（4）单击"确认"按钮。窗口中只显示6行×5列的区域，其他为灰色。

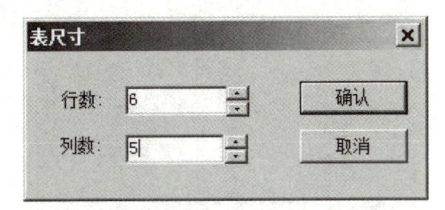

图7-20　定义表尺寸

> 提示
> ● 报表的行数应包括报表的表头、表体和表尾。

2.定义行高及列宽

（1）单击行号1，选中第1行。执行"格式"→"行高"命令，打开"行高"对话框。

（2）在"行高"文本框中输入"12"，如图7-21所示。单击"确认"按钮，第1行行高将显示为12。

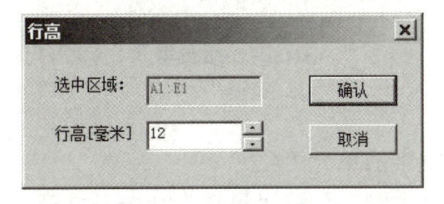

图7-21　定义行高

（3）单击行号2，按住并拖动光标到行号6，选中第2行至第6行，设置"行高"为8。

（4）单击列号A，按住并拖动光标到列号E，执行"格式"→"列宽"命令，打开"列宽"对话框，设置"列宽"为30，如图7-22所示，单击"确认"按钮。

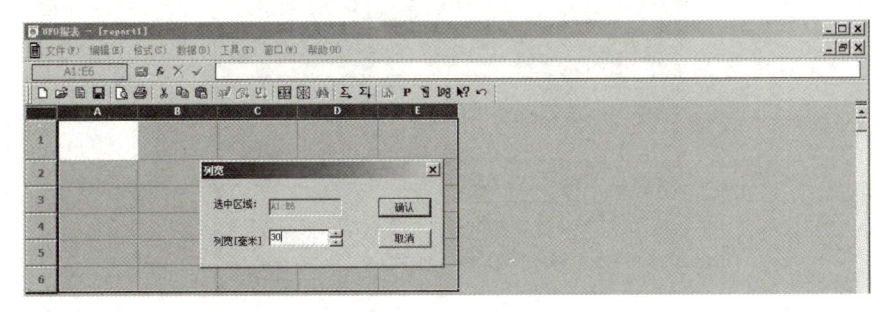

图7-22　定义列宽

3.区域画线

（1）选中报表需要画线的区域"A3:E6"。

（2）执行"格式"→"区域画线"命令，打开"区域画线"对话框。

（3）"画线类型"选中"网线"，如图7-23所示，单击"确认"按钮，将所选区域画上网格线。

187

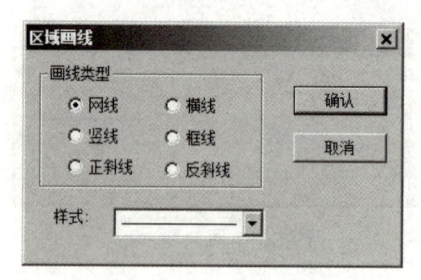

图7-23　区域画线

4. 定义组合单元

（1）单击行号1，选中需合并的区域"A1:E1"。

（2）执行"格式"→"组合单元"命令，打开"组合单元"对话框，如图7-24所示。

（3）单击"整体组合"或"按行组合"按钮，该区域即合并成一个单元格。

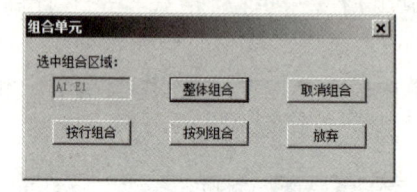

图7-24　组合单元

5. 定义关键字

（1）选中需要输入关键字的单元"C2"。

（2）执行"数据"→"关键字"→"设置"命令，打开"设置关键字"对话框。

（3）选中"年"单选按钮，如图7-25所示，单击"确定"按钮。设置完成后，在C2单元将显示红色的"××××年"，但编辑栏中显示为"空"。

（4）同样操作，在D2单元中设置关键字为"月"。

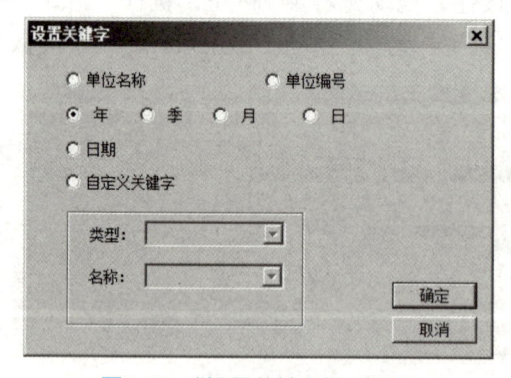

图7-25　"设置关键字"对话框

6. 录入表样文字

（1）选中A1单元，输入"管理费用明细表"。

（2）在表体中按样表输入表内文字。

> **提示**
> - 报表项目指报表的文字内容，主要包括表头内容、表体项目、表尾项目等，不包括关键字。
> - 日期一般不作为文字内容输入，而是需要设置为关键字。

7. 设置单元属性

（1）选中标题所在组合单元"A1"。

（2）执行"格式"→"单元属性"命令，打开"单元格属性"对话框。

（3）单击"字体图案"选项卡，设置"字体"为"宋体"、"字型"为"粗下划线"、"字号"为20，在预览中可以看到设置完成的效果，如图7-26所示。

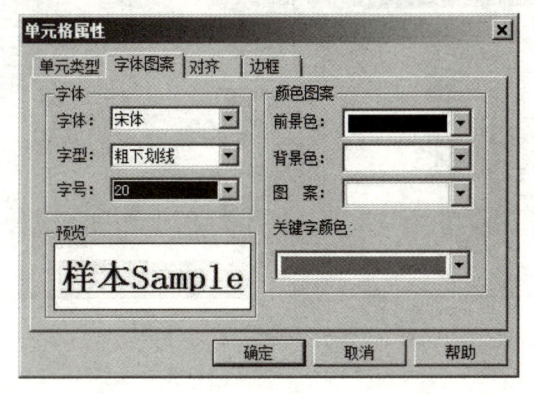

图7-26 设置字体

（4）单击"对齐"选项卡，"水平方向""垂直方向"都设置为"居中"，如图7-27所示，单击"确定"按钮。

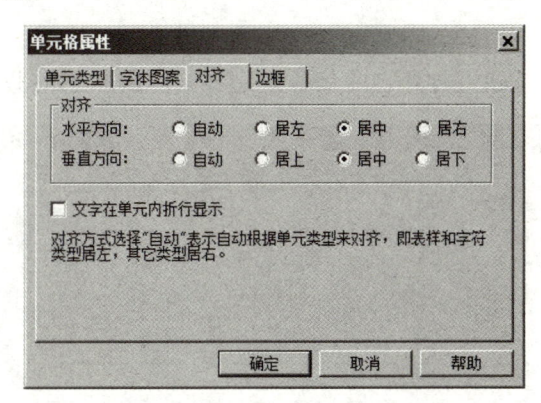

图7-27 设置对齐方式

8. 定义单元公式

（1）设置B4单元公式。

①选中需要定义公式的单元"B4"，即总经办"办公费"。

②单击"fx"按钮或执行"数据"→"编辑公式"→"单元公式"命令，打开"定义公式"对话框，如图7-28所示。

图7-28 "定义公式"对话框

③单击"函数向导"按钮,打开"函数向导"对话框。在"函数分类"列表框中选择"用友账务函数",在右边的"函数名"列表中选择"发生(FS)",如图7-29所示。

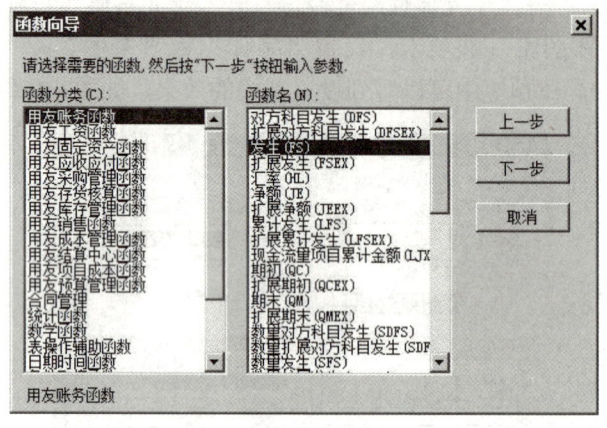

图7-29 "函数向导"对话框

> **提示**
> - 用友账务函数表示从总账系统中取数。
> - UFO报表除了可以从总账系统取数,还可以从其他系统中获取数据。

④单击"下一步"按钮,打开"用友账务函数"对话框,如图7-30所示。

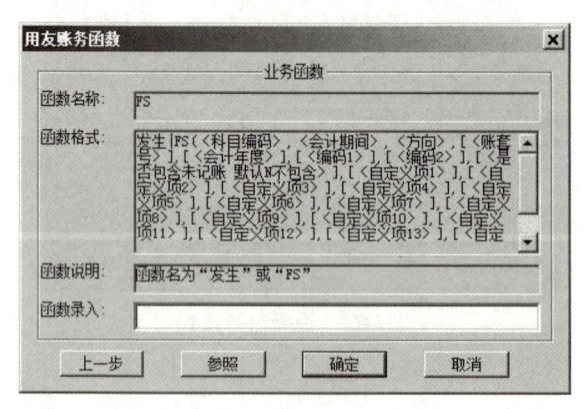

图7-30 "用友账务函数"对话框

⑤单击"参照"按钮,打开"账务函数"对话框。"科目"输入"660201","部门编码"选择"总经办",其余各项均采用系统默认值,如图7-31所示。

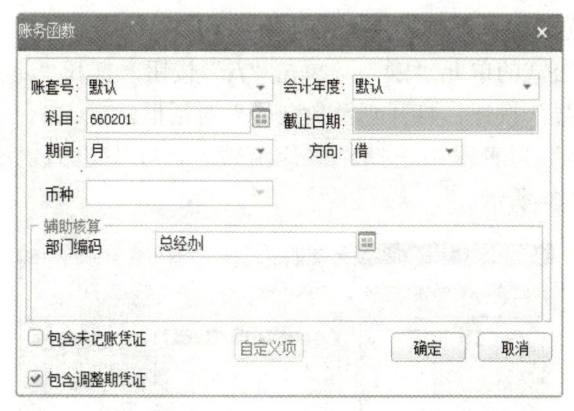

图7-31 "财务函数"对话框

⑥单击"确定"按钮,返回"用友账务函数"对话框。
⑦单击"确定"按钮,返回"定义公式"对话框,如图7-32所示。

图7-32 "定义公式"对话框

> **提示**
> - 一般来说,账务函数中的账套号和会计年度不需要输入,保持系统默认即可。待输入关键字值时,系统会自动替换。

⑧单击"确认"按钮,完成总经办办公费本期发生额定义。B4单元中显示"公式单元"字样,B4单元中的公式在窗口上方的编辑栏中显示,如图7-33所示。

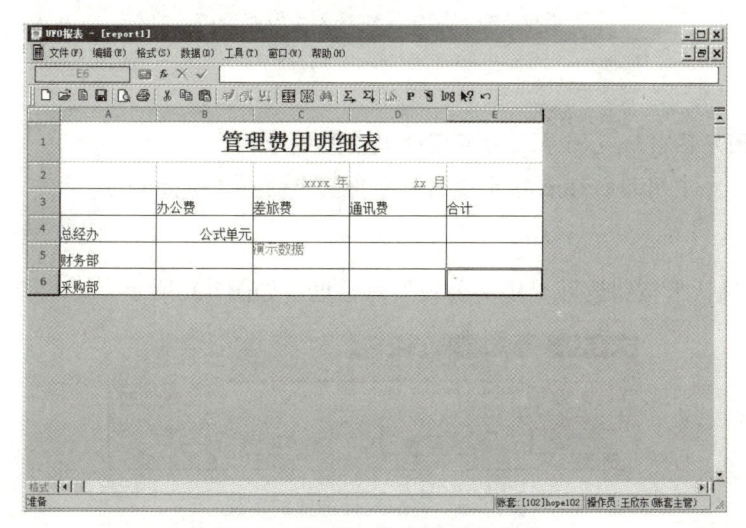

图7-33 完成B4单元公式的定义

（2）设置E4单元公式。

①选中需要定义公式的单元"E4"，单击"fx"按钮，打开"定义公式"对话框。

②单击"函数向导"按钮，打开"函数向导"对话框。

③在"函数分类"列表框中选择"统计函数"，在右边的"函数名"列表中选择"PTOTAL"，如图7-34所示。

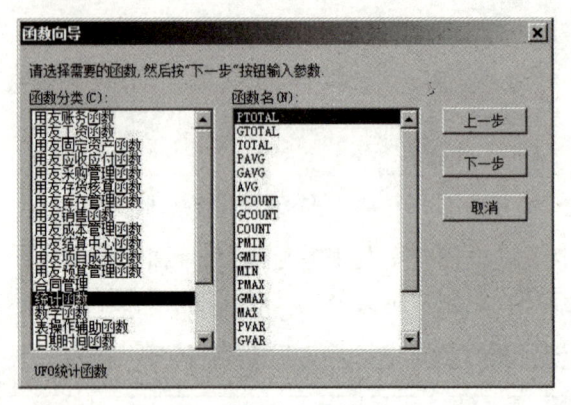

图7-34 选择统计函数PTOTAL

④单击"下一步"按钮，打开"固定区统计函数"对话框。在"固定区区域"文本框中输入"b4:d4"，如图7-35所示。

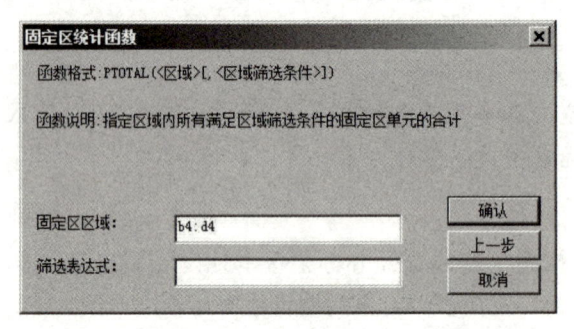

图7-35 "固定区统计函数"对话框

> **提示**
> - 固定区区域范围录入时不区分大小写字母。
> - 公式中用到的标点符号必须为半角状态的英文标点符号。

⑤单击"确认"按钮返回"定义公式"对话框，如图7-36所示。

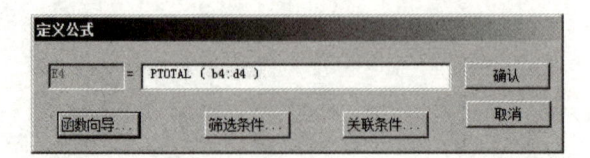

图7-36 完成统计函数的定义

⑥单击"确认"按钮返回。

9. 保存报表

①执行"文件"→"保存"命令。如果是第一次保存,则打开"另存为"对话框。

②选择保存文件夹的目录,输入报表文件名"X7_01",选择"文件类型"为"*.rep",单击"保存"按钮,如图7-37所示。

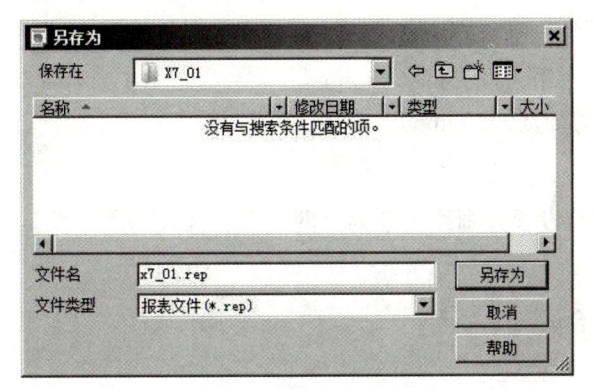

图7-37 "另存为"对话框

> **提示**
> - UFO报表文件并不存储在数据库中,保存时需要在硬盘上指定存放的位置。
> - UFO报表文件只能在U8中进行编辑。

7.4 强化训练

实训1

在"强化训练\第7章"文件夹下新建一个文件夹,命名为X7_01。

以系统管理员身份登录系统管理,引入"强化训练素材\第7章"文件夹下的账套文件Y7_01。

以1021操作员的身份(密码为021)登录102账套,登录日期为"2017-08-31",完成"产品成本分析表"的定义,对其中标注"*"的单元进行公式设计及数据生成。

产品成本分析表
2016年8月

	25平方线缆	合计
直接材料	*	*
直接人工		
制造费用		

1. 启动UFO并定义表尺寸

（1）启动UFO报表系统。

（2）定义表尺寸为6行4列。

2. 确定行高列宽

（1）定义第1行的行高为13 mm。

（2）定义第2行至第6行的行高为8 mm。

（3）定义各列的列宽为25 mm。

3. 区域画线

选择区域A3:D6，设置其画线类型为"网线"、样式为"—"。

4. 组合单元

将单元A1:D1组合成一个单元。

5. 定义关键字

（1）在C2单元中定义关键字"年"。

（2）在D2单元中定义关键字"月"。

6. 录入表样文字

（1）在A1单元中录入"产品成本分析表"。

（2）在表体中按样表输入表内文字。

7. 设置单元属性

设置"产品成本分析表"的"字体"为"宋体"、"字型"为"粗下划线"、"字号"为18、"水平方向""垂直方向"都为居中。

8. 定义单元公式

（1）设置B4单元公式。

利用用友账务函数取直接材料10平方线缆本期发生额。

（2）设置D4单元公式。

利用统计函数PTOTAL计算10平方线缆和25平方线缆本期费用合计。

9. 保存报表

将"产品成本分析表"以"X7_01"命名，并保存到"强化训练\第7章\X7_01"文件夹中。

实训2

在"强化训练\第7章"文件夹下新建一个文件夹，命名为X7_02。

以系统管理员身份登录系统管理，引入"强化训练素材\第7章"文件夹下的账套文件Y7_02。

以1031操作员的身份（密码为031）登录103账套，登录日期为"2017-01-31"，完成

"产品毛利分析表"的定义，对其中标注"*"的单元进行公式设计及数据生成。

产品毛利分析表
2016年1月

	阿奇霉素片	康宁感冒片	合计
收入	*		
成本	*		
利润	*		

1．启动UFO并定义表尺寸

（1）启动UFO报表系统。

（2）定义表尺寸为6行4列。

2．确定行高列宽

（1）定义第1行的行高为15 mm。

（2）定义第2行至第6行的行高为9 mm。

（3）定义各列的列宽为28 mm。

3．区域画线

选择区域A3:D6，设置其画线类型为"网线"、样式为"—"。

4．组合单元

将单元A1:D1组合成一个单元。

5．定义关键字

（1）在C2单元中定义关键字"年"。

（2）在D2单元中定义关键字"月"。

6．录入表样文字

（1）在A1单元中录入"产品毛利分析表"。

（2）在表体中按样表输入表内文字。

7．设置单元属性

设置"产品毛利分析表"的"字体"为"宋体"、"字型"为"粗下划线"、"字号"为18、"水平方向""垂直方向"都为居中。

8．定义单元公式

（1）设置B4单元公式。

利用用友账务函数取主营业务收入阿奇霉素片本期发生额。

（2）设置B5单元公式。

利用用友账务函数取直接材料阿奇霉素片本期发生额。

（3）设置B6单元公式。

在公式栏中输入"=B4-B5"。

9. 保存报表

将"产品毛利分析表"以"X7_02"命名，并保存到"强化训练\第7章\X7_02"文件夹中。

实训3

在"强化训练\第7章"文件夹下新建一个文件夹，命名为X7_03。

以系统管理员身份登录系统管理，引入"强化训练素材\第7章"文件夹下的账套文件Y7_03。

以1041操作员的身份（密码为041）登录104账套，登录日期为"2017-11-30"，完成"部门管理费用明细表"的定义，对其中标注"*"的单元进行公式设计及数据生成。

部门管理费用明细表
2017年11月

	差旅费	通讯费	合计
总经办	*	*	*
财务部			
销售部			

1. 启动UFO并定义表尺寸

（1）启动UFO报表系统。

（2）定义表尺寸为6行4列。

2. 确定行高列宽

（1）定义第1行的行高为10 mm。

（2）定义第2行至第6行的行高为6 mm。

（3）定义各列的列宽为26 mm。

3. 区域画线

选择区域A3:D6，设置其画线类型为"网线"、样式为"—"。

4. 组合单元

将单元A1:D1组合成一个单元。

5. 定义关键字

（1）在C2单元中定义关键字"年"。

（2）在D2单元中定义关键字"月"。

6. 录入表样文字

（1）在A1单元中录入"部门管理费用明细表"。

（2）在表体中按样表输入表内文字。

7. 设置单元属性

设置"部门管理费用明细表"的"字体"为"宋体"、"字型"为"粗体"、"字号"为16、"水平方向""垂直方向"都为居中。

8. 定义单元公式

（1）设置B4单元公式。

利用用友账务函数取总经办差旅费本期发生额。

（2）设置C4单元公式。

利用用友账务函数取总经办通讯费本期发生额。

（3）设置D4单元格公式。

利用统计函数PTOTAL计算总经办本期费用合计。

9. 保存报表

将"部门管理费用明细表"以"X7_03"命名，并保存到"强化训练\X7_03"文件夹中。

实训4

在"强化训练\第7章"文件夹下新建一个文件夹，命名为X7_04。

以系统管理员身份登录系统管理，引入"强化训练素材\第7章"文件夹下的账套文件Y7_04。

以1051操作员的身份（密码为051）登录105账套，登录日期为"2017-05-31"，完成"管理费用明细表"的定义，对其中标注"*"的单元进行公式设计及数据生成。

管理费用明细表
2017年05月

	办公费	差旅费	交通费	通讯费
总经办				
财务部	*			
合计	*			

1. 启动UFO并定义表尺寸

（1）启动UFO报表系统。

（2）定义表尺寸为6行5列。

2. 确定行高列宽

（1）定义第1行的行高为15 mm。

（2）定义第2行至第6行的行高为8 mm。

（3）定义各列的列宽为25 mm。

3. 区域画线

选择区域A3:E6，设置其画线类型为"网线"、样式为"—"。

4. 组合单元

将单元A1:E1组合成一个单元。

5.定义关键字

（1）在C2单元中定义关键字"年"。

（2）在D2单元中定义关键字"月"。

6.录入表样文字

（1）在A1单元中录入"管理费用明细表"。

（2）在表体中按样表输入表内文字。

7.设置单元属性

设置"管理费用明细表"设置的"字体"为"宋体"、"字型"为"粗下划线"、"字号"为18、"水平方向""垂直方向"都为居中。

8.定义单元公式

（1）设置B5单元公式。

利用用友账务函数取财务部办公费本期发生额。

（2）设置B6单元公式。

利用统计函数PTOTAL计算总经办和财务部办公费本期费用合计。

9.保存报表

将"管理费用明细表"以"X7_04"命名，并保存到"强化训练\第7章\X7_04"文件夹中。

实训5

在"强化训练\第7章"文件夹下新建一个文件夹，命名为X7_05。

以系统管理员身份登录系统管理，引入"强化训练素材\第7章"文件夹下的账套文件Y7_05。

以1061操作员的身份（密码为061）登录106账套，登录日期为"2017-10-31"，完成"应收账款余额表"的定义，对其中标注"*"的单元进行公式设计及数据生成。

应收账款余额表
2017年10月

	期初余额	本期应收	本期收回	期末结存
新河装饰		*		
润达商贸				
合计		*		

1.启动UFO并定义表尺寸

（1）启动UFO报表系统。

（2）定义表尺寸为6行5列。

2.确定行高列宽

（1）定义第1行的行高为16 mm。

（2）定义第2行至第6行的行高为10 mm。

（3）定义各列的列宽为28 mm。

3. 区域画线

选择区域A3:E6，设置其画线类型为"网线"、样式为"—"。

4. 组合单元

将单元A1:E1组合成一个单元。

5. 定义关键字

（1）在C2单元中定义关键字"年"。

（2）在D2单元中定义关键字"月"。

6. 录入表样文字

（1）在A1单元中录入"应收账款余额表"。

（2）在表体中按样表输入表内文字。

7. 设置单元属性

设置"应收账款余额表"的"字体"为"宋体"、"字型"为"粗下划线"、"字号"为20、"水平方向""垂直方向"都为居中。

8. 定义单元公式

（1）设置C4单元公式。

利用用友账务函数取新河装饰本期应收账款。

（2）设置C6单元公式。

利用统计函数PTOTAL计算新河装饰和润达商贸本期应收账款合计。

9. 保存报表

将"应收账款余额表"以"X7_05"命名，并保存到"强化训练\第7章\X7_05"文件夹中。

本章小结

本章先概述了报表的格式设计，这是编制报表的重要环节，它直接影响到报表的可读性和美观性。一般要根据报表的内容和目的，选择合适的报表格式。

在技能解析部分，详细讲解了报表的相关技能，包括单元类型、关键字和报表公式设置等。单元类型决定了报表中数据的显示方式；关键字有助于快速定位和筛选数据；报表公式设置则可以实现数据的自动计算和处理。

通过案例解析，串联了本章所学的知识，进一步帮助读者理解和分析这些知识和技能之间的逻辑关系，以解决实际工作中的问题。

最后提供的强化训练环节，通过真实的账务环境帮助读者反复练习，将理论知识转化为具有随机应变的实际操作能力。

课后习题

1. 判断题

(1) QM期初余额是取指定会计科目的期初余额；QC期末余额是取指定会计科目的期末余额。（　）

(2) PTOTAL是指定区域内所有满足区域筛选条件的固定区单元的合计。（　）

(3) 日期一般不作为文字内容输入，而是需要设置为关键字。（　）

2. 简答题

(1) 简述区域画线的步骤。

(2) 简述定义单元公式的步骤。

第 8 章
报表数据处理

本章导读

对于一张完整的财务报表而言，格式设计只是相对固定的部分，它构成了报表的骨架，但真正让报表"活"起来的是报表数据的处理。企业每个月都要根据最新的财务数据，通过专业的报表数据处理系统，完成数据的录入、计算、分类和汇总，对企业财务状况进行深入剖析和解读。只有精心处理的数据，才能生成真正有价值、有参考意义的财务报表。

学习目标

- 理解报表数据处理的内容
- 报表数据处理

数字资源

【本章案例素材】："案例素材\第8章"目录下
【本章强化训练素材】："强化训练素材\第8章"目录下

会计信息化

> **素质要求**
>
> 《企业会计准则第 30 号——财务报表列报》（节选）
>
> 第四条 企业应当以持续经营为基础，根据实际发生的交易和事项，按照《企业会计准则——基本准则》和其他各项会计准则的规定进行确认和计量，在此基础上编制财务报表。企业不应以附注披露代替确认和计量，不恰当的确认和计量也不能通过充分披露相关会计政策而纠正。
>
> 如果按照各项会计准则规定披露的信息不足以让报表使用者了解特定交易或事项对企业财务状况和经营成果的影响时，企业还应当披露其他的必要信息。

8.1 基本认知

报表数据处理主要包括生成报表数据、审核报表数据和舍位平衡等工作。数据处理工作必须在"数据"状态下进行。报表数据处理的程序及内容包括报表数据处理时 UFO 报表系统会根据已定义的单元公式、审核公式和舍位平衡公式自动进行取数、审核及舍位等操作。

8.1.1 表页管理

在用友 U8 中，每个报表文件中可以存放多个表页，每个表页用于存放不同会计期间的数据，同一报表文件中每个表页的格式均相同。报表数据处理一般是针对某一特定表页进行的，因此在进行数据处理时还涉及对表页的操作，如增加、删除、插入、追加表页等，如图 8-1 所示。

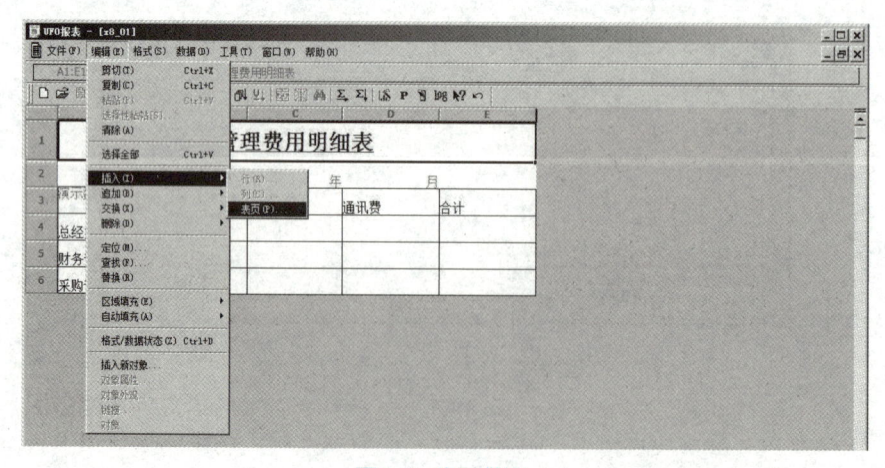

图 8-1 表页管理

202

8.1.2 数据计算

1.录入关键字

关键字是确定UFO报表系统从何处取得报表数据的唯一指引。关键字在"格式"状态下定义，在"数据"状态下录入，如图8-2所示。关键字一旦录入，系统会自动从账簿中读取数据，生成报表。

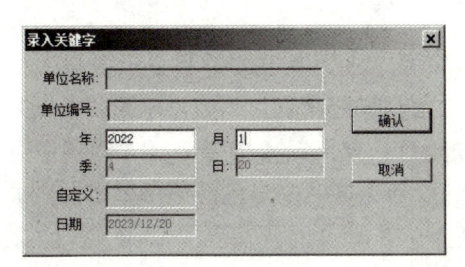

图8-2 录入关键字

2.输入基本数据

若报表中某些单元的数据每月不同，且无须从账务系统获取，可手工录入基本数据。

3.表页重算

在完成关键字录入和其他基本数据录入后，可以执行"表页重算"命令，如图8-3所示，然后系统会提示"是否重算第1页"，如图8-4所示。

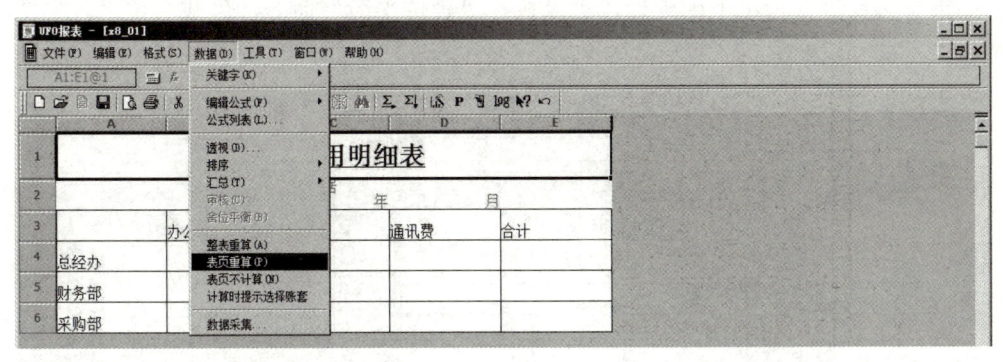

图8-3 执行"表页重算"命令

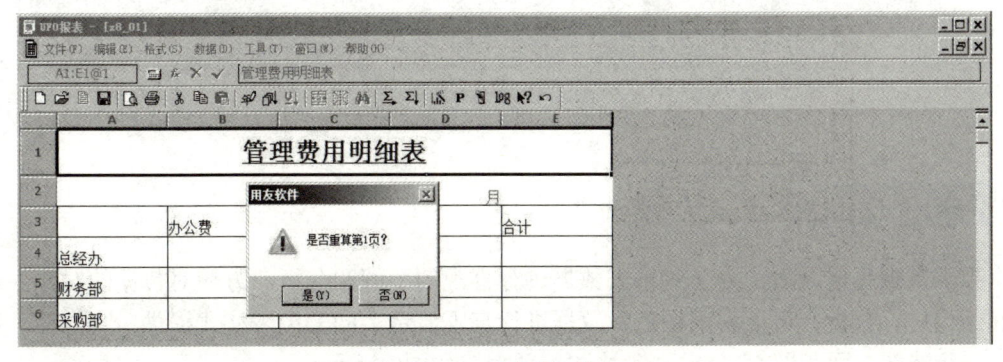

图8-4 信息提示框

8.1.3 报表审核

如果针对报表设置了审核公式，系统将按照审核公式中设定的逻辑关系进行检查，如图8-5所示。如果不满足要求，系统将弹出审核公式中预先设定的提示信息，用户需重新检查报表公式定义及审核公式中设定的逻辑关系是否正确，之后重新审核，直至通过。

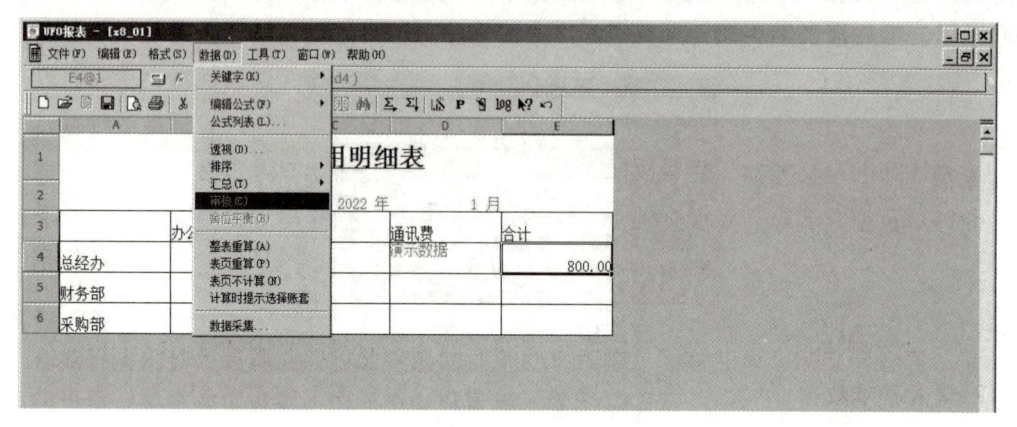

图8-5　报表审核

8.1.4 舍位平衡

如果有必要进行舍位平衡处理，可以执行"舍位平衡"命令，生成舍位表，如图8-6所示。

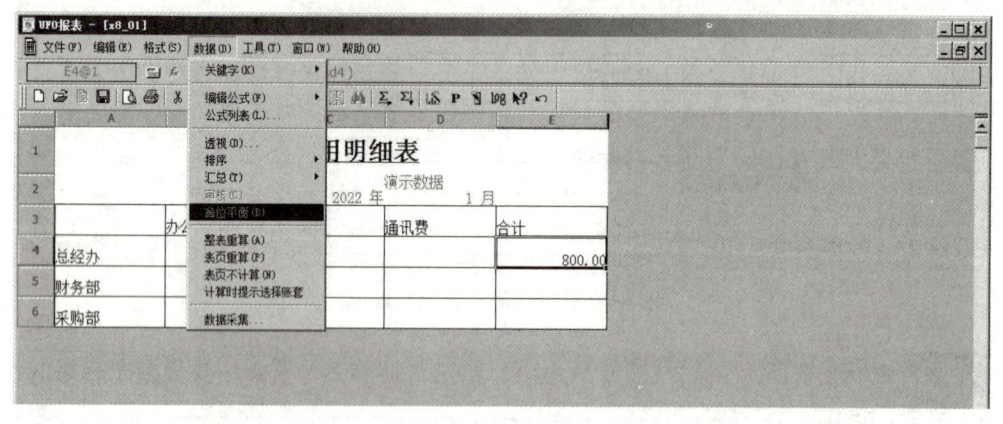

图8-6　舍位平衡

8.1.5 图形处理

报表数据生成之后，为了对报表数据进行直观的了解和分析，方便对数据的对比、趋势和结构进行分析，可以利用图形对数据进行直观显示。UFO图表格式提供了直方图、圆饼图、折线图、面积图4大类共10种格式的图表，如图8-7所示。

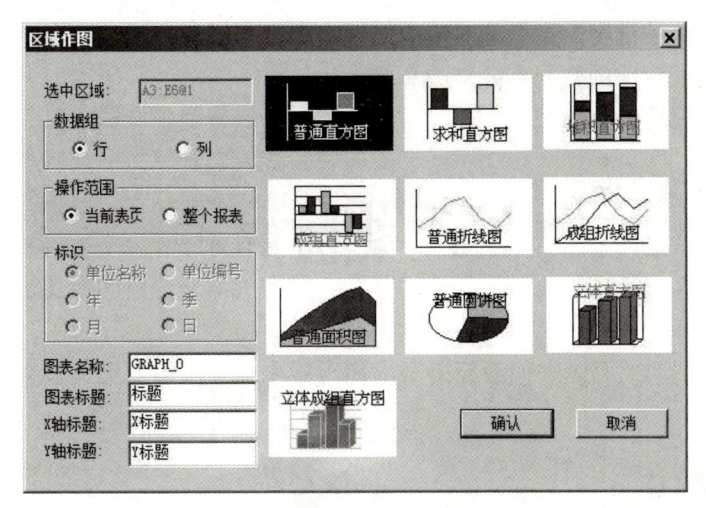

图8-7 "区域作图"对话框

图表是利用报表文件中的数据生成的，图表与报表数据之间存在着密切的联系。报表数据发生变化时，图表也随之变化，报表数据删除后，图表也随之不存在。

8.1.6 报表输出

报表的输出包括报表的查询、显示和打印输出，输出时可以针对报表格式输出，也可以针对某一特定表页输出。输出报表格式须在"格式"状态下操作，而输出表页须在"数据"状态下操作。输出表页时，格式和报表数据会一起输出。

输出表页数据时会涉及表页的相关操作，如表页排序、查找、透视等。可以将UFO报表输出为Excel格式，以便进行图形分析或数据分析。

8.2 技能解析

8.2.1 格式状态与数据状态

在UFO报表中，有"格式"和"数据"两种状态，两种状态下完成的工作内容截然不同。

建立新文件时，默认是"格式"状态。打开文件时，默认进入"数据"状态。两种状态由界面左下角的"格式/数据"按钮完成切换。

8.2.2 生成报表

在格式设计中已经定义了单元公式，生成报表前需要确保处于"数据"状态，录入关键字，由系统按照关键字的指引从对应的账簿中提取数据，完成计算。

根据单元公式生成的数据不能修改和删除。

8.3 案例解析

案例素材

以系统管理员身份登录系统管理，引入"案例素材\第8章"文件夹下的账套文件Y8_01。

1. 打开报表文件

以1011操作员的身份（密码为011）登录102账套，登录日期为"2022-01-01"，打开案例分析文件夹下的X8_01。

2. 录入关键字，生成报表

（1）录入关键字，"年"为2022，"月"为1。

（2）生成如图8-8所示的报表。

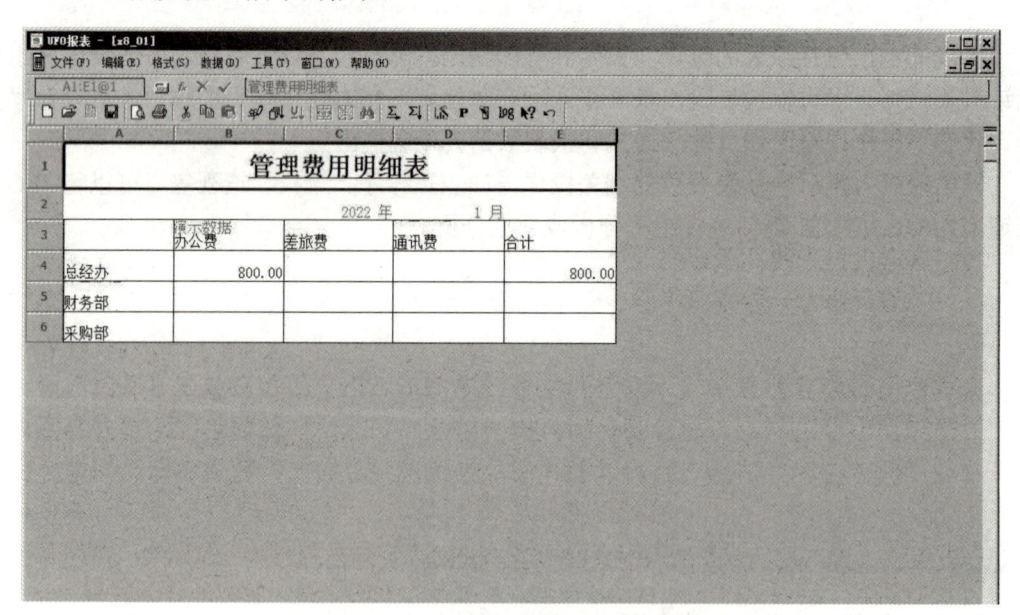

图8-8 管理费用明细表

3. 保存报表

将报表X8_01保存到"案例分析\X8_01"文件夹中。

操作步骤

新建一个文件夹，命名为X8_01。

以系统管理员身份登录系统管理，引入"案例素材\第8章"文件夹下的账套文件

Y3_01。

1. 打开报表

（1）启动UFO系统，如图8-9所示，单击"打开"按钮或执行"文件"→"打开"命令，打开"打开"对话框，如图8-10所示。

图8-9 UFO系统

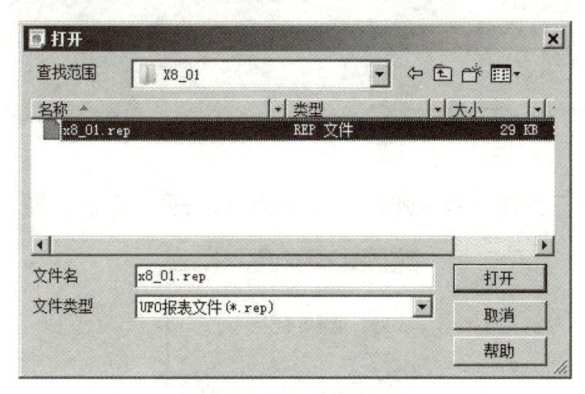

图8-10 "打开"对话框

（2）选择存放报表格式的文件夹中的报表文件"X8_01.rep"，单击"确定"按钮。报表左下角当前状态为"数据"状态，如图8-11所示。

会计信息化

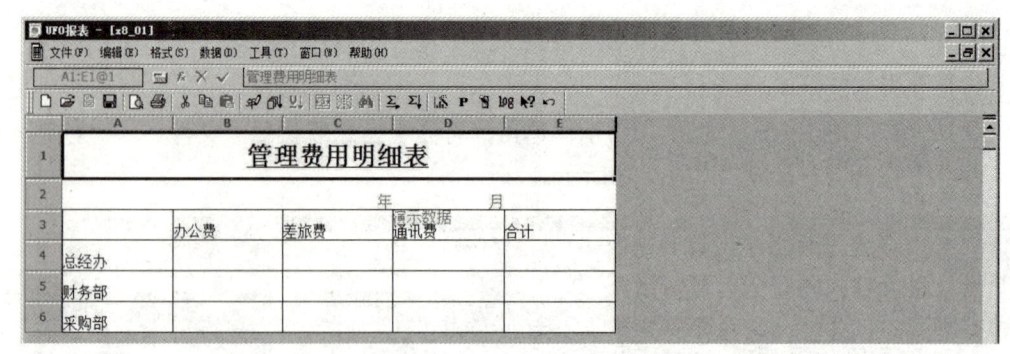

图8-11 数据状态

> **提示**
> - 报表数据处理必须在"数据"状态下进行。

2.输入关键字值

（1）执行"数据"→"关键字"→"录入"命令，打开"录入关键字"对话框。

（2）"年"输入2022，"月"输入1，如图8-12所示。

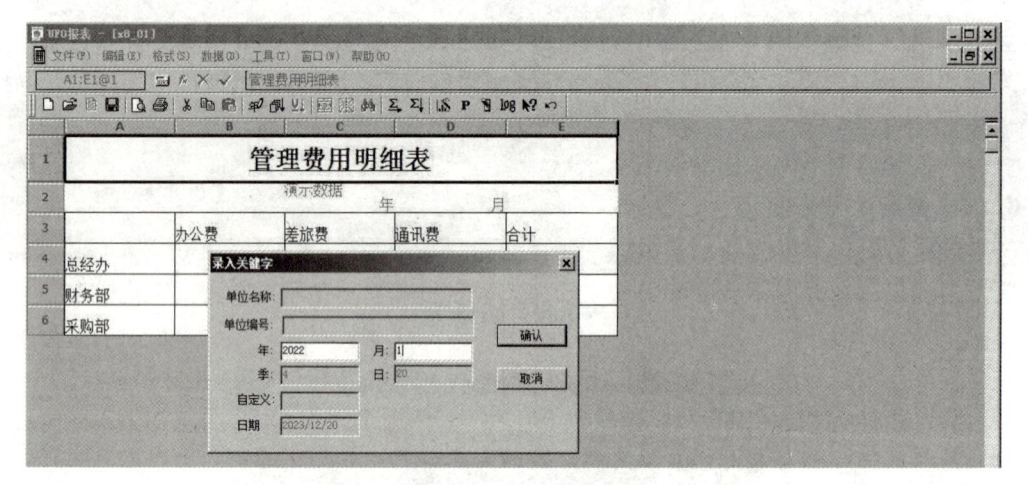

图8-12 录入关键字

（3）单击"确认"按钮，系统弹出"是否重算第1页？"信息提示框，如图8-13所示。

图8-13 信息提示框

（4）单击"是"按钮，系统会根据单元公式计算1月份数据，数据如图8-14所示。

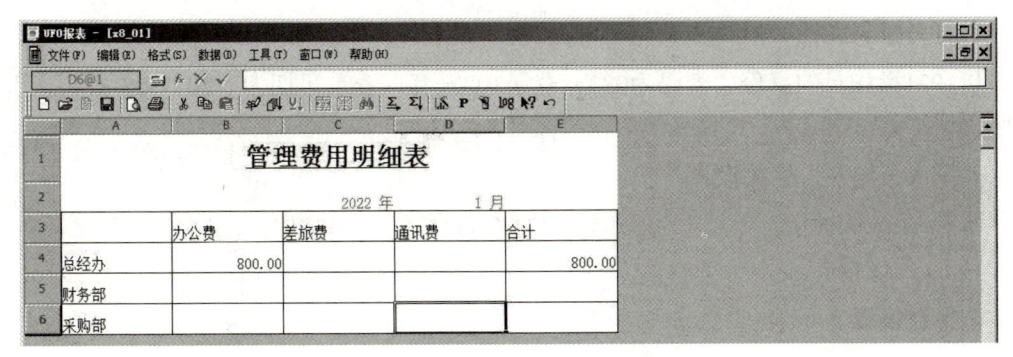

图8-14 生成报表

> **提示**
> - 如果单击"否"按钮，系统不计算1月份数据，以后可利用"表页重算"功能生成1月份数据。
> - 每一张表页均对应不同的关键字值，输出时随同单元一起显示。
> - 日期关键字可以确认报表数据取数的时间范围，即确定数据生成的具体日期。

3. 保存报表

将报表按指定的名称保存到指定位置，如图8-15所示。

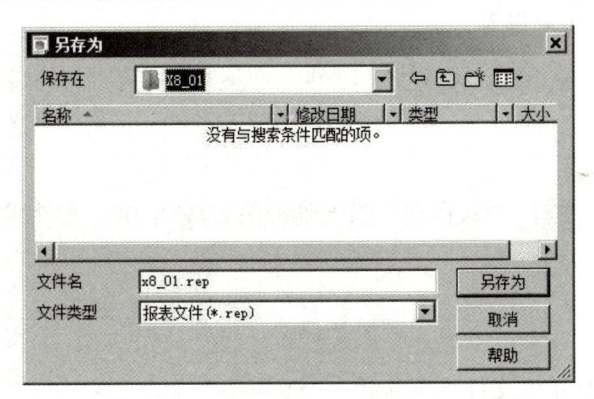

图8-15 "另存为"对话框

8.4 强 化 训 练

实训1

在"强化训练\第8章"文件夹下新建一个文件夹，命名为X8_01。

以系统管理员身份登录系统管理，引入"强化训练素材\第8章"文件夹下的账套文件Y8_01。

1. 打开报表文件

以1021操作员的身份（密码为021）登录102账套，登录日期为"2017-08-31"，引入"强化训练素材\第8章"文件夹下的报表文件X8_02。

2. 录入关键字，生成报表

（1）录入关键字，"年"为2017，"月"为8。
（2）生成报表。

3. 保存报表

将最终的报表文件X8_01保存到"强化训练\第8章\X8_01"文件夹中。

实训2

在"强化训练\第8章"文件夹下新建一个文件夹，命名为X8_02。

以系统管理员身份登录系统管理，引入"强化训练素材\第8章"文件夹下的账套文件Y8_02。

1. 打开报表文件

以1031操作员的身份（密码为031）登录103账套，登录日期为"2017-01-31"，引入"强化训练素材\第8章"文件夹下的报表文件X8_02。

2. 录入关键字，生成报表

（1）录入关键字，"年"为2017，"月"为1。
（2）生成报表。

3. 保存报表

将最终的报表文件X8_02保存到"强化训练\第8章\X8_02"文件夹中。

实训3

在"强化训练\第8章"文件夹下新建一个文件夹，命名为X8_03。

以系统管理员身份登录系统管理，引入"强化训练素材\第8章"文件夹下的账套文件Y8_03。

1. 打开报表文件

以1041操作员的身份（密码为041）登录104账套，登录日期为"2017-11-30"，打开强化训练文件夹下的报表文件X8_03。

2. 录入关键字，生成报表

（1）录入关键字，"年"为2017，"月"为11。
（2）生成报表。

3. 保存报表

将最终的报表文件X8_03保存到"强化训练\第8章\X8_03"文件夹中。

实训4

在"强化训练\第8章"文件夹下新建一个文件夹，命名为X8_04。

以系统管理员身份登录系统管理，引入"强化训练素材\第8章"文件夹下的账套文件Y8_04。

1.打开报表文件

以1051操作员的身份（密码为051）登录105账套，登录日期为"2017-05-31"，打开考生文件夹下的报表文件X8_04。

2.录入关键字，生成报表

（1）录入关键字，"年"为2017，"月"为5。

（2）生成报表。

3.保存报表

将最终的报表文件X8_04保存到"强化训练\第8章\X8_04"文件夹中。

实训5

在"强化训练\第8章"文件夹下新建一个文件夹，命名为X8_05。

以系统管理员身份登录系统管理，引入"强化训练素材\第8章"文件夹下的账套文件Y8_05。

1.打开报表文件

以1061操作员的身份（密码为061）登录106账套，登录日期为"2017-10-31"，打开考生文件夹下的报表文件X8_05。

2.录入关键字，生成报表

（1）录入关键字，"年"为2017，"月"为10。

（2）生成报表。

3.保存报表

将最终的报表文件X8_05保存到"强化训练\第8章\X8_05"文件夹中。

本 章 小 结

本章主要介绍了U8系统中的报表生成过程，包括录入关键字、输入基本数据、表页重算、舍位平衡处理等。同时，还详细讲解了如何利用UFO图表格式进行数据的直观显示，包括直方图、圆饼图、折线图、面积图等4大类共10种格式的图表。此外，本章还通过具体的案例详细演示了如何在U8系统中生成和保存报表，如打开报表、输入关键字值、生成报表、保存报表等。

课后习题

1. 判断题

（1）一旦录入关键字，系统就能从机内账簿中读取数据，生成报表。（　）

（2）"表页重算"命令只有在录入了关键字和其他基本数据后才可以执行。（　）

（3）报表的输出包括报表的查询显示和打印输出，输出时可以针对报表格式输出，但不能针对某一特定表页输出。（　）

2．简答题

（1）简述如何执行"舍位平衡"功能。

（2）简述输入关键字的步骤。

第 9 章
应收款管理

本章导读

应收账款是指企业在正常的经营过程中因销售商品、产品，提供劳务等业务，向购买单位应收取的款项。企业通常借助赊销来促进销售，增加销售收入，增强企业竞争力，同时又要规避由于应收账款的存在而给企业带来的资金周转困难、坏账损失等弊端。因此应收账款管理是关系到企业能否持续经营发展的关键。

学习目标

- 理解应收款管理系统的功能
- 应收款管理初始设置
- 期初数据录入
- 收款单据处理
- 核销处理
- 转账处理

数字资源

【本章案例素材】："案例素材\第9章"目录下
【本章强化训练素材】："强化训练素材\第9章"目录下

素质要求

> **《企业会计准则——基本准则》（节选）**
>
> 第三十条 收入是指企业在日常活动中形成的、会导致所有者权益增加的、与所有者投入资本无关的经济利益的总流入。
>
> 第三十一条 收入只有在经济利益很可能流入从而导致企业资产增加或者负债减少、且经济利益的流入额能够可靠计量时才能予以确认。
>
> 第三十二条 符合收入定义和收入确认条件的项目，应当列入利润表。

9.1 基本认知

9.1.1 应收款管理系统基本功能

应收款管理系统主要实现企业与客户之间业务往来账款的核算与管理。应收款管理系统以销售发票、费用单、其他应收单等原始单据为依据，记录销售业务及其他业务所形成的往来款项，处理应收款项的收回、坏账及转账等情况，提供票据处理的功能，实现对应收款的管理。

1. 初始化设置

系统初始化包括系统参数设置、基础信息设置和期初数据录入。

2. 日常处理

日常处理是指对应收款项业务的处理工作，主要包括应收单据处理、收款单处理、票据管理、转账处理和坏账处理等内容。

（1）应收单据处理：应收单据包括销售发票和其他应收单，是确认应收账款的主要依据。应收单据处理主要包括应收单据录入和应收单据审核。

（2）收款单据处理：收款单据主要指收款单。收款单据处理包括收款单据录入、收款单据审核。

（3）核销处理。单据核销的主要目的是处理客户还款，并对其就已收款进行核销，建立收款与应收款的核销记录，监督应收款及时核销，加强往来款项的管理。

（4）票据管理：主要是对银行承兑汇票和商业承兑汇票进行管理。票据管理可以提供票据登记簿，记录票据的利息、贴现、背书、结算和转出等信息。

（5）转账处理：是指日常业务处理中经常发生的应收冲应付、应收冲应收、预收冲应收以及红票对冲的业务处理。

（6）坏账处理：是指计提应收坏账准备的处理、坏账发生后的处理、坏账收回后的处理等。其主要作用是自动计提应收款的坏账准备，当坏账发生时即可进行坏账核销，当被核销坏账又收回时，又可进行相应处理。

3. 信息查询

信息查询是指用户查询各种单据和凭证等操作，包括单据查询、凭证查询以及账款查询等。在查询结果的基础上进行的各项分析称为统计分析，包括欠款分析、账龄分析、综合分析以及收款预测分析等，便于用户及时发现问题，加强对往来款项的动态监督和管理。

4. 期末处理

期末处理是指用户在月末结算汇兑损益以及月末结账工作。如果企业有外币往来，在月末需要计算外币单据的汇兑损益并对其进行相应的处理。如果当月业务已全部处理完毕，则要执行月末结账处理，只有月末结账后，才可以开始下月工作。月末处理主要包括汇兑损益结算和月末结账。

9.1.2 应收款管理系统的应用流程

应收款管理系统的业务处理流程如图9-1所示。

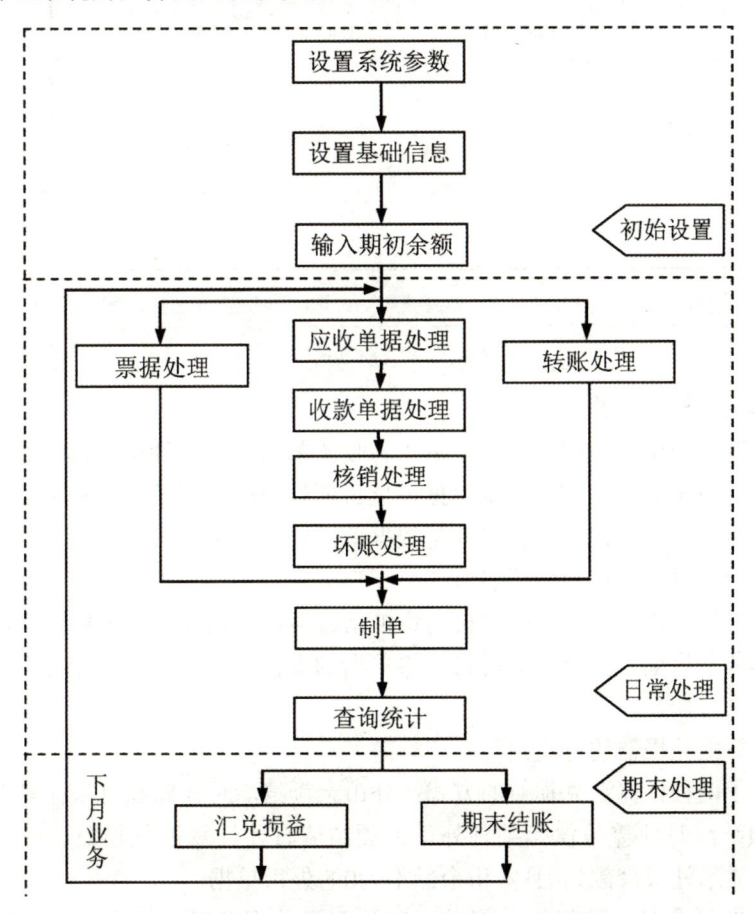

图9-1 应收款管理系统的业务处理流程

9.1.3 应收款管理系统初始化

应收款管理系统初始化的主要内容包括选项设置、基础信息设置和期初数据录入。

1. 选项设置

通过对应收款管理系统进行设置，来满足企业自身的核算和管控要求。需要企业做出选择的选项主要包括四类：常规、凭证、权限与预警、核销设置。下面介绍一些常用选项。

（1）"常规"选项卡，如图9-2所示。

图9-2 "常规"选项卡

①选择单据审核日期的依据。

应收款管理系统中的单据包括应收单据和收款单据，这两种单据都需要经过审核才能生成业务凭证。系统提供了两种确认单据审核日期的依据，即单据日期和业务日期。因为单据审核后记账，所以单据的审核日期是依据单据日期还是业务日期，将决定业务总账、业务明细账、余额表等的查询期间取值。

如果选择单据日期，审核单据时自动将单据日期记为该单据的审核日期。

如果选择业务日期，审核单据时自动将单据的审核日期记为当前业务日期（业务日期一般为系统登录日期）。

②选择计算汇兑损益的方式。

系统提供了两种计算汇兑损益的方式：外币余额结清时计算和月末计算。

外币余额结清时计算是仅当某种外币余额结清时才计算汇兑损益，在计算汇兑损益时，界面中仅显示外币余额为0且本币余额不为0的外币单据。

月末计算即每个月末计算汇兑损益。在计算汇兑损益时，界面中显示所有外币余额不为0或者本币余额不为0 的外币单据。

③选择坏账处理方式。

系统提供两种坏账处理的方式：备抵法和直接转销法。

备抵法又分为应收账款余额百分比法、销售收入百分比法和账龄分析法三种。选择了备抵法，还需要在初始设置中录入坏账准备期初和计提比例。

如果选择了直接转销法，当坏账发生时，直接在坏账发生处将应收账款转为费用即可。

④选择核算代垫费用的单据类型。

如果企业同时启用了销售管理系统，则从销售管理系统传递过来的代垫费用单在应收系统中体现为其他应收单。用户也可以在单据类型设置中自行定义单据类型，然后在此选择用何种单据类型接收代垫费用单。

⑤选择是否自动计算现金折扣。

企业为了鼓励客户在信用期间内提前付款，通常采用现金折扣政策。选择自动计算现金折扣，需要在发票或应收单中输入付款条件，在进行核销处理时系统根据付款条件自动计算该发票或应收单可享受折扣，原币余额=原币金额-本次结算金额-本次折扣。

（2）"凭证"选项卡，如图9-3所示。

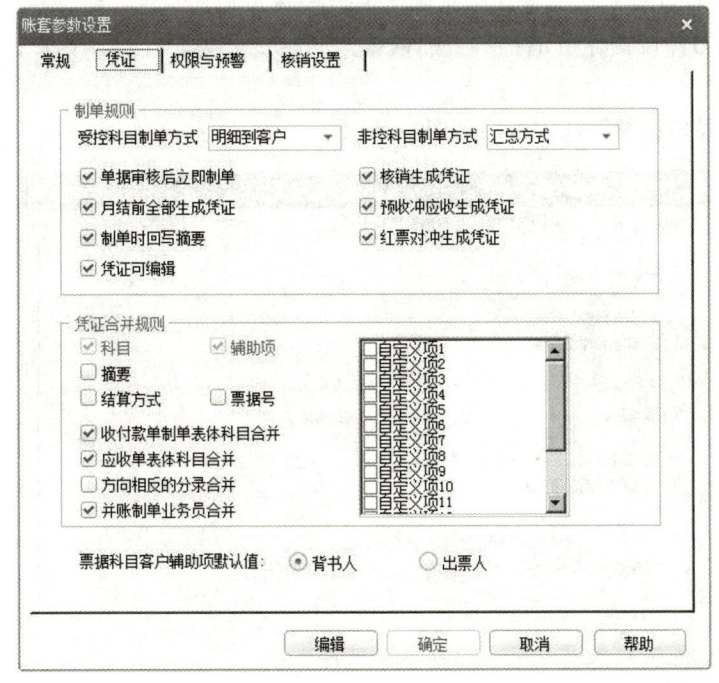

图9-3 "凭证"选项卡

①选择受控科目的制单方式。

在设置会计科目时，如果指定了"应收账款""预收账款"和"应收票据"为"客户往来"辅助核算，那么系统自动将这些科目设置为应收受控科目。这些科目即为应收款系统的受控科目，只能在应收款系统中使用。

受控科目制单方式有两种选择：明细到客户或明细到单据。

- 明细到客户：如果同一客户多笔业务的控制科目相同，系统自动将其合并成一条分录。这样能在总账中按照客户来查询其详细信息。
- 明细到单据：将一个客户的多笔业务合并生成一张凭证时，系统会将每一笔业务形成一条分录。这样能在总账系统中查看到每个客户的每笔业务的详细情况。

②选择非控科目的制单方式。

非控科目有3种制单方式：明细到客户、明细到单据和汇总方式。

明细到客户和明细到单据的意义同上所述。选择汇总方式，就是将多个客户的多笔业务合并生成一张凭证时，如果核算多笔业务的非控制科目相同、且其所带辅助核算项目也相同，则系统将自动将其合并成一条分录，这种方式的目的是精简总账中的数据，在总账系统中只能查看到该科目的总发生额。

③选择控制科目依据。

设置控制科目依据是指根据什么来确定应收账款和预收账款入账时的明细科目。

系统提供了6种设置控制科目的依据，即客户分类、客户、地区、销售类型、存货分类和存货。

④选择销售科目依据。

设置销售科目依据是指根据什么来确定销售收入入账时的明细科目。

系统提供了5种设置存货销售科目的依据，即存货分类、存货、客户、客户分类和销售类型。

（3）"权限与预警"选项卡，如图9-4所示。

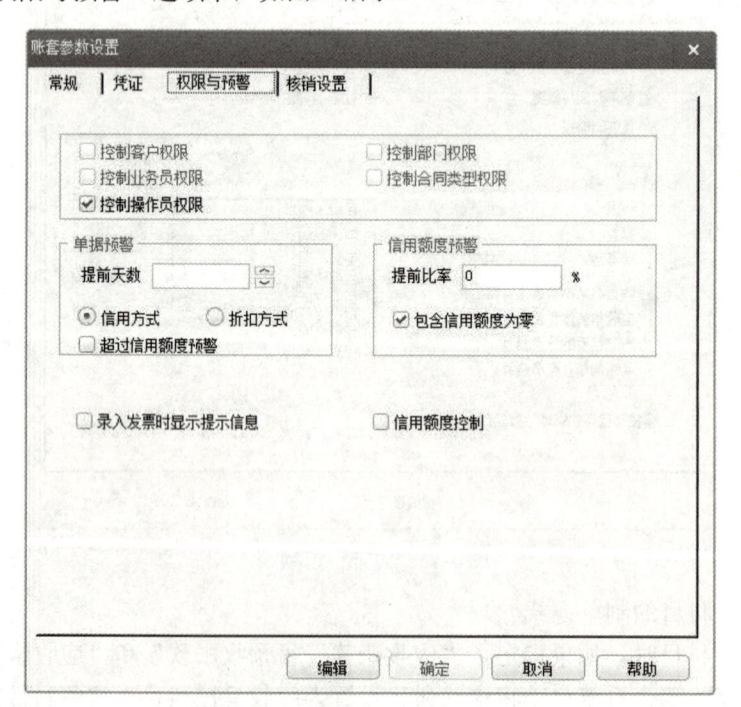

图9-4 "权限与预警"选项卡

①启用控制客户权限。

选择启用控制客户权限，则在所有的处理、查询中均需要根据登录用户的客户数据权限进行限制。

②选择录入发票时显示提示信息。

如果选择了显示提示信息，则在录入发票时，系统会显示该客户的信用额度余额，以及最后的交易情况。这样可能会降低录入的速度，为了不影响速度也可选择不提示任何信息。

③选择单据报警。

可以选择按信用方式报警还是按折扣方式报警。

选择按信用方式报警，还需要设置报警的提前天数。系统会将"单据到期日-提前天数≤当前登录日期"的已审核单据显示出来，以提醒应该回款的款项。

选择按折扣方式报警，也需要设置报警的提前天数。系统会将"单据最大折扣日期-提前天数≤当前登录日期"的已审核单据显示出来，以及时通知客户即将不能享受现金折扣待遇的未付款业务。

如果选择了超过信用额度报警，则满足上述设置的单据报警条件的同时，还需满足该客户已超过其设置的信用额度这个条件才可报警。

④选择信用额度控制。

选择信用额度控制，当"票面金额+应收借方余额-应收贷方余额>信用额度"时，系统会提示本张应收款管理系统中保存录入的发票和应收单不予保存处理。

（4）"核销设置"选项卡，如图9-5所示。

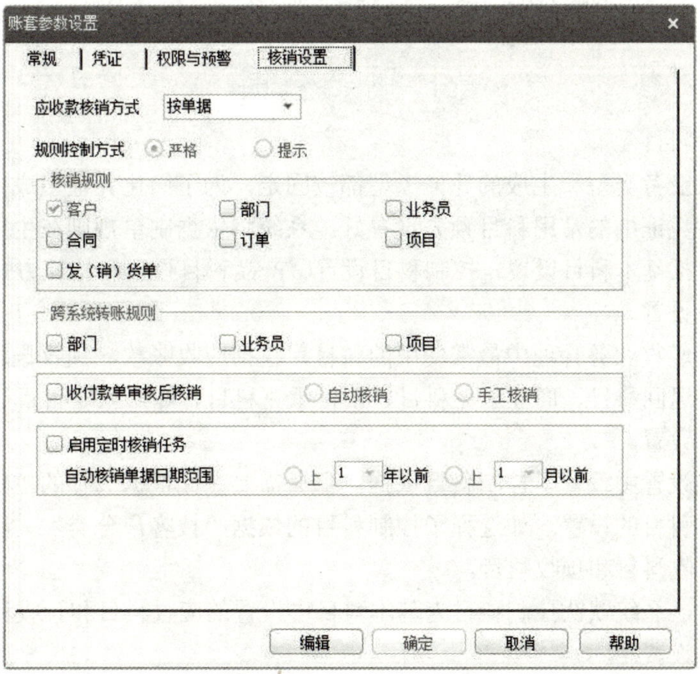

图9-5 "核销设置"选项卡

①选择应收款的核销方式。

收到客户货款后，可以选择与客户应收款进行核销。

系统提供了两种应收款的核销方式：按单据核销和按产品核销。

- 按单据核销：系统将满足条件的未结算单据全部列出，系统根据用户选择的单据进行核销。
- 按产品核销：系统将满足条件的未结算单据按存货列出，系统根据用户所选择的存货进行核销。

②收付款单审核后核销。

该选项默认为不选择，表示收付款单审核后不进行立即核销操作。选中该选项，系统默认收付款单审核后自动核销。

2. 基础信息设置

启用应收款管理系统后，增加了对业务环节的控制和管理，需要增补业务中需要的基础信息，如付款条件、本单位开户银行等。另外根据企业实际管理需要，还可以对业务单据的格式进行设计。

3. 初始设置

初始设置的作用是建立应收款管理的业务处理规则，如账期内账龄区间设置、逾期账龄区间设置、单据类型设置、中间币种设置等，如图9-6所示。

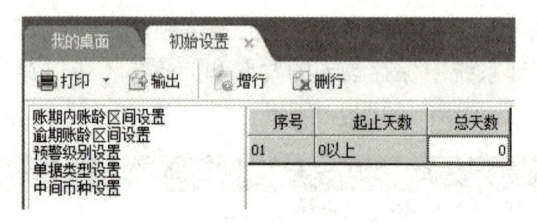

图9-6 "初始设置"界面

（1）设置科目。

若企业应收业务类型和生成的凭证类型都较固定，为了简化凭证生成操作，可以在此处将各业务类型凭证中的常用科目预先设置好。系统将依据制单规则在生成凭证时自动带入。设置科目包括基本科目设置、控制科目设置、产品科目设置和结算方式科目设置。

①基本科目设置。

基本科目是应收业务管理中最常使用的科目，包括应收账款、预收账款、销售收入、税金科目、销售退回科目、商业承兑科目、银行承兑科目、坏账入账科目等。

②控制科目设置。

如果在选项设置中设置了控制科目依据，那么需要在此根据选择的控制科目依据进行应收科目和预收科目的设置。如选择了控制科目的依据"按客户分类"，则需要按客户分类设置不同的应收科目和预收科目。

如果不设置，系统默认控制科目为基本科目中设置的应收科目和预收科目。

③产品科目设置。

如果在选项设置中设置了销售科目依据，那么需要在此根据选择的销售科目依据对销售收入科目、应交增值税科目、销售退回科目和税率进行设置。如选择了控制科目的依据"按客户分类"，则需要按客户分类设置不同的销售收入科目、应交增值税科目、销售退回科目。

如果不做设置，则系统默认产品科目即为基本科目中设置的销售收入科目、应交增值税科目和销售退回科目。

④结算方式科目设置。

可以为前期定义的每一种结算方式设置一个科目，以便在进行收款结算时，通过收款单据上选择的结算方式生成对应的入账科目。

(2) 坏账准备设置。

企业应于期末针对不包含应收票据的应收款项计提坏账准备，其基本方法是销售收入百分比法、应收账款余额百分比法、账龄分析法等。可以在此设置计提坏账准备的方法和计提的有关参数。

坏账准备设置是指设置坏账准备提取比率、坏账准备期初余额、坏账准备科目以及对方科目。

(3) 账龄区间设置。

为了对应收账款进行账龄分析，评估客户信誉，并按一定的比例估计坏账损失，应首先在此设置账龄区间。

U8应收款账龄设置分为两部分：账期内账龄区间设置、逾期账龄区间设置。

(4) 报警级别设置。

通过对报警级别的设置，将客户按照客户欠款余额与其授信额度的比例分为不同的类型，以便掌握每个客户的信用情况。

(5) 单据类型设置。

单据类型设置是将企业的往来业务与单据类型建立对应关系，达到快速处理业务以及进行分类汇总、查询、分析的效果。

系统提供了发票和应收单两大类型的单据。

如果同时使用销售管理系统，则发票的类型包括增值税专用发票、普通发票、销售调拨单和销售日报。如果单独使用应收款管理系统，则发票的类型不包括后两种。发票的类型不能修改和删除。

应收单记录销售业务之外的应收款情况。在本功能中，只能增加应收单，应收单可划分为不同的类型，以区分应收货款之外的其他应收款。例如，应收代垫费用款、应收利息款、应收罚款、其他应收款等。应收单的对应科目由用户自己定义。

4.期初数据录入

初次使用应收款管理系统时，需要将未处理完的单据录入系统，以保证数据的连续性和完整性。需要输入的期初数据包括未结算完的发票和应收单、预收款单据、未结算完的应收票据以及未结算完的合同金额。

9.1.4 应收款管理系统日常业务处理

初始化工作虽然工作量比较大，但属于一次性任务，而日常业务处理是每个月需要重复使用的功能。

1.应收单据处理

应收单据处理是应收款管理系统处理的起点，在应收单据处理中可以输入销售业务中的各类发票以及销售业务之外的应收单据。应收单据处理的基本操作流程是：单据输入→单据审核→单据制单。

（1）单据输入。

单据输入是指对未收款项的单据进行输入，输入时先用代码输入客户名称，与客户相关的内容将由系统自动显示，然后进行货物名称、数量和金额等内容的输入。

在进行单据输入之前，应先确定单据名称、单据类型以及方向，然后根据业务内容输入有关信息。

（2）单据审核。

单据审核是指在单据保存后对单据正确性进一步审核确认。单据输入后必须经过审核才能参与结算。审核人和制单人不能为同一个人。单据被审核后，在单据处理功能中将不再显示，但可以通过单据查询功能查看此单据的详细资料。

（3）单据制单。

单据制单可在单据审核后由系统自动编制凭证，也可以集中处理。在应收款管理系统中生成的凭证将由系统自动传送到总账系统中，并由有关人员进行审核和记账等账务处理工作。

2. 收款单据处理

收款单据处理是指对已收到款项的单据进行输入，并进一步核销。在单据结算功能中，输入收款单、付款单，并对发票及应收单进行核销，形成预收款并核销预收款，处理代付款。

应收款管理系统的收款单用来记录企业所收到的客户款项，款项性质包括应收款、预收款、其他费用等。其中应收款、预收款性质的收款单将与发票、应收单、付款单进行核销处理。

应收款管理系统的付款单用来记录发生销售退货时，企业开具的退付给客户的款项。该付款单可与应收、预收性质的收款单、红字应收单、红字发票进行核销处理。

（1）输入结算单据。

输入结算单据是指对已交来应收款项的单据进行输入，由系统自动进行结算。根据已收到应收款项的单据进行输入时，必须先输入客户的名称，这样在进行相应操作时，系统会自动显示相关客户的信息；然后必须输入结算科目、金额和相关部门、业务员名称等内容。

单据输入完毕后，由系统自动生成相关内容。如果输入的是新结算方式，则应先在"结算方式"中增加新的结算方式。如果要输入另一客户的收款单，则需重新选择客户的名称。

（2）单据核销。

单据核销是指对往来已达账做删除处理，表示本笔业务已经结清，即确定收款单与原始发票之间的对应关系后，进行机内自动冲销。单据核销的作用是收回客商款项并核销该客商应收款，建立收款与应收款的核销记录，监督应收款及时销账，加强往来款项的管理。明确核销关系后，可以进行精确的账龄分析，更好地管理应收账款。

如果结算金额与上期余额相等，则销账后余额为零；如果结算金额比上期余额小，则其余额为销账后的余额。单据核销可以由应收款管理系统自动进行核销，也可以由手工进行核销。

由于应收款管理系统采用建立往来辅助账进行往来业务的管理,为了避免辅助账过于庞大而影响计算机运行速度,可对已核销的业务进行删除。删除工作通常在年底结账时进行。

当会计人员准备核销往来账时,应在确认往来账已达账后,才能进行核销处理,删除已达账。为了防止操作不当误删记录,会计信息系统软件一般都会设计放弃核销或核销前做两清标记的功能。如有的财务软件中设置有往来账两清功能,即在已达账项上打上已结清标记,待核实后才执行核销功能,经删除后的数据不能恢复;有的财务软件则设置了放弃核销功能,一旦发现操作失误,可通过此功能把被删除掉的数据恢复。

3. 票据管理

可以在票据管理中对银行承兑汇票和商业承兑汇票进行管理,包括记录票据详细信息和记录票据处理情况。如果要进行票据登记簿管理,必须将应收票据科目设置成为带有客户往来辅助核算的科目。

当用户收到银行承兑汇票或商业承兑汇票时,应将该汇票在应收款管理系统的票据管理中录入。系统会自动根据票据生成一张收款单,用户可以对收款单进行查询,并可以与应收单据进行核销勾对,冲减客户应收账款。在票据管理中,用户还可以对该票据进行计息、贴现、转出、结算、背书等处理。

4. 转账处理

转账处理是日常业务处理中经常发生的业务,包括应收冲应付、应收冲应收、预收冲应收以及红票对冲。

(1)应收冲应付。

应收冲应付是指用某客户的应收账款冲抵某供应商的应付款项。系统通过应收冲应付功能将应收款业务在客户和供应商之间进行转账,实现应收业务的调整,解决应收债权与应付债务的冲抵。

(2)应收冲应收。

应收冲应收是指将一家客户的应收款转到另一家客户。通过应收冲应收功能可将应收款业务在客商之间进行转入、转出,实现应收业务的调整,解决应收款业务在不同客商之间入错户或合并户问题。

(3)预收冲应收。

预收冲应收是指处理客户的预收款和该客户应收欠款的转账核销业务,即某一个客户有预收款时,可用该客户的一笔预收款冲其一笔应收款。

(4)红票对冲。

红票对冲可实现某客户的红字应收单与其蓝字应收单、收款单与付款单中间进行冲抵。例如:当发生退票时,用红字发票对冲蓝字发票。红票对冲通常可以分为系统自动冲销和手工冲销两种处理方式。自动冲销可同时对多个客户依据红票对冲规则进行红票对冲,提高红票对冲的效率。对一个客户进行红票对冲时,可自行选择红票对冲的单据,提高红票对冲的灵活性。

5. 坏账处理

所谓"坏账"是指购货方因某种原因不能付款,造成货款不能收回的信用风险。坏账处理就是对"坏账"采取的措施，主要包括：计提坏账准备、坏账发生、坏账收回生成输出催款单等。

(1) 计提坏账准备。

计提坏账准备的方法主要有销售收入百分比法、应收账款余额百分比法和账龄分析法。

①销售收入百分比法。

由系统自动算出当年销售收入总额，并根据计提比率计算出本次计提金额。

初次计提时，如果没有预先的设置，则应先进行初始设置。设置的内容包括：提取比率、坏账准备期初余额。销售总额的默认值为本会计年度发票总额，企业可以根据实际情况进行修改，但计提比率不能在此修改，只能在初始设置中修改。

②应收账款余额百分比法。

由系统自动算出当年应收账款余额，并根据计提比率计算出本次计提金额。

初次计提时，如果没有预先的设置，应先进行初始设置。设置的内容包括：提取比率及坏账准备期初余额。应收账款的余额默认值为本会计年度最后一天的所有未结算完的发票和应收单据余额之和减去预收款数额的差值。有外币账户时，用其本位币余额。企业可以根据实际情况对默认值进行修改。计提比率在此不能修改，只能在初始设置中修改计提比率。

③账龄分析法。

账龄分析法是根据应收账款入账时间的长短来估计坏账损失的方法，它是企业加强应收账款回收与管理的重要方法之一。一般拖欠账款的时间越长，发生坏账的可能性就越大。

系统自动算出各区间应收账款余额，并根据计提比率计算出本次计提金额。

初次计提时，如果没有预先设置，应先进行初始设置。各区间余额由系统自动生成（由本会计年度最后一天的所有未结算完的发票和应收单据余额之和减去预收款数额的差值），企业也可以根据实际情况对其进行修改。但计提比率在此不能修改，只能在初始设置中修改计提比率。

(2) 坏账发生。

发生坏账损失业务时，一般需输入以下内容：客户名称、日期（指发生坏账日期，该日期应大于已经记账的日期，小于当前业务日期）、业务员（指业务员编号或业务员名称）以及部门（指部门编号或部门名称，如果不输入部门，表示选择所有的部门）等。

(3) 坏账收回。

处理坏账收回业务时，一般需输入以下内容：客户名称、收回坏账日期（如果不输入日期，系统默认为当前业务日期。输入的日期应大于已经记账日期，小于当前业务日期）、收回的金额、业务员编号或名称、部门编号或名称、选择所需要的币种、结算单号（系统将调出该客户所有未经过处理的并且金额等于收回金额的收款单，可选择该次收回业务所形成的收款单）。

(4) 生成输出催款单。

催款单是对客户或对本单位职工的欠款催还的管理方式。催款单用于设置有辅助核算的应收账款和其他应收款的科目。

不同的行业催款单预制的格式不同，其内容主要包括两个部分：系统预置的文字性的叙述和由系统自动取数生成的应收账款或其他应收款对账单。催款单的内容通常可以修改，退出时，系统会自动保存本月所做的最后一次修改。

催款单打印输出时，可以打印所有客户的应收账款或所有职员的其他应收款（备用金）情况，也可以有选择地打印某一个客户或某一位职员的催款单。催款单中还可以按条件列示所有的账款和未核销的账款金额。

6. 制单处理

使用制单功能进行批处理制单，可以快速、成批地生成凭证。制单类型包括应收单据制单、结算单制单、坏账制单、转账制单、汇兑损益制单等。企业可根据实际情况选取需要制单的类型。

7. 信息查询

应收款管理系统的一般查询主要包括：单据查询、凭证查询以及账款查询等。用户在进行各种查询结果的基础上可以进行各项统计分析。统计分析包括：欠款分析、账龄分析、综合分析以及收款预测分析等。通过统计分析，可以按用户定义的账龄区间进行一定期间内应收账款账龄分析、收款账龄分析、往来账龄分析，了解各个客户应收款的周转天数和周转率，了解各个账龄区间内应收款、收款及往来情况，及时发现问题，加强对往来款项的动态管理。

（1）单据查询。

单据的查询包括发票、应收单、结算单和凭证的查询。它可以查询已经审核的各类型应收单据的收款、结余情况，也可以查询结算单的使用情况，还可以查询本系统所生成的凭证，并且对其进行修改、删除、冲销等。

（2）业务账表查询。

业务账表查询可以进行业务总账、业务明细账、业务余额表和对账单的查询，还可以实现总账、明细账、单据之间的联查。

通过业务账表查询可以查看客户、客户分类、地区分类、部门、业务员、客户总公司、主管业务员、主管部门在一定期间所发生的应收、收款以及余额情况。

（3）业务账表分析。

业务账表分析是应收款管理的一项重要功能，对资金往来比较频繁、业务量大、金额也比较大的企业，业务账表分析功能更能满足企业的需要。业务账表分析功能主要包括应收账款的账龄分析、收款账龄分析、欠款分析、收款预测等。

8. 期末处理

企业在期末主要应完成计算汇兑损益和月末结账两项业务处理工作。

（1）汇兑损益。

如果客户往来有外币核算，且在应收款管理系统中核算客户往来款项，在月末则需要计算外币单据的汇兑损益并进行相应的处理。在计算汇兑损益之前，应首先在系统初始设置中选择汇兑损益的处理方法。通常系统会提供两种汇兑损益的处理方法，月末计算汇兑损益和单据结清时计算汇兑损益。

（2）月末结账。

如果确认本月的各项业务处理已经结束，可以选择执行月末结账功能。结账后本月不能再进行单据、票据、转账等任何业务的增加、删除、修改等操作。另外，如果上月没有结账，则本月不能结账，同时一次只能选择一个月进行结账。

如果某月的月末结账有错误，可以取消月末结账，但取消结账操作只有在该月账务系统未结账时才能进行。如果启用了销售系统，只有销售系统结账后，应收款管理系统才能结账。

结账时还应注意本月的单据（发票和应收单）在结账前应该全部审核；若本月的结算单还有未核销的，不能结账。如果结账期间是本年度最后一个期间，则本年度进行的所有核销、坏账、转账等处理必须制单，否则不能向下一个年度结转，而且对于本年度外币余额为零的单据必须将本币余额结转为零，即必须执行汇兑损益。

9.2 技能解析

9.2.1 设置基本科目

设置基本科目时，需要提供基础科目种类、科目及币种三项信息。
- 基础科目种类：从下拉列表中选择科目种类，下拉列表中提供了核算应收款项经常用到的科目。
- 科目：设置的科目必须是最明细科目。
- 币种：本位币为人民币。

9.2.2 结算方式科目设置

设置结算方式科目时，需要提供结算方式、币种、本单位账号及科目信息。
- 结算方式：可以输入结算方式编号，也可以输入结算方式名称，还可以通过参照输入。
- 币种：可以输入币种名称，也可以通过下拉框选择输入。
- 本单位账号：可以输入本单位账号，也可以通过参照输入。
- 科目：可以输入科目编号，也可以输入科目名称，还可以通过参照输入。

9.2.3 录入应收期初余额

在应收款管理系统中，期初余额按单据形式录入。应收货款通过发票录入，预收账款通过收款单录入，其他应收通过其他应收单录入，以便在日常业务中对这些单据进行后续的核销、转账处理。

9.2.4 与总账对账

期初余额录入后,可以与总账中客户往来账进行核对,检查明细与科目账是否相等。对账时,根据受控科目进行一一对账。

9.2.5 收款单据录入、审核制单

1. 录入收款单据

收款单据录入是将已收到的客户款项(包括客户支付的销售定金)或退回客户的款项录入到应收款管理系统。录入包括收款单与付款单(即红字收款单)的录入。

应收系统的收款单用来记录企业收到的款项,当收到一笔款项时,应当明确该款项是客户结算的货款、支付的销售定金、提前支付的货款、支付其他费用,还是手续费、利息。系统用款项类型来区别不同的用途,在录入收款单时,需要指定其款项用途。同一张收款单如果包含不同用途的款项,应该在表体记录中分行显示。

在一张收款单中,款项类型分为应收款、预收款、其他费用、手续费、利息、现款结算、销售定金等。若选择表体记录的款项类型为应收款,则该款项性质为冲销应收款;若选择表体记录的款项类型为预收款,则该款项用途为形成预收款;若选择表体记录的款项类型为其他费用,则该款项用途为其他费用;若选择表体记录的款项类型为手续费、利息,则该款项用途为手续费、利息;若选择表体记录的款项类型为现款结算,则该款项用途为现款结算的收款;若选择表体记录的款项类型为销售定金,则该款项用途为收取客户的销售定金。

2. 审核制单

选择了"业务发生后立即制单"选项,审核收款单据时,系统会提示是否立即制单,如果选择"是",系统将自动生成一张收款凭证。借记银行存款等相关科目,按照收款单表体中的款项类型贷记应收账款、预收账款等相关科目。有时,可能收到一个单位的一笔款项,但该款项包括另外一个单位付的款。这时有两种处理方式:

- 将付款单位直接记录为另外一个单位。金额为代付金额,即正常的收款单。
- 将付款单位仍然记录为该单位,通过在表体输入代付客户的功能处理代付款业务。这种方式的好处是既可以保留该笔付款业务的原始信息,又可以同时处理代多个单位付款的情况。具体的操作步骤如下。

①首先进入收款单据录入界面,输入此张收款单,表头客户输入付款单位信息,表头金额为总金额。

②在表体中,输入此张收款单中代付客户的名称及代付金额。

③单击"核销"按钮,输入过滤条件,即可对付款单位进行核销,也可过滤代付单位,进行核销。

9.2.6 核销处理

对于不同用途的款项,系统提供的后续业务处理不同。对于冲销应收账款,以及形成预收款的款项,需要进行核销,即将收款单与其对应的销售发票或应收单进行核销勾对,

进行冲销客户债务的处理。及时核销有助于精确管理应收账龄，进行账龄分析。

核销时，存在3种情况：

- 收款单的数额等于应收单据的核销数额，收款单与应收单据完全核销。
- 收款单的数额大于应收单据的数额，全部核销完应收单据后，余额部分可再次核销。
- 收款单的数额小于应收单据的数额，应收单据仅得到部分核销。

9.2.7 转账处理并生成凭证

转账处理包括应收冲应付、应收冲应收、预收冲应收以及红票对冲四种类型。

转账处理时注意正确输入转出方和转入方及转账金额。

9.3 案例解析

案例素材

以系统管理员身份登录系统管理，引入"案例素材\第9章"文件夹下的账套文件Y9_01。

以1011账套主管的身份（密码为011）登录102账套，登录日期为"2022-02-01"。

1．设置基本科目

应收科目（本币）：1122应收账款。

预收科目（本币）：2203预收账款。

销售收入科目：6001主营业务收入。

税金科目：22210105 销项税额。

2．结算方式科目设置

结算方式：转账支票；币种：人民币；科目：10020101。

3．录入应收期初余额

应收期初余额如表9-1所示。

表9-1 应收期初余额

单据名称	方向	开票日期	客户名称	销售部门	科目编码	货物名称	数量	无税单价（元）	价税合计（元）
其他应收单	正	2021.12.20	新淮	销售部	1122				55 820
销售专用发票	正	2021.12.23	江城	销售部	1122	数字电桥	30	1 863.72	63 180

4．与总账对账

应收款期初余额与总账应收款科目余额对账。

5．收款单据录入、审核制单

收到苏华转账支票一张，金额80 000元，用于支付前欠货款63 180元，余款作为预收款。

（1）录入收款单据。

（2）审核收款单并生成凭证。

6. 核销处理

将客户江城收款与期初应收进行核销。

7. 转账处理并生成凭证

经三方协商，将新淮应收款20 000元转给江城。

（1）应收冲应收。

（2）生成凭证。

8. 输出账套

将操作结果输出至"案例分析\X9_01"文件夹中。

操作步骤

以系统管理员身份登录系统管理，引入"案例素材\第9章"文件夹下的账套文件Y9_01。

1. 设置基本科目

（1）单击"业务工作"按钮，执行"财务会计"→"应收款管理"→"设置"→"科目设置"→"基本科目"命令，弹出"应收基本科目"窗口。

（2）单击"增行"按钮，在"基本科目种类"栏双击表格，出现下拉列表，选择"应收科目"，在"科目"栏中输入"1122"。按案例要求设置其他基本科目，如图9-7所示。

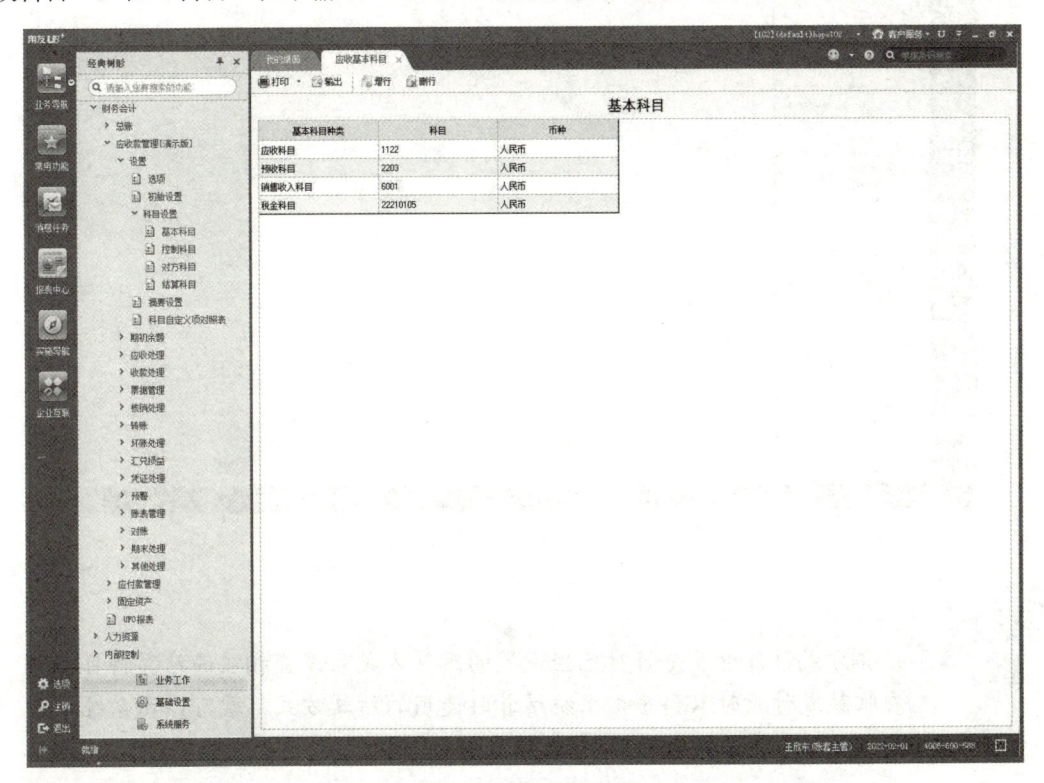

图9-7 基本科目设置

> **提示**
> - 在基本科目设置中设置的应收科目"1122应收账款"、预收科目"2203预收账款"应在总账系统中设置其辅助核算内容为"客户往来",并且其受控系统为"应收系统",否则在此不能被选中。
> - 只有在此设置了基本科目,在生成凭证时才能直接生成凭证中的会计科目,否则凭证中将没有会计科目,相应的会计科目只能手工再录入。
> - 如果应收科目、预收科目按不同的客户或客户分类分别进行设置,则可在"控制科目设置"中进行设置,在此可以不设置。
> - 如果针对不同的存货分别设置销售收入核算科目,则在此不用设置,可以在"产品科目设置"中进行设置。

2.结算方式科目设置

执行"财务会计"→"应收款管理"→"设置"→"科目设置"→"结算科目"命令,在右边的界面中"结算方式"选择"202转账支票"、"币种"选择"人民币"、"科目"选择"10020101",如图9-8所示。

图9-8 结算方式科目设置

> **提示**
> - 结算方式科目设置是针对已经设置的结算方式来设置相应的结算科目,即在收款或付款时只要告知系统结算时使用的结算方式,就可以由系统自动生成该种结算方式所使用的会计科目。

3.录入应收期初余额

（1）录入其他应收单。

①在应收款管理系统中，执行"应收款管理"→"期初余额"→"期初余额"命令，弹出"期初余额--查询"对话框，如图9-9所示。单击"确定"按钮，进入"期初余额"界面，如图9-10所示。

图9-9 "期初余额--查询"对话框

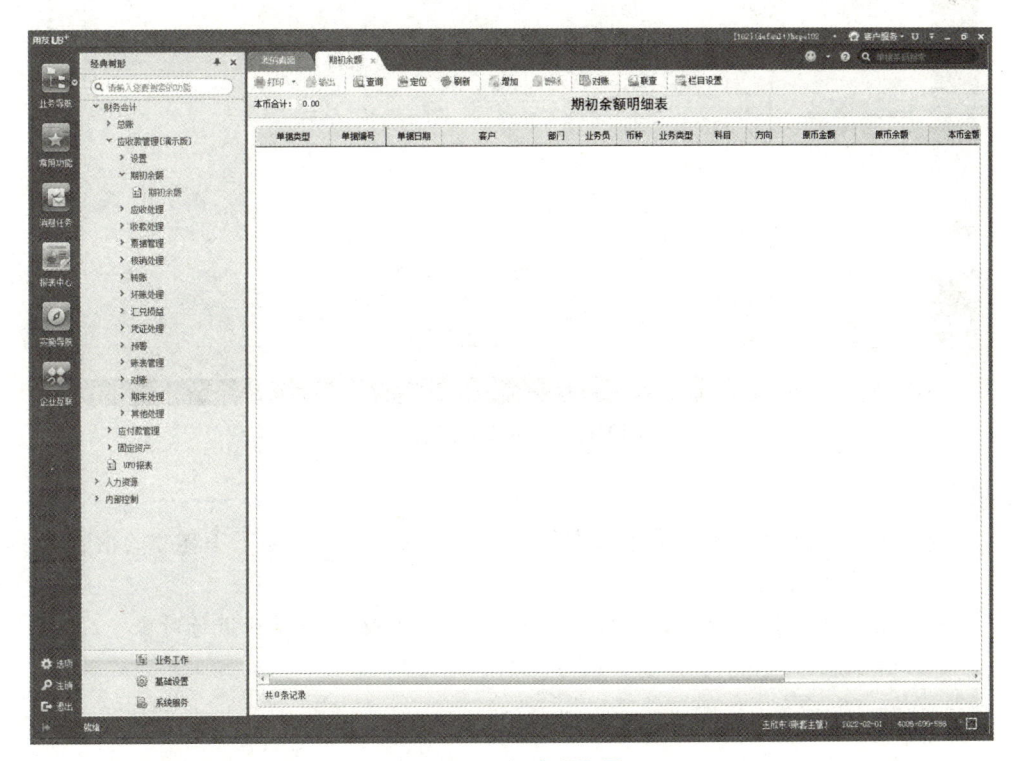

图9-10 "期初余额"界面

②单击"增加"按钮，打开"单据类别"对话框，如图9-11所示。"单据名称"选择"应收单"，"单据类型"选择"其他应收单"，单击"确定"按钮，进入"应收单"界面。

③单击"增加"按钮，输入其他应收单信息。

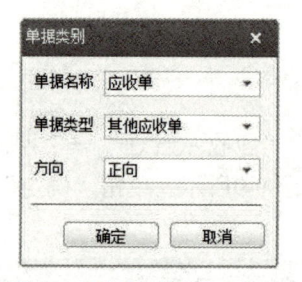

图9-11 "单据类别"对话框

④单击"保存"按钮，如图9-12所示。
⑤关闭"应收单"界面。

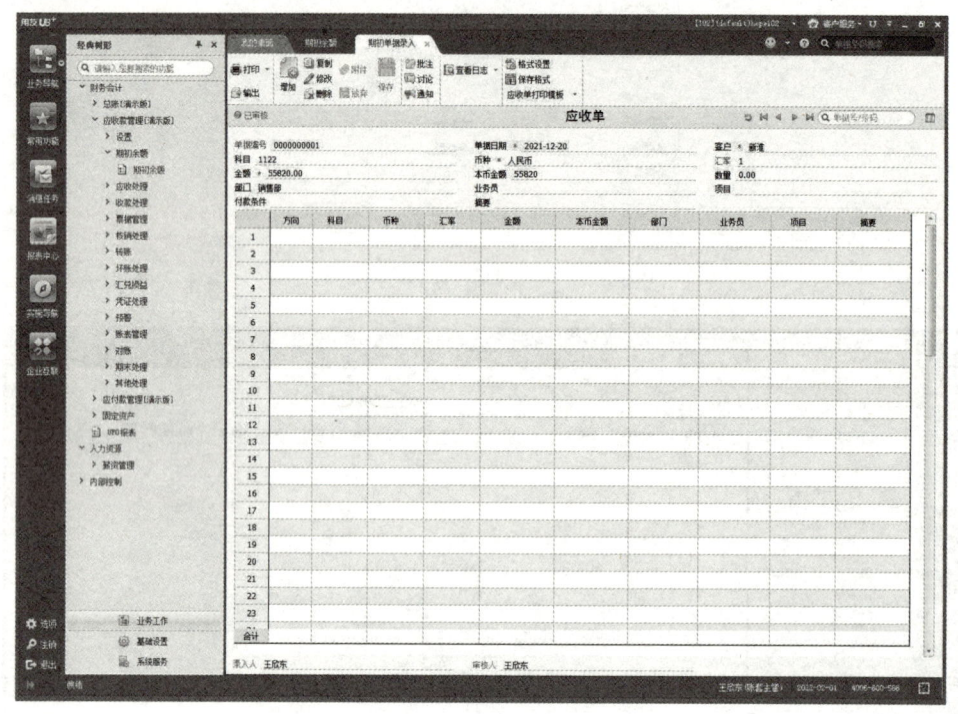

图9-12 录入期初应收单

> **提示**
> - 在录入应收单时只需录入表格上半部分的内容，表格下半部分的内容由系统自动生成。
> - 应收单中的会计科目必须录入正确，否则将无法与总账进行对账。

（2）输入销售专用发票。
①在"期初余额"界面中，单击"增加"按钮，打开"单据类别"对话框。
②"单据名称"选择"销售发票"、"单据类型"选择"销售专用发票"。单击"确定"按钮，进入"销售专用发票"界面。
③单击"增加"按钮，输入"开票日期"为"2021-12-23"、"客户名称"为"江城"，其他信息自动带出。

④选择货物名称"数字电桥",输入数量"30"、无税单价"1 800",金额自动算出,单击"保存"按钮,如图9-13所示。

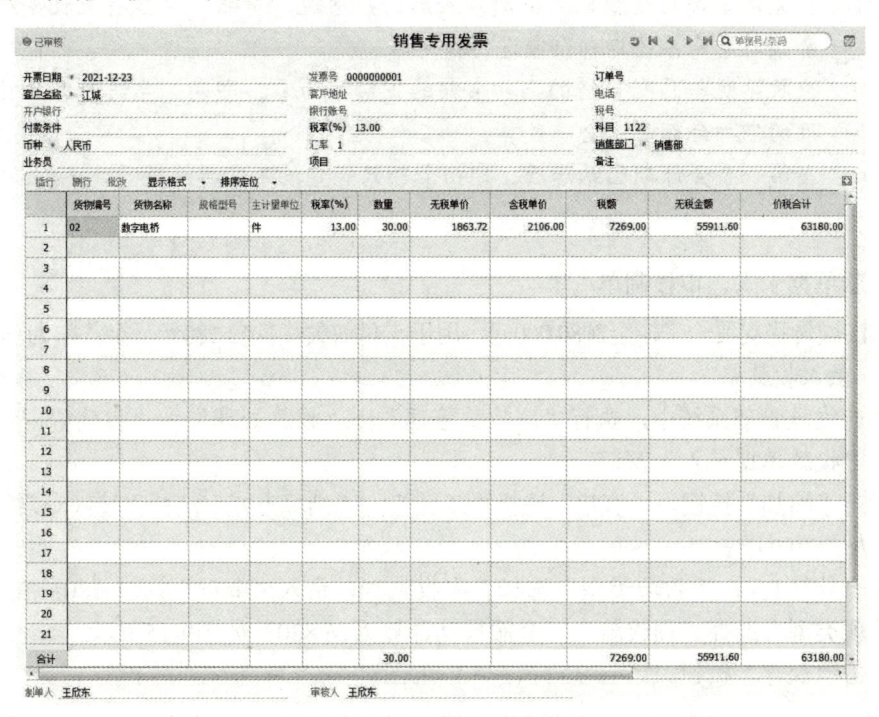

图9-13　录入期初销售发票

> **提示**
> - 在初次使用应收款系统时,应将启用应收款系统时未处理完的所有客户的应收账款、预收账款、应收票据等数据录入到本系统。当进入第二年度时,系统自动将上年度未处理完的单据转为下一年度的期初余额。在下一年度的第一会计期间里,可以进行期初余额的调整。
> - 如果退出了录入期初余额的单据,但在"期初余额"界面中又没有看到新录入的期初余额,可单击"刷新"按钮,则会列示出所有期初余额的内容。

4. 与总账对账

(1) 在"期初余额"界面中,单击"对账"按钮,进入"期初对账"界面,如图9-14所示。

(2) 查看应收系统与总账系统的期初余额是否平衡。

图9-14　期初对账

> **提示**
> - 当完成全部应收款期初余额录入后，应通过"对账"功能将应收系统期初余额与总账系统期初余额进行核对。
> - 应收系统与总账系统的期初余额的差额应为零，即两个系统的客户往来科目的期初余额应完全一致。
> - 当第一个会计期已结账后，期初余额只能查询不能再修改。

5. 收款单据录入、审核制单

收到江城转账支票一张，金额80 000元，用于支付前欠货款63 180元，余款作为预收款。

（1）录入收款单。

①在应收款管理系统中，执行"应收款管理"→"收款处理"→"收款单据录入"命令，进入"收款单据录入"窗口。

②单击"增加"按钮，"客户"选择"江城"，"结算方式"选择"转账支票"、录入"金额"为"80 000"。

③在表体第1行，"款项类型"选择"应收款"，录入"金额"为63 180；在表体第2行，"款项类型"选择"预收款"，金额自动计算为16 820，如图9-15所示。

④单击"保存"按钮。

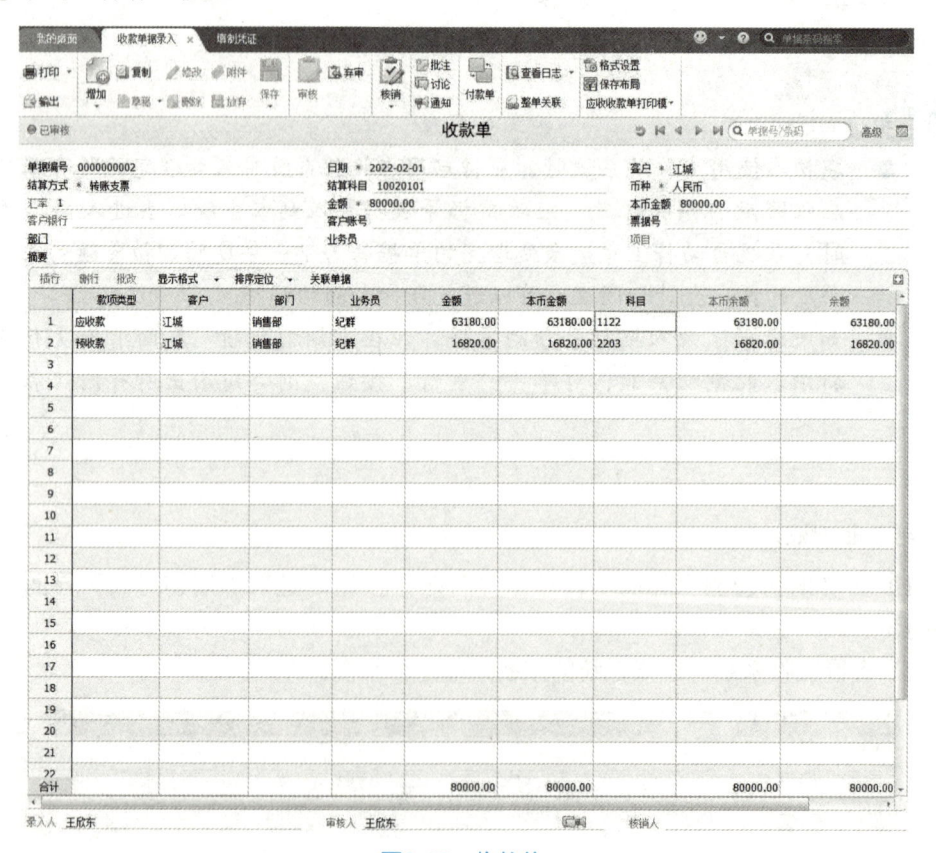

图9-15 收款单

（2）审核制单。

①在收款单界面，单击"审核"按钮，系统弹出"是否立即制单？"信息提示框，如图9-16所示。

②单击"是"按钮，进入"填制凭证"界面。选择相应的科目名称，然后单击"保存"按钮，如图9-17所示。

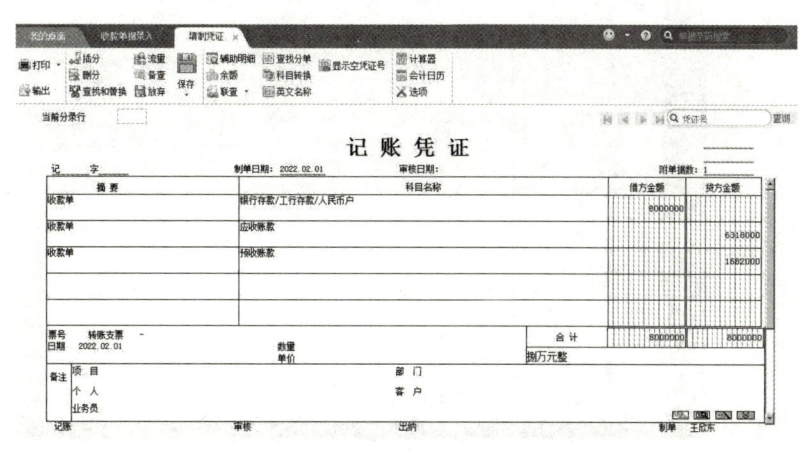

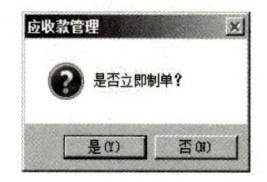

图9-16 信息提示框

图9-17 生成凭证

③关闭"填制凭证"界面。

6. 核销处理

将客户新淮收款与期初应收进行核销。

（1）在"收付款单录入"界面中，单击"核销"按钮，打开"核销条件"对话框，如图9-18所示。单击"确定"按钮，进入"单据核销"界面。

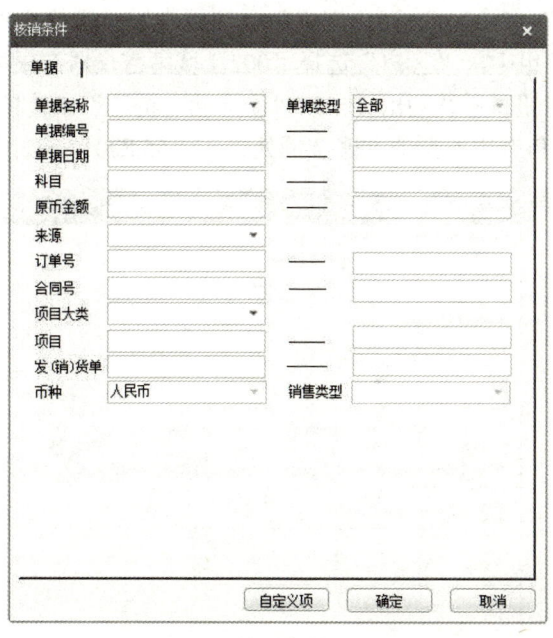

图9-18 "核销条件"对话框

（2）在界面下方记录的本次结算栏输入本次结算金额"63 180"，如图9-19所示。

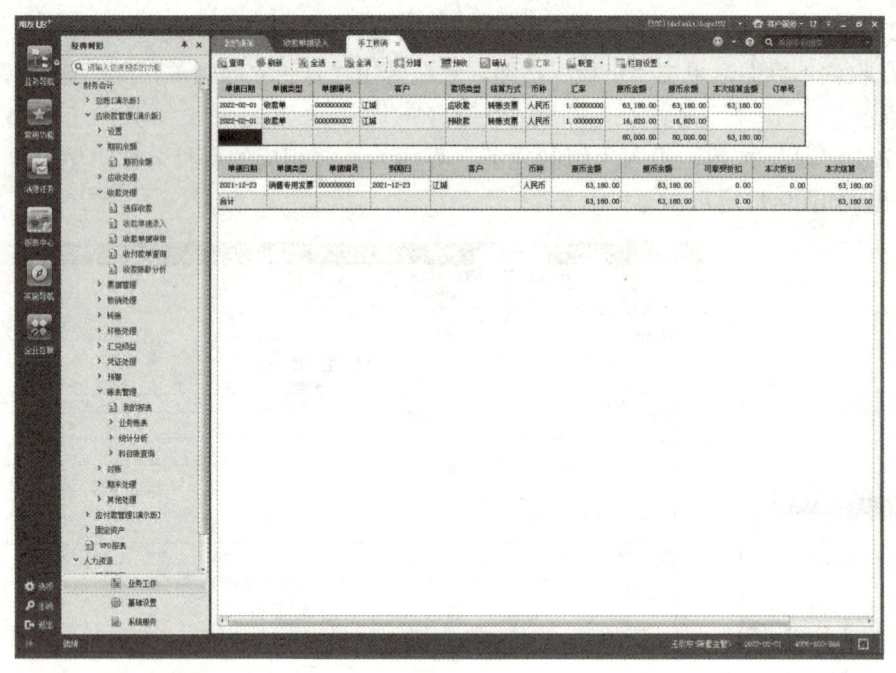

图9-19 核销

（3）单击"确认"按钮，核销完的记录不再显示。

7. 转账处理并生成凭证

经三方协商，将新淮应收款20 000元转给江城。

①在应收款管理系统中，执行"应收款管理"→"转账"→"应收冲应收"命令，进入"应收冲应收"界面。

②输入日期"2022-02-01"；在"转出"选项组中，"客户"选择"001新淮动力机厂"；在"转入"选项组中，"客户"选择"002江城精密仪器有限公司"。

③单击"查询"按钮。系统列出转出户"新淮动力机厂"未核销的应收款。

④在2021-12-12销售专用发票的并账金额处输入"55 820"，如图9-20所示。

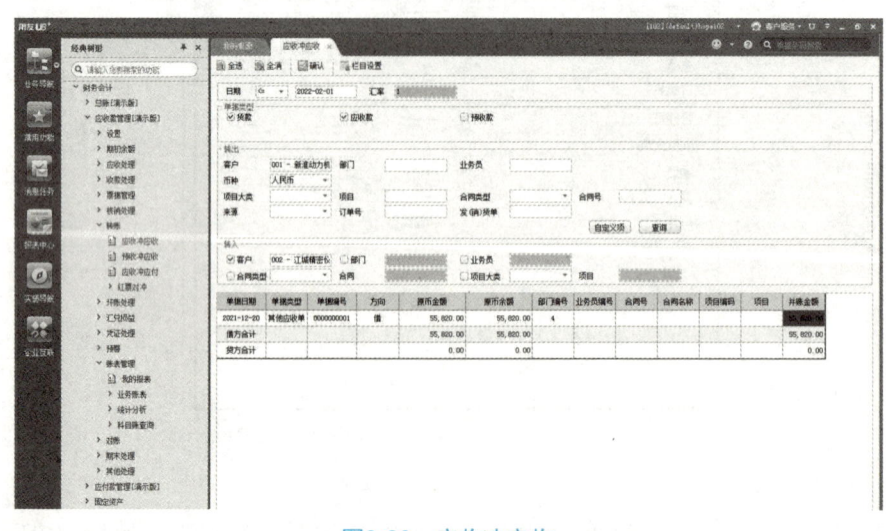

图9-20 应收冲应收

⑤单击"确认"按钮。系统弹出"是否立即制单？"信息提示框。

⑥单击"是"按钮，进入"填制凭证"窗口，默认"记账凭证"，单击"保存"按钮，凭证左上角显示"已生成"字样，如图9-21所示。

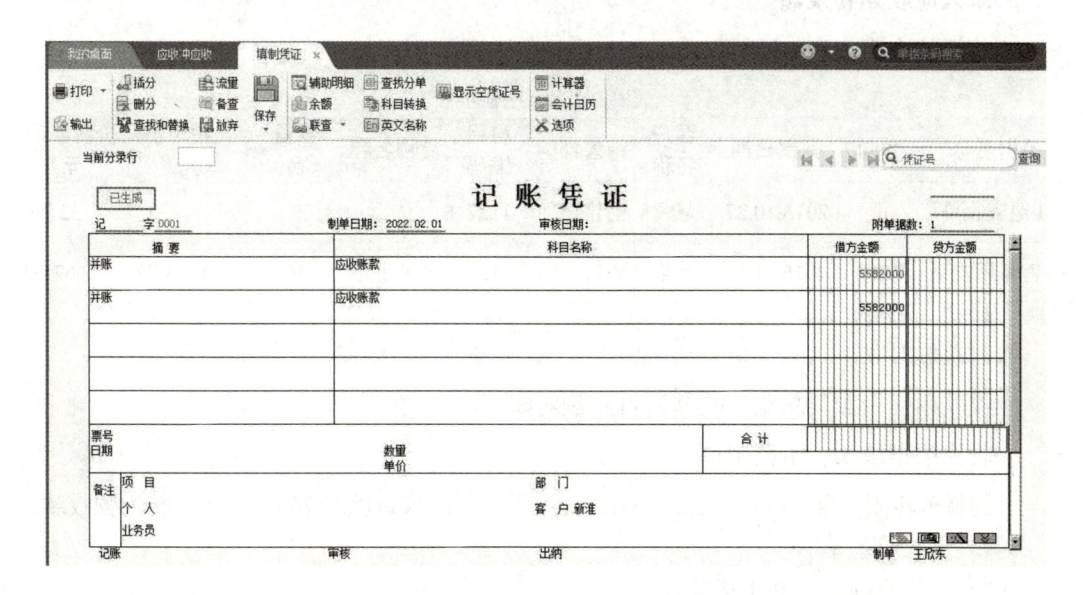

图9-21 应收冲应收生成凭证

8. 输出账套

在"案例解析\第9章"文件夹下新建一个文件夹，命名为X9_01，将操作结果输出至该文件夹中。

9.4 强化训练

实训1

在"强化训练\第9章"文件夹下新建一个文件夹，命名为X9_01。

以系统管理员admin的身份登录用友U8系统管理，引入"强化训练素材\第9章"文件夹下的账套文件Y9_01。

以2031账套主管的身份（密码为1）登录203账套，登录日期为"2017-01-01"。

1. 设置基本科目

应收科目（本币）：1122应收账款。

预收科目（本币）：2203预收账款。

销售收入科目：6001主营业务收入。

税金科目：22210105 销项税额。

2.结算方式科目设置

结算方式：转账支票；币种：人民币；科目：10020101。

3.录入应收期初余额

应收期初余额如表9-2所示。

表9-2 应收期初余额

单据名称	方向	开票日期	客户名称	销售部门	科目编码	货物名称	数量（台）	无税单价（元）	价税合计（元）
其他应收单	正	2016.10.27	慧童	销售一部	1122				32 760
销售专用发票	正	2016.11.11	苏华	销售二部	1122	云米手机	30	1863.72	63180

4.与总账对账

应收款期初余额与总账应收款科目余额对账。

5.收款单据录入、审核制单

收到慧童转账支票一张，金额50 000元，用于支付前欠货款32 760元，余款转为预收款。

（1）录入收款单。

（2）审核收款单，并生成凭证。

6.核销处理

将客户慧童收款32 760元与期初应收32 760元进行核销。

7.转账处理并生成凭证

经三方协商，将苏华电商应收款10 000元转给蓝享科技。

（1）应收冲应收。

（2）生成凭证。

8.输出账套

将操作结果输出至"强化训练\第9章\X9_01"文件夹中。

实训2

在"强化训练\第9章"文件夹下新建一个文件夹，命名为X9_02。

以系统管理员admin的身份登录用友U8系统管理，引入"强化训练素材\第9章"文件夹下的账套文件Y9_02。

以2061账套主管的身份（密码为空）登录206账套，登录日期为"2017-01-01"。

1.设置基本科目

应收科目（本币）：1122应收账款。

预收科目（本币）：2203预收账款。

销售收入科目：6001主营业务收入。

税金科目：22210102销项税额。

2.结算方式科目设置

结算方式:转账支票;币种:人民币;科目:100201。

3.录入应收期初余额

应收期初余额如表9-3所示。

表9-3 应收期初余额

单据名称	方向	开票日期	客户名称	销售部门	科目编码	货物名称	数量（台）	含税单价（元）	价税合计（元）
销售普通发票	正	2016.12.31	佳宁	销售部	1122	华美冰箱	6	6 000	36 000
销售普通发票	正	2016.12.31	国乐	销售部	1122	华乐彩电	7	8 000	56 000

4.与总账对账

应收款期初余额与总账应收款科目余额对账。

5.收款单据录入、审核制单

收到国乐公司转账支票一张,金额100 000元,用于支付货款56 000元,余款作为预收款。

（1）录入收款单,部分生成预收款。

（2）审核收款单,并生成凭证。

6.核销处理

将客户国乐公司本次收款与期初应收款56 000元进行核销。

7.转账处理并生成凭证

经三方协商,将佳宁公司期初应收款36 000元转给国乐公司。

（1）应收冲应收。

（2）生成凭证。

8.输出账套

将操作结果输出至"强化训练\第9章\X9_02"文件夹中。

实训3

在"强化训练\第9章"文件夹下新建一个文件夹,命名为X9_03。

以系统管理员admin的身份登录用友U8系统管理,引入"强化训练素材\第9章"文件夹下的账套文件Y9_03。

以2071账套主管的身份（密码为空）登录207账套,登录日期为"2017-01-01"。

1.设置基本科目

应收科目（本币）:1122应收账款。

预收科目（本币）:2203预收账款。

销售收入科目：6001主营业务收入。

税金科目：22210102销项税额。

2．结算方式科目设置

结算方式：转账支票；币种：人民币；科目：100201。

3．录入应收期初余额

应收期初余额如表9-4所示。

表9-4　应收期初余额

单据名称	方向	开票日期	客户名称	销售部门	科目编码	货物名称	数量（台）	含税单价（元）	价税合计（元）
销售普通发票	正	2016.12.20	佳宁	销售部	1122	华美冰箱	5	6 000	30 000
销售专用发票	正	2016.12.30	国乐	销售部	1122	华乐彩电	8	8 000	64 000

4．与总账对账

应收款期初余额与总账应收款科目余额对账。

5．收款单据录入、审核制单

收到国乐公司转账支票一张，金额80 000元，用于支付前欠货款64 000元，余款作为预收账款。

（1）录入收款单，部分生成预收款。

（2）审核收款单，并生成凭证。

6．核销处理

将客户国乐公司本次收款与期初应收款64 000元进行核销。

7．转账处理并生成凭证

经三方协商，将佳宁公司期初应收款30 000元中的10 000元转给国乐公司。

（1）应收冲应收。

（2）生成凭证。

8．输出账套

将操作结果输出至"强化训练\第9章\X9_03"文件夹中。

实训4

在"强化训练\第9章"文件夹下新建一个文件夹，命名为X9_04。

以系统管理员admin的身份登录用友U8系统管理，引入"强化训练素材\第9章"文件夹下的账套文件Y9_04。

以2091账套主管的身份（密码为空）登录209账套，登录日期为"2017-01-01"。

1．设置基本科目

应收科目（本币）：1122应收账款。

预收科目（本币）：2203预收账款。

销售收入科目：6001主营业务收入。

税金科目：22210102销项税额。

2. 结算方式科目设置

结算方式：转账支票；币种：人民币；科目：100201。

3. 录入应收期初余额

应收期初余额如表9-5所示。

表9-5 应收期初余额

单据名称	方向	开票日期	客户名称	销售部门	科目编码	货物名称	数量（台）	含税单价（元）	价税合计（元）
销售普通发票	正	2016.12.20	鹏程公司	销售部	1122	柜式空调	10	3 000	30 000
销售专用发票	正	2016.12.30	燕宇公司	销售部	1122	中央空调	1	80 000	80 000

4. 与总账对账

应收款期初余额与总账应收款科目余额对账。

5. 收款单据录入、审核制单

收到燕宇公司转账支票一张，金额80 000元，用于支付期初欠款。

（1）录入收款单，全部作为应收款。

（2）审核收款单，并生成凭证。

6. 核销处理

将客户燕宇公司本次收款与期初应收款80 000元进行核销。

7. 转账处理并生成凭证

经三方协商，将鹏程公司期初应收款30 000元中的20 000元转给燕宇公司。

（1）应收冲应收。

（2）生成凭证。

8. 输出账套

将操作结果输出至"强化训练\第9章\X9_04"文件夹中。

实训5

在"强化训练\第9章"文件夹下新建一个文件夹，命名为X9_05。

以系统管理员admin的身份登录用友U8系统管理，引入"强化训练素材\第9章"文件夹下的账套文件Y9_05。

以2111账套主管的身份（密码为空）登录211账套，登录日期为"2017-01-01"。

1. 设置基本科目

应收科目（本币）：1122应收账款。

预收科目（本币）：2203预收账款。

销售收入科目：6001主营业务收入。

税金科目：22210102 销项税额。

2. 结算方式科目设置

结算方式：转账支票；币种：人民币；科目：100201。

结算方式：电汇；币种：人民币；科目：100201。

3. 录入应收期初余额

应收期初余额如表9-6所示。

表9-6 应收期初余额

单据名称	方向	开票日期	客户名称	销售部门	科目编码	货物名称	数量（台）	含税单价（元）	价税合计（元）
销售普通发票	正	2016.10.10	滨江百货	国内销售	1122	万向登机箱	200	400	93 600
销售专用发票	正	2016.11.21	联众商贸	国内销售	1122	单肩包	50	800	46 800

4. 与总账对账

应收款期初余额与总账应收款科目余额对账。

5. 收款单据录入、审核制单

收到银行进账通知，滨江百货电汇金额100 000元，用于支付前欠货款93 600元，余款作为预收款。

（1）录入收款单。

（2）审核收款单，并生成凭证。

6. 核销处理

将客户滨江百货本次收款93 600元与期初应收93 600元进行核销。

7. 转账处理并生成凭证

经三方协商，将联众商贸应收款6 400元转给滨江百货。

（1）应收冲应收。

（2）生成凭证。

8. 输出账套

将操作结果输出至"强化训练\第9章\X9_05"文件夹中。

课后小结

本章介绍了应收款管理系统的基本功能，包括客户管理、发票管理、收款管理等。然后，学习了应收款管理系统的应用流程，包括初始化设置、日常业务处理等。接着，讲解了应收款管理系统的初始化工作，包括基本科目设置、结算方式科目设置、录入应收期初余额等操作。在系统日常业务处理中，掌握了与总账对账、收款单据录入、审核制单、核销处理以及转账处理并生成凭证等技能。

通过本章的学习，掌握了应收款管理系统的基本认知和相关技能。在实际工作中，可以利用这些知识和技能来有效地管理企业的应收账款，提高财务管理的效率和准确性。

课后习题

1. 判断题

（1）如果企业没有使用销售系统，发票和收据都应该录入应收系统。（ ）

（2）一张商业票据保存后，系统自动生成一张收款单，然后直接生成记账凭证。（ ）

（3）收回坏账时，制单会受到系统选项"方向相反分录是否合并"选项的控制。（ ）

2. 简答题

（1）计提坏账准备的方法有几种？分别表述这几种方法。

（2）简述转账处理和生成凭证的操作步骤。

第10章
应付款管理

本章导读

应付款管理是企业财务管理中至关重要的一环。它涉及企业与供应商之间的资金往来，直接影响到企业的现金流和供应链稳定性。

应付款的有效管理能够确保企业及时、准确地支付费用给供应商，从而维护好双方的合作关系。这有助于建立企业的信誉，使其在采购过程中获得更好的价格优势和服务。同时，良好的供应商关系也有助于企业在市场波动或供应紧张时获得稳定的货源。应付账款管理还关系到企业的现金流。通过合理安排付款时间，企业可以在不影响信誉的前提下，最大限度地利用现金资源，满足其他运营需求。此外，有效的应付账款管理还可以帮助企业及时发现潜在的财务风险，如逾期付款、重复付款等，从而采取措施避免损失。

学习目标

- 理解应付款管理系统的功能
- 应付款管理初始设置
- 期初数据录入
- 付款单据处理
- 核销处理
- 转账处理

数字资源

【本章案例素材】："案例素材\第10章"目录下
【本章强化训练素材】："强化训练素材\第10章"目录下

> **素质要求**
>
> 《企业会计准则——基本准则》（节选）
>
> 　　第三十三条　费用是指企业在日常活动中发生的、会导致所有者权益减少的、与向所有者分配利润无关的经济利益的总流出。
>
> 　　第三十四条　费用只有在经济利益很可能流出从而导致企业资产减少或者负债增加、且经济利益的流出额能够可靠计量时才能予以确认。
>
> 　　第三十五条　企业为生产产品、提供劳务等发生的可归属于产品成本、劳务成本等的费用，应当在确认产品销售收入、劳务收入等时，将已销售产品、已提供劳务的成本等计入当期损益。
>
> 　　企业发生的支出不产生经济利益的，或者即使能够产生经济利益但不符合或者不再符合资产确认条件的，应当在发生时确认为费用，计入当期损益。
>
> 　　企业发生的交易或者事项导致其承担了一项负债而又不确认为一项资产的，应当在发生时确认为费用，计入当期损益。
>
> 　　第三十六条　符合费用定义和费用确认条件的项目，应当列入利润表。

10.1　基本认知

10.1.1　应付款管理系统基本功能

应付款管理系统主要实现企业与供应商之间业务往来账款的核算与管理。在应付款管理系统中，以采购发票、其他应付单等原始单据为依据，记录采购业务及其他业务所形成的往来款项，处理应付款项的支付及转账，提供票据处理的功能，实现对应付款的管理。

1. 初始化设置

系统初始化包括系统参数设置、基础信息设置和期初数据录入。

2. 日常处理

日常处理是对应付款项业务的处理工作，主要包括应付单据处理、付款单据处理、票据管理和转账处理等内容。

（1）应付单据处理：应付单据包括采购发票和其他应付单，是确认应付账款的主要依据。应付单据处理主要包括应付单据录入和应付单据审核。

（2）付款单据处理：付款单据主要指付款单。付款单据处理包括付款单据录入和付款单据审核。

（3）核销处理。单据核销的主要作用是处理向供应商支付的款项，并核销该供应商的应付款，建立付款与应付款的核销记录，监督应付款及时核销，加强往来款项的管理。

（4）票据管理：主要是对银行承兑汇票和商业承兑汇票进行管理。票据管理可以提供票据登记簿，记录票据的利息、贴现、背书、结算和转出等信息。

（5）转账处理：是指日常业务处理中经常发生的应付冲应收、应付冲应付、预付冲应付以及红票对冲的业务处理。

3. 信息查询

用户经常进行各种查询并对查询的结果进行各项分析。一般查询包括单据查询、凭证查询以及账款查询等，统计分析包括：欠款分析、账龄分析、综合分析以及付款预测分析等，便于用户及时发现问题，加强对往来款项动态的监督管理。

4. 期末处理

期末处理指用户在月末结算汇兑损益以及月末结账工作。如果企业有外币往来，在月末需要计算外币单据的汇兑损益并对其进行相应的处理。如果当月业务已全部处理完毕，就需要执行月末结账处理。只有月末结账后，才可以开始下月工作。月末处理主要包括进行汇兑损益结算和月末结账。

10.1.2 应付款管理系统的应用流程

应付款管理系统的业务处理流程如图10-1所示。

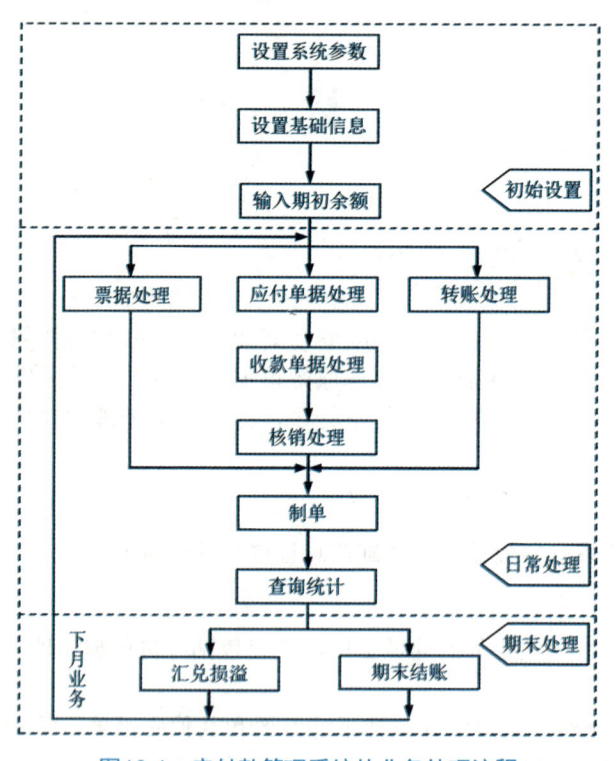

图10-1 应付款管理系统的业务处理流程

10.1.3 应付款管理系统初始化

应付款管理系统初始化的主要内容包括选项设置、基础信息设置和期初数据录入。

1．选项设置

通过对应付款管理系统的选项进行设置，可以满足企业自身的核算和管控要求。需要企业进行设置的选项卡主要包括常规、凭证、权限与预警、核销设置等。下面介绍部分常用选项。

（1）"常规"选项卡，如图10-2所示。

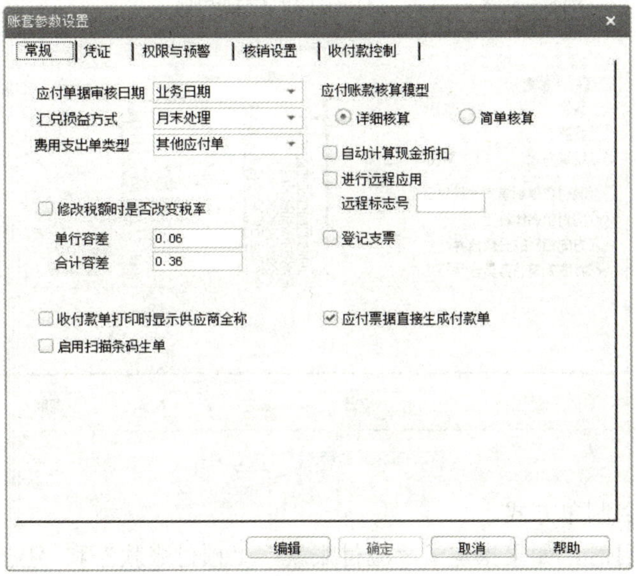

图10-2 "常规"选项卡

①选择单据审核日期的依据。

应付款管理系统中的单据包括应付单据和付款单据，这两种单据都需要经过审核才能生成业务凭证。系统提供了两种确认单据审核日期的依据，即单据日期和业务日期。因为单据审核后将进行记账处理，所以单据的审核日期是依据单据日期还是业务日期，将影响业务总账、业务明细账、余额表等的查询期间取值。

如果选择单据日期，审核单据时自动将单据日期记为该单据的审核日期。

如果选择业务日期，审核单据时自动将单据的审核日期记为当前业务日期（业务日期一般为系统登录日期）。

②选择计算汇兑损益的方式。

系统提供了两种计算汇兑损益的方式：外币结清时处理和月末处理。

外币结清时处理是仅当某种外币余额结清时才计算汇兑损益。在计算汇兑损益时，界面中仅显示外币余额为0且本币余额不为0的外币单据。

月末处理即每个月末计算汇兑损益。在计算汇兑损益时，界面中显示所有外币余额不为0或者本币余额不为0的外币单据。

③是否自动计算现金折扣。

企业为了鼓励客户在信用期间内提前付款通常采用现金折扣政策。选择自动计算现金折扣，需要在发票或应付单中输入付款条件，在进行核销处理时系统根据付款条件自动计算该发票或应付单可享受的折扣，原币余额=原币金额-本次结算金额-本次折扣。

（2）"凭证"选项卡，如图10-3所示。

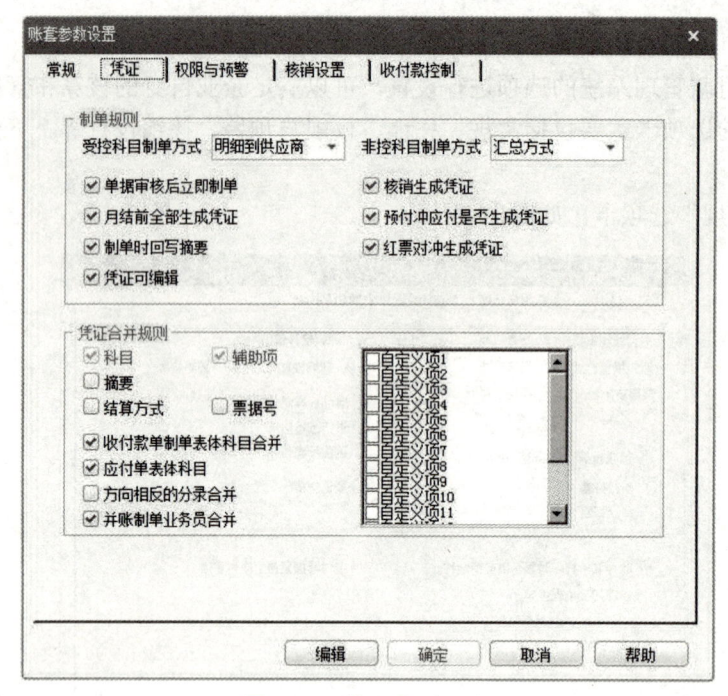

图10-3 "凭证"选项卡

①选择受控科目制单方式。

在设置会计科目时,如果指定了"应付账款""预付账款"和"应付票据"为"供应商往来"辅助核算,系统自动将这些科目设置为应付受控科目。这些科目只能在应付款管理系统中使用。

受控科目制单方式有两种选择:明细到供应商或明细到单据。

● 明细到供应商:如果同一供应商多笔业务的控制科目相同,系统自动将其合并成一条分录。这样能在总账中查看到每一个供应商的详细信息。

● 明细到单据:将一个供应商的多笔业务合并生成一张凭证时,系统会将每一笔业务形成一条分录。这样能在总账系统中查看到每个供应商的每笔业务的详细情况。

②选择非控科目制单方式。

非控科目有3种制单方式:明细到供应商、明细到单据和汇总方式。

明细到供应商和明细到单据的意义同上所述。选择汇总方式,就是将多个供应商的多笔业务合并生成一张凭证时,如果核算这多笔业务的非控科目相同、且其所带辅助核算项目也相同,则系统自动将其合并成一条分录。这种方式的目的是精简总账中的数据,在总账系统中只能查看到该科目的一个总的发生额。

③选择控制科目依据。

设置控制科目依据是指根据什么来确定应付账款和预付账款入账时的明细科目。

系统提供了6种设置控制科目的依据,即供应商分类、供应商、地区、采购类型、存货分类和存货。

④选择采购科目依据。

设置采购科目依据是指根据什么来确定采购入账时的明细科目。

系统提供了5种设置存货销售科目的依据，即按存货分类、存货、供应商、供应商分类和采购类型设置存货销售科目。

（3）"权限与预警"选项卡，如图10-4所示。

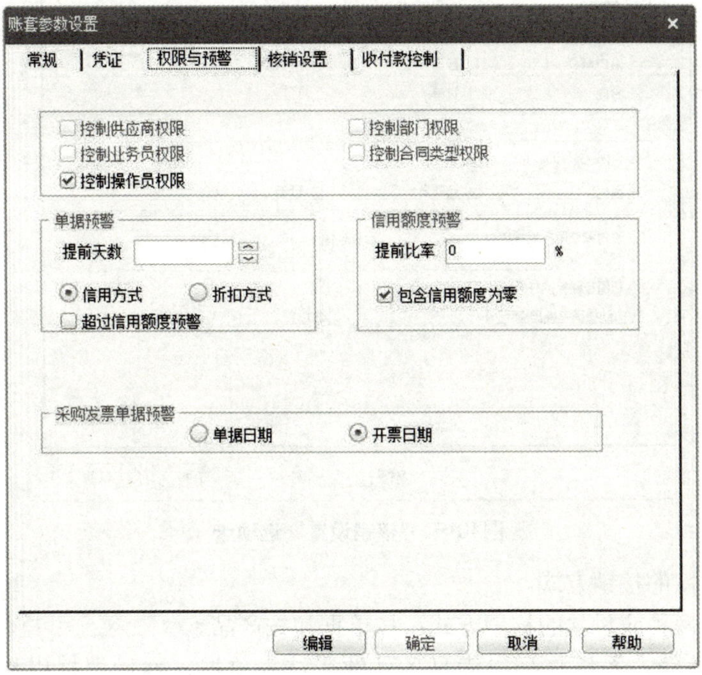

图10-4 "权限与预警"选项卡

①选择单据预警。

可以选择按信用方式预警还是按折扣方式预警。

如果选择了按信用方式预警，还需要设置预警的提前天数。系统会将单据到期日-提前天数≤当前登录日期的已审核单据显示出来，以提醒应该付款的款项了。

如果选择了按折扣方式预警，也需要设置预警的提前天数。系统会将"单据最大折扣日期-提前天数≤当前登录日期"的已审核单据显示出来，以提醒再不付款就不能享受现金折扣待遇的采购业务。

如果选择了超过信用额度预警，在满足上述设置的单据预警条件的同时，还需满足该供应商已超过其设置的信用额度这个条件才可预警。

②选择信用额度预警。

选择根据信用额度进行预警时，需要输入预警的提前比率，且可以选择是否包含信用额度为0的供应商。

当使用预警平台预警时，系统根据设置的预警标准显示满足条件的供应商记录。即只要该供应商信用比率（信用比率=信用余额/信用额度，信用余额=信用额度-应付账款余额）小于等于设置的提前比率时就对该供应商进行预警处理。若选择信用额度为0的供应商也预警，则当该供应商的应付账款大于0时即进行预警。

（4）"核销设置"选项卡，如图10-5所示。

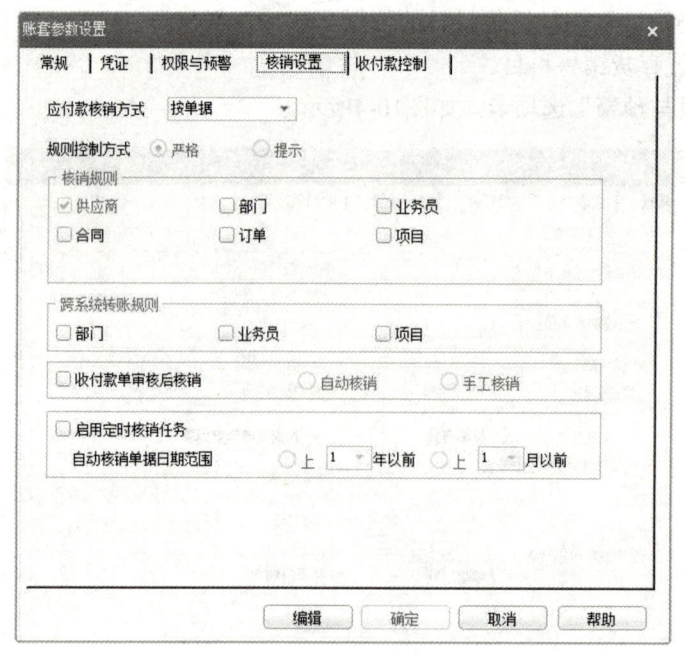

图10-5 "核销设置"选项卡

①选择应付款的核销方式。

系统提供了两种应付款的核销方式：按单据和按产品。

● 按单据核销：系统将列出满足条件的未结算单据，然后根据用户选择的单据进行核销。

● 按产品核销：系统将按产品列出满足条件的未结算单据，然后根据用户选择的产品进行核销。

②收付款单审核后核销。

该选项默认为不选择，表示收付款单审核后不进行立即核销操作。选中该选项，系统默认收付款单审核后自动核销。

2. 基础信息设置

启用应付款管理系统后，增加了对业务环节的控制和管理，需要增补业务中需要使用的基础信息，如付款条件、本单位开户银行等。另外，根据企业实际管理的需要，还可以对业务单据的格式进行设计。

3. 初始设置

初始设置的作用是建立应付款管理的业务处理规则，如应付款系统自动凭证科目的设置、单据类型的设置、账龄区间的设置等，如图10-6所示。

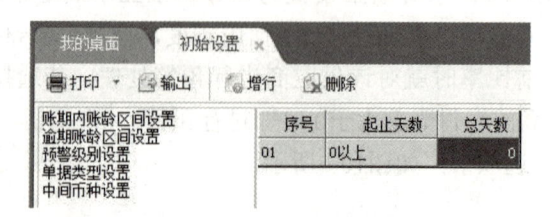

图10-6 "初始设置"界面

(1) 设置科目。

如果企业应付业务类型比较固定，生成的凭证类型也比较固定，为了简化凭证生成操作，可以在此处预先设置各业务类型凭证中的常用科目。系统将依据制单规则在生成凭证时自动带入常用科目。

①基本科目设置。

基本科目是在应付业务管理中经常使用的科目，包括应付账款、预付账款、采购科目、税金科目、商业承兑科目、银行承兑科目等。

②控制科目设置。

如果在选项设置中设置了控制科目依据，则需要在此根据选择的控制科目依据进行应付科目和预付科目的设置。如选择了控制科目依据为"按供应商分类"，则需要按供应商分类设置不同的应付科目和预付科目。

如果不设置，系统默认控制科目为基本科目中设置的应付科目和预付科目。

③产品科目设置。

如果在选项设置中设置了产品科目依据，则需要在此根据选择的产品科目依据进行采购科目、产品采购税金科目、税率的设置。

如果不设置，系统默认产品科目为基本科目中设置的采购科目和税金科目。

④结算方式科目设置。

可以为初始设置阶段定义的每一种结算方式设置一个科目，以便在进行付款结算时，通过付款单据上选择的结算方式生成对应的入账科目。

(2) 账龄区间设置。

为了对应付账款进行账龄分析，必须先设置账龄区间。

用友U8应付款账龄设置分为两部分：账期内账龄区间设置、逾期账龄区间设置。

(3) 预警级别设置。

通过对预警级别的设置，将供应商按照供应商欠款余额分为不同的等级，以便于掌握对供应商的付款情况。

(4) 单据类型设置。

单据类型设置是将企业的往来业务与单据类型建立对应关系，以便快速处理业务和进行分类汇总、查询、分析。

系统提供了发票和应付单两种类型的单据。发票包括采购专用发票和普通发票。

应付单记录采购业务之外的应付款情况。在本功能中，只能增加应付单，应付单可划分为不同的类型，以区分应付货款之外的其他应付款。例如，可以将应付单分为应付费用款、应付利息款、应付罚款、其他应付款等。

4. 期初数据录入

在初次使用应付款管理系统时，确保数据的连续性和完整性至关重要。为此，必须将未处理完的财务单据录入系统。这些期初数据包括未结算完的有效发票和应付单、已支付但未完全结算的预付款单据、尚在处理中的应付票据以及未结清的合同所涉及的金额。

在应付款管理系统中，期初余额按单据形式录入。应付账款通过发票录入，预付账款通过付款单录入，其他应付通过其他应收单录入，在后续的业务中对这些单据进行核销、转账处理。

期初余额录入后，应当与总账中供应商往来账进行核对，检查明细与科目账是否相等。

10.1.4 应付款管理系统日常业务处理

初始化工作量比较大，但属于一次性工作。日常业务处理是每个月需要重复使用的功能。

1. 应付单据处理

应付单据处理主要是对应付单据（采购发票、应付单）进行处理，包括应付单据的录入和审核。

（1）应付单据录入。

单据录入是应付款系统处理的起点。在此可以录入采购业务中的各类发票，以及采购业务之外的应付单。

如果同时使用应付款管理系统和采购管理系统，则发票由采购系统录入，在应付款系统可以对这些单据进行审核、弃审、查询、核销、制单等操作。此时，在应付款系统中需要录入的单据仅限于应付单。如果没有使用采购系统，则各类发票和应付单均在应付款管理系统录入。

（2）应付单据审核。

应付单据审核是对应付单据的准确性进一步审核确认。单据输入后必须经过审核才能参与结算。审核人和制单人不能为同一个人。单据经审核后，将不再出现在单据处理功能中，但可以通过单据查询功能查看此单据的详细资料。

系统提供手工审核和自动审核两种方式。

（3）单据制单。

单据制单是在单据审核后由系统自动编制凭证，也可以集中处理。在应付款系统中生成的凭证将由系统自动传送到总账系统中，并由有关人员进行审核和记账等账务处理工作。

2. 付款单据处理

付款单据处理主要是对结算单据（付款单、收款单即红字付款单）进行处理，包括付款单、收款单的录入和审核。

（1）付款单据录入。

付款单据录入，是将支付供应商款项或供应商退回的款项录入到应付款管理系统，包括付款单与收款单（即红字付款单）的录入。

付款单用来记录企业支付给供应商的款项。当企业对外付款时，应明确该款项是结算供应商货款，还是提前支付给供应商的预付款，或是支付给供应商的其他费用。系统用款项类型用来区别不同的用途，录入付款单时需要指定该笔付款的款项用途。如果一张付款单包含不同用途的款项，需要在表体记录中分行列示。

对于不同用途的款项，系统提供不同的后续业务处理。对于冲销应付款，以及形成预付款的款项，后期需要进行付款结算，即将付款单与其对应的采购发票或应付单进行核销勾对，进行冲销企业债务的操作。对于其他费用用途的款项则不需要进行核销。

若一张付款单中,表头供应商与表体供应商不同,则视表体供应商的款项为代付款。

应付款系统的收款单用来记录发生采购退货时供应商退回企业的款项。该收款单可与应付、预付性质的付款单、红字应付单、红字发票进行核销处理。有时,要支付一个单位的一笔款项,但该款项又包括另外一个单位付的款项。这时有两种处理方式:

- 将付款单位直接记录为另外一个单位,金额为代付金额,即是正常的付款单。
- 将付款单位仍然记录为该单位,但通过在表体输入代付供应商的功能处理代付款业务。这种方式的好处是既可以保留该笔付款业务的原始信息,又可以处理同时代多个单位付款的情况。具体的操作步骤如下所述。

①首先进入付款单据录入界面,输入此张付款单,表头供应商输入付款单位信息,表头金额为总金额。

②在表体中,输入此张付款单中代付供应商的名称及代付金额。

③单击"核销"按钮,输入过滤条件,即可对付款单位进行核销,也可过滤代付单位,进行核销。

(2) 付款单据审核。

付款单据输入后必须经过审核才能进行核销、制单等后续处理。

系统提供手工审核和自动批审两种方式。

(3) 核销处理。

单据核销的作用是解决对供应商的付款并核销该供应商的应付款,建立付款与应付款的核销记录,监督应付款及时核销,加强往来款项的管理。明确核销关系后,可以进行精确的账龄分析,更好地管理应付账款。

单据核销可以由应付款管理系统自动进行核销,也可以由手工进行核销。

3. 票据管理

可以在票据管理中对银行承兑汇票和商业承兑汇票进行管理,包括记录票据详细信息、票据处理情况。

当支付给供应商承兑汇票时,将汇票录入应付系统的票据管理中。如果系统选项中"应付票据直接生成付款单"为选中状态,那么系统保存当前票据的同时生成一张付款单,否则需要单击"付款"按钮才生成付款单。

在票据管理中,可以对该票据进行计息、贴现、转出、结算、背书等处理。

4. 转账处理

日常业务处理中经常发生转账处理,包括应付冲应收、应付冲应付、预付冲应付以及红票对冲。

(1) 应付冲应收。

应付冲应收是指用某供应商的应付账款冲抵客户的应收款项。系统通过应付冲应收功能将应付款业务在供应商和客户之间进行转账,实现应付业务的调整,解决应付债务与应收债权的冲抵。

(2) 应付冲应付。

应付冲应付是指将一家供应商的应付款转到另一家供应商。通过应付冲应付功能可将应付款业务在供应商、部门、业务员、项目和合同之间进行转入、转出,实现应付业务的调整，解决应付款业务在不同供应商、部门、业务员、项目和合同间入错户或合并户的问题。

（3）预付冲应付。

预付冲应付是指处理对供应商的预付款和该供应商应付欠款的转账核销业务。

（4）红票对冲。

红票对冲可实现某供应商的红字应付单与其蓝字应付单、付款单与收款单的冲抵。例如：当发生退票时，用红字发票对冲蓝字发票。红票对冲通常可以分为系统自动冲销和手工冲销两种处理方式。自动冲销可同时对多个供应商依据红票对冲规则进行红票对冲，提高红票对冲的效率。手工冲销对一个供应商进行红票对冲，可自行选择红票对冲的单据，提高红票对冲的灵活性。

5. 制单处理

使用制单功能进行批处理制单，可以快速、成批地生成凭证。制单类型包括应付单据制单、结算单制单、转账制单、汇兑损益制单等。企业可根据实际情况选取需要制单的类型。

6. 信息查询

应付款系统的信息查询主要包括：单据查询、凭证查询以及账款查询等。用户在各种查询结果的基础上可以进行各项统计分析。统计分析包括：欠款分析、账龄分析、综合分析以及付款预测分析等。通过统计分析，可以按用户定义的账龄区间，进行一定期间内应付账款账龄分析、付款账龄分析、往来账龄分析，了解各个供应商应付款的周转天数及周转率，了解各个账龄区间内应付款、付款及往来情况，及时发现问题，加强对往来款项的动态管理。

（1）单据查询。

单据的查询包括发票、应收单、结算单和凭证的查询。可以查询已经审核的各类型应付单据的付款、结余情况；也可以查询结算单的使用情况；还可以查询本系统所生成的凭证，并且对其修改、删除、冲销等。

（2）业务账表查询。

业务账表查询可以进行业务总账、业务明细账、业务余额表和对账单的查询，并可以实现总账、明细账、单据之间的联查。

通过业务账表查询可以查看客户、客户分类、地区分类、部门、业务员、客户总公司、主管业务员、主管部门在一定期间所发生的应付、付款以及余额情况。

（3）业务账表分析。

业务账表分析是应付款管理的一项重要功能，对于资金往来比较频繁、业务量大、金额也比较大的企业，业务账表分析功能更能满足企业的需要。业务账表分析功能主要包括：应付账款的账龄分析、付款账龄分析、欠款分析、付款预测等。

7. 期末处理

企业在期末主要完成计算汇兑损益和月末结账两项业务处理工作。

（1）汇兑损益。

如果供应商往来有外币核算，且在应付款管理系统中核算供应商往来款项，则在月末需要计算外币单据的汇兑损益并进行相应的处理。在计算汇兑损益之前，应首先在系统初始设置中选择汇兑损益的处理方法。通常系统会提供两种汇兑损益的处理方法：月末计算汇兑损益和单据结清时计算汇兑损益。

（2）月末结账。

如果确认本月的各项业务处理已经结束，可以选择执行月末结账功能。结账后本月不能再进行单据、票据、转账等任何业务的增加、删除、修改等处理。另外，如果上个月没有结账，则本月不能结账，同时一次只能选择一个月进行结账。

如果某月的月末结账有错误，可以取消月末结账，但取消结账操作只能在该月账务总账系统未结账时才能进行。如果启用了采购系统，采购系统结账后，应付款系统才能结账。

结账时还应注意本月的单据（发票和应收单）在结账前应该全部审核。若本月的结算单还有未核销的，不能结账；如果结账期间是本年度最后一个期间，则本年度进行的所有核销、转账等处理必须制单，否则不能向下一个年度结转，而且对于本年度外币余额为零的单据必须将本币余额结转为零，即必须计算汇兑损益。

10.2 技能解析

10.2.1 设置基本科目

设置基本科目时，需要提供基础科目种类、科目及币种3项信息。
- 基础科目种类：从下拉列表中选择。下拉列表中提供了核算应付款项经常用到的科目。
- 科目：设置的科目必须是最明细科目。
- 币种：本位币为人民币。

10.2.2 结算方式科目设置

设置结算方式科目时，需要提供结算方式、币种、本单位账号及科目信息。
- 结算方式：可以输入结算方式编号，也可以输入结算方式名称，还可以通过参照输入。
- 币种：可以输入币种名称，也可以通过下拉框选择输入。
- 本单位账号：可以输入本单位账号，也可以通过参照输入。
- 科目：可以输入科目编号，也可以输入科目名称，还可以通过参照输入。

10.2.3 录入期初余额

在应付款管理系统中，期初余额按单据形式录入。应付货款通过发票录入、预付货款通过付款单录入、其他应付款通过其他应付单录入，以便在日常业务中对这些单据进行后续的核销、转账处理。

10.2.4　与总账对账

期初余额录入后，可以与总账中供应商往来账进行核对，检查明细与科目账是否相等。

对账时，需根据受控科目进行一一对账。

10.2.5　核销处理

对于冲销应付款，以及形成预付款的款项，要进行付款结算，即将付款单与其对应的采购发票或应付单进行核销勾对，进行冲销企业债务的操作。对于其他费用用途的款项则不需要进行核销。

核销时，存在3种情况：
- 付款单的数额等于应付单据的数额，付款单与应付单据完全核销。
- 付款单的数额大于应付单据的数额，核销完全部应付单据后，余额部分可再次核销。
- 付款单的数额小于应付单据的数额，应付单据仅得到部分核销。

10.2.6　转账处理并生成凭证

转账处理包括应付冲应收、应付冲应付、预付冲应付以及红票对冲4种类型。

转账处理时应正确输入转出方和转入方及转账金额。

10.3　案例解析

案例素材

以系统管理员身份登录系统管理，引入"案例素材\第10章"文件夹下的账套文件Y10_01。

1. 设置基本科目

应付科目（本币）：2202应付账款。

预付科目（本币）：1123预付账款。

采购科目：1401材料采购。

税金科目：22210101 进项税额。

2. 结算方式科目设置

结算方式：电汇；币种：人民币；科目：10020101。

3. 录入应付期初余额

应付期初余额如表10-1所示。

表10-1　应付期初余额

单据名称	方向	开票日期	供应商	部门	科目编码	金额（元）
其他应付单	正	2022.02.10	美安	采购部	2202	16 380

4．与总账对账

应付款期初余额与总账应付款科目余额对账。

5．付款单据录入、审核制单

以电汇方式向美安支付10 000元，用于支付前欠货款16 380元中的部分货款。

（1）录入付款单据。

（2）审核付款，并生成凭证。

6．核销处理

将供应商美安的付款与部分期初应付款进行核销。

7．转账处理并生成凭证

经三方协商，将美安应付款6 380元转给新锐。

（1）应付冲应付。

（2）生成凭证。

8．输出账套

将操作结果输出至"案例分析\X10_02"文件夹中。

操作步骤

以系统管理员身份登录系统管理，引入"案例素材\第3章"文件夹下的账套文件Y10_01。

以1011账套主管的身份（密码为011）登录102账套，登录日期为"2022-02-08"。

1．设置基本科目

（1）在应付款管理系统中，执行"设置"→"科目设置"→"基本科目"命令，弹出"应付基本科目"窗口。

> **提示**
> - 在基本科目设置中设置的应付科目"2202应付账款"、预付科目"1123预付账款"应在总账系统中设置其辅助核算内容为"供应商往来"，并且其受控系统为"应付系统"，否则在此不能被选中。
> - 只有在此设置了基本科目，在生成凭证时才能直接生成凭证中的会计科目，否则凭证中将没有会计科目，相应的会计科目只能手工录入。
> - 如果应付科目、预付科目按不同的供应商或供应商分类分别进行设置，则可在"控制科目设置"中进行设置，在此可以不设置。
> - 如果针对不同的存货分别设置采购科目，则在此不用设置，可以在"产品科目设置"中进行设置。

（2）单击"增行"按钮，在空格中双击鼠标左键，出现"基本科目种类"下拉列表，选择"应付科目"，科目一栏选择"2202"。按案例要求设置其他基本科目，如图10-7所示。

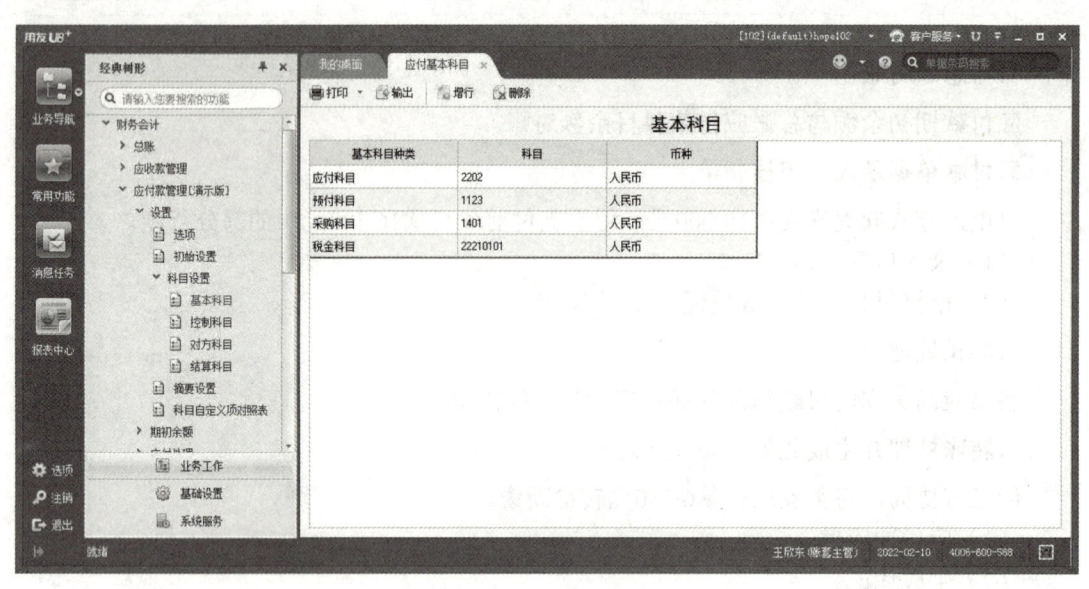

图10-7 基本科目设置

2.结算方式科目设置

（1）在应付款管理系统中，执行"设置"→"科目设置"→"结算科目"命令，弹出"应付结算科目"窗口。

（2）单击"增行"按钮，在空格中双击鼠标左键，出现"结算方式"下拉列表，选择"3电汇"，"币种"选择"人民币"，"科目"输入"10020101"，如图10-8所示。

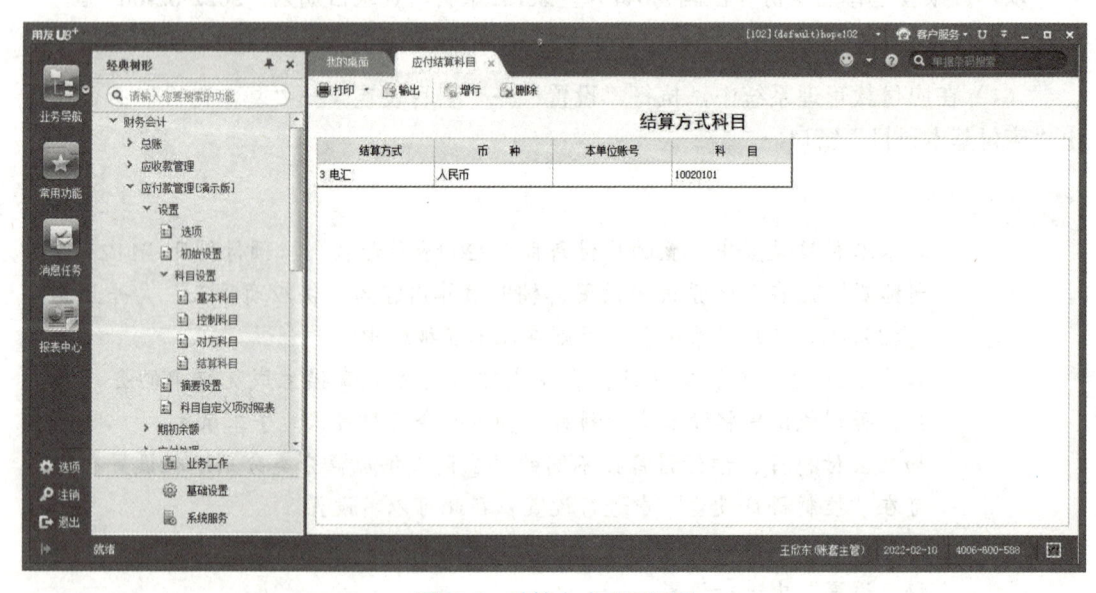

图10-8 结算方式科目设置

> **提示**
> - 结算方式科目设置是针对已经设置的结算方式来设置相应的结算科目。这样,在收款或付款时只要告知系统结算时使用的结算方式,就可以由系统自动生成该种结算方式所使用的会计科目。

3.录入应付期初余额

(1)在应付款管理系统中,执行"期初余额"→"期初余额"命令,弹出"期初余额--查询"对话框,如图10-9所示。单击"确定"按钮,进入"期初余额"界面,如图10-10所示。

图10-9 "期初余额--查询"对话框

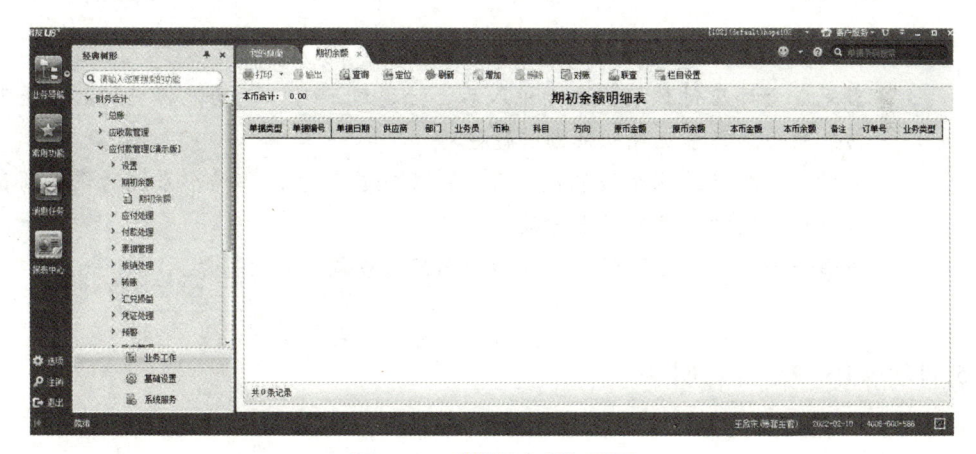

图10-10 "期初余额"界面

(2)单击"增加"按钮,打开"单据类别"对话框。"单据名称"选择"应付单","单据类型"选择"其他应付单",如图10-11所示,单击"确定"按钮,进入"应付单"窗口。

(3)单击"增加"按钮,输入其他应付单信息,如图10-12所示。

(4)单击"保存"按钮。

(5)关闭"应付单"界面。

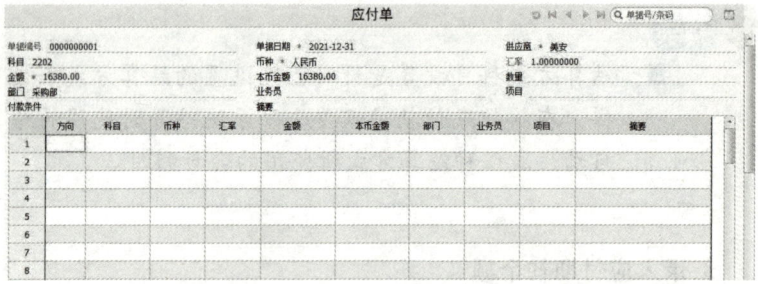

图10-11 "单据类别"界面　　　　图10-12 录入期初应付单

> 💡 **提示**
> - 在录入应付单时只需录入表格上半部分的内容，表格下半部分的内容由系统自动生成。
> - 应付单中的会计科目必须录入正确，否则将无法与总账进行对账。

4. 与总账对账

（1）在"期初余额"界面中，单击"对账"按钮，进入"期初对账"界面，如图10-13所示。

（2）查看应付系统与总账系统的期初余额是否平衡。

编号	科目		币种	应付期初		总账期初		差额	
	名称			原币	本币	原币	本币	原币	本币
2202	应付账款		人民币	16,380.00	16,380.00	0.00	0.00	16,380.00	16,380.00
	合计				16,380.00		0.00		16,380.00

图10-13 期初对账

> 💡 **提示**
> - 当完成全部应付款期初余额录入后，应通过"对账"功能将应付款系统期初余额与总账系统期初余额进行核对。
> - 应付款系统与总账系统的期初余额的差额应为零，即两个系统的供应商往来科目的期初余额应完全一致。
> - 当第一个会计期已结账后，期初余额只能查询不能再修改。

5. 付款单据录入、审核制单

以电汇方式向美安支付10 000元，用于支付前欠货款16 380元中的部分货款。

（1）录入收款单。

①在应付款管理系统中，执行"付款处理"→"付款单据录入"命令，进入"付款单"窗口。

②单击"增加"按钮。"供应商"选择"美安"、"结算方式"选择"电汇"、金额填入"10 000"。

③单击"保存"按钮，表体第1行由系统自动生成，如图10-14所示。

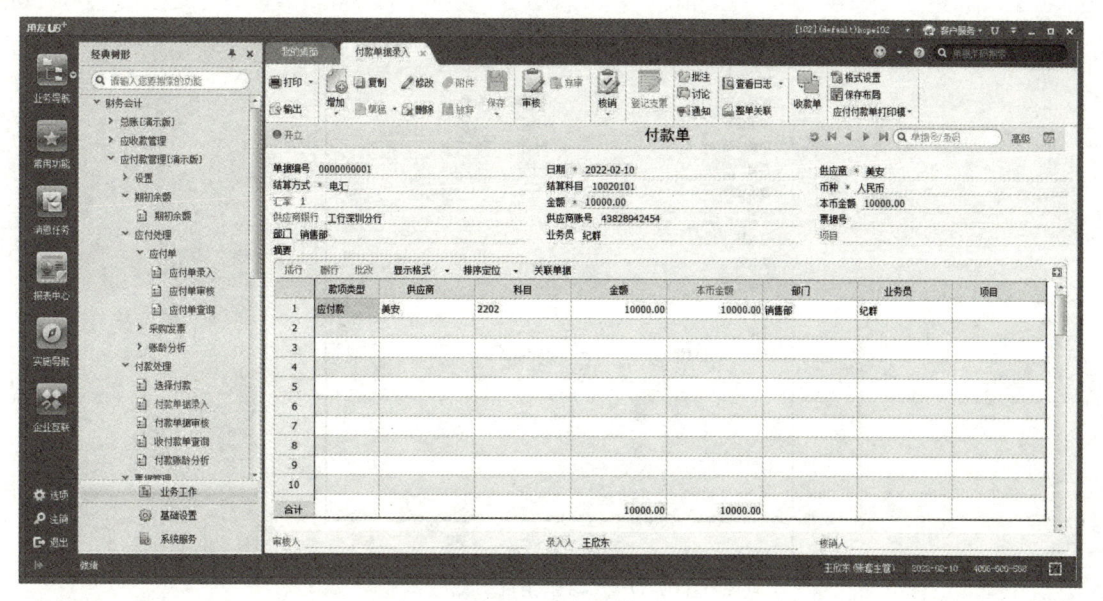

图10-14 付款单

（2）审核制单。

①在付款单界面，单击"审核"按钮之后，系统弹出"是否立即制单？"信息提示框，如图10-15所示。

②单击"是"按钮，进入"填制凭证"界面。选择相应科目名称，然后单击"保存"按钮，如图10-16所示。

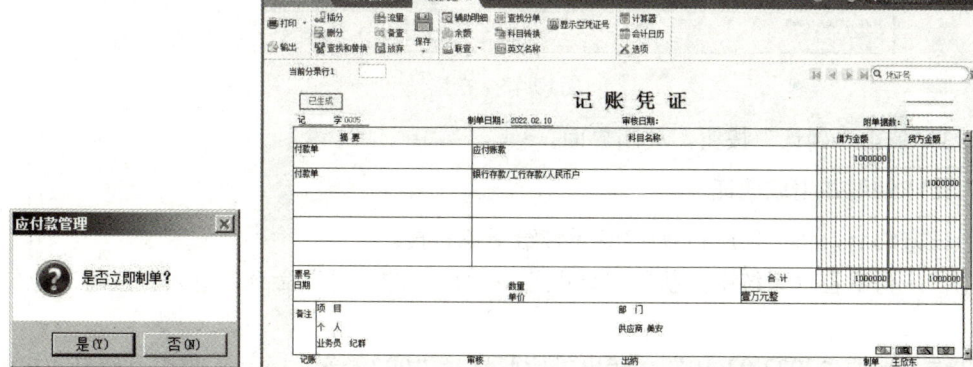

图10-15 信息提示框

图10-16 付款单审核生成凭证

③关闭"填制凭证"界面。

6. 核销处理

将供应商美安的付款与部分期初应付款进行核销。

（1）在"付款单据录入"界面中，单击"核销"按钮，打开"核销条件"对话框，如图10-17所示。单击"确定"按钮，进入"手工核销"界面。

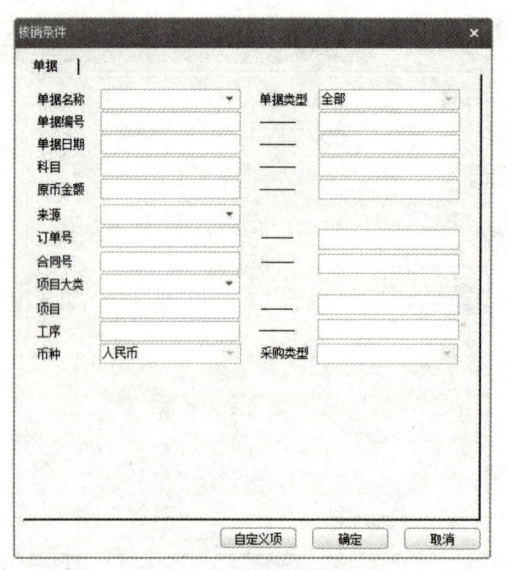

图10-17 "核销条件"对话框

（2）在2021-12-31的"其他应付单"中的"本次结算"栏输入"10 000"，如图10-18所示。

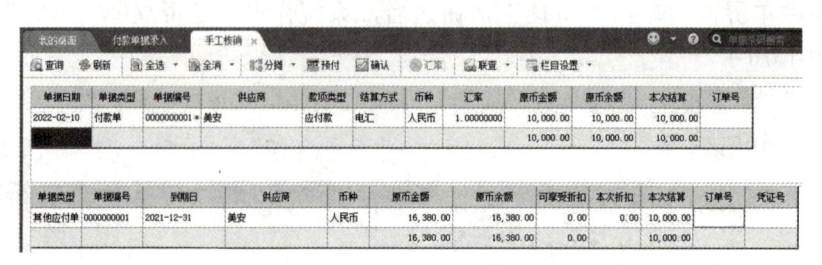

图10-18 核销

（3）单击"确认"按钮，关闭界面。

7. 转账处理并生成凭证

经三方协商，将美安应付款6 380元转给新锐科技。

①在应付款管理系统中，执行"转账"→"应付冲应付"命令，进入"应付冲应付"界面。

②输入日期"2022-02-10"；转出供应商选择"002美安"，转入供应商选择"001新锐"。

③单击"确认"按钮，系统列出转出户未核销的应付款。

④在2022-02-10其他应付单的并账金额处输入"6 380"。

⑤单击"保存"按钮。系统弹出"是否立即制单？"信息提示框。

⑥单击"是"按钮，进入"填制凭证"界面，单击"保存"按钮，凭证左上角显示"已生成"字样。

8. 输出账套

在"案例解析\第10章"文件夹下新建一个文件夹，命名为X10_02，将操作结果输出至该文件夹中。

10.4 强化训练

实训1

在"强化训练\第10章"文件夹下新建一个文件夹,命名为X10_01。

以系统管理员admin的身份登录用友U8系统管理,引入"强化训练素材\第10章"文件夹下的账套文件Y10_01。

以2041账套主管的身份(密码为空)登录204账套,登录日期为"2017-01-01"。

1．设置基本科目

应付科目(本币):2202应付账款。

预付科目(本币):1123预付账款。

采购科目:1401材料采购。

税金科目:22210101进项税额。

2．结算方式科目设置

结算方式:转账支票;币种:人民币;科目:10020101。

3．录入应付期初余额

应付期初余额如表10-2所示。

表10-2 应付期初余额

单据名称	方向	单据日期	供应商	部门	科目	金额(元)
其他应付单	正	2016.11.10	美安	采购部	2202	16 380

4．与总账对账

应付款期初余额与总账应付款科目余额对账。

5．付款单据录入、审核制单

支付美安转账支票一张,金额10 000元,用于支付前欠货款16 380元中的部分货款。

(1)录入付款单。

(2)审核付款单,并生成凭证。

6．核销处理

将对供应商美安的付款与期初应付进行核销。

7．转账处理并生成凭证

经三方协商,将美安的应付款6 380元转给新锐。

(1)应付冲应付。

（2）生成凭证。

8. 输出账套

将操作结果输出至"强化训练\第10章\X10_01"文件夹中。

实训2

在"强化训练\第10章"文件夹下新建一个文件夹，命名为X10_02。

以系统管理员admin的身份登录用友U8系统管理，引入"强化训练素材\第10章"文件夹下的账套文件Y10_02。

以2051账套主管的身份（密码为空）登录205账套，登录日期为"2017-01-01"。

1. 设置基本科目

应付科目（本币）：2202应付账款。

预付科目（本币）：1123预付账款。

采购科目：1401材料采购。

税金科目：22210101 进项税额。

2. 结算方式科目设置

结算方式：电汇；币种：人民币；科目：10020101。

3. 录入应付期初余额

应付期初余额如表10-3所示。

表10-3 应付期初余额

单据名称	方向	单据日期	供应商	部门	科目	金额（元）
其他应付单	正	2016.11.10	美安	采购部	2202	10 100

4. 与总账对账

应付款期初余额与总账应付款科目余额对账。

5. 付款单录入、审核制单

以电汇方式向美安付款10 000元，用于归还前欠货款。

（1）录入付款单。

（2）审核付款单，并生成凭证。

6. 核销处理

将对供应商美安的10 000元付款与期初应付10 000元进行核销。

7. 转账处理并生成凭证

经三方协商，将美安应付款100元转给新锐。

（1）应付冲应付。

（2）生成凭证。

8.输出账套

将操作结果输出至"强化训练\第10章\X10_02"文件夹中。

实训3

在"强化训练\第10章"文件夹下新建一个文件夹,命名为X10_03。

以系统管理员admin的身份登录用友U8系统管理,引入"强化训练素材\第10章"文件夹下的账套文件Y10_03。

以2081账套主管的身份(密码为空)登录208账套,登录日期为"2017-01-01"。

1.设置基本科目

应付科目(本币):2202应付账款。

采购科目:1401材料采购。

税金科目:22210101进项税额。

2.结算方式科目设置

结算方式:转账支票;币种:人民币;科目:100201。

3.录入应付期初余额

应付期初余额如表10-4所示。

表10-4 应付期初余额

单据类型	方向	单据日期	供应商	科目编码	摘要	金额
其他应付单	正	2016.12.31	三林	2202	华美冰箱	60 000
其他应付单	正	2016.12.31	夏天	2202	华夏彩电	50 000

4.与总账对账

应付款期初余额与总账应付款科目余额对账。

5.付款单据录入、审核制单

开具转账支票一张,金额50 000元,支付三林期初部分欠款。

(1)录入付款单。

(2)审核付款单,并生成凭证。

6.核销处理

用支付给三林的50 000元核销其期初应付款50 000元。

7.转账处理并生成凭证

经三方协商,将三林期初应付余款10 000元转给夏天。

(1)应付冲应付。

(2)生成凭证。

8.输出账套

将操作结果输出至"强化训练\第10章\X10_03"文件夹中。

实训4

在"强化训练\第10章"文件夹下新建一个文件夹,命名为X10_04。

以系统管理员admin的身份登录用友U8系统管理,引入"强化训练素材\第10章"文件夹下的账套文件Y10_04。

以2101账套主管的身份(密码为空)登录210账套,登录日期为"2017-01-01"。

1.设置基本科目

应付科目(本币):2202应付账款。
预付科目:1123预付账款。
采购科目:1401材料采购。

2.结算方式科目设置

结算方式:转账支票;币种:人民币;科目:100201。

3.录入应付期初余额

应付期初余额如表10-5所示。

表10-5 应付期初余额

单据名称	方向	单据日期	供应商	部门	科目编码	存货名称	数量(吨)	含税单价(元)	价税合计(元)
普通发票	正	2016.12.21	长风公司	采购部	2202	铜管	20	5 967	119 340
其他应付单	正	2016.12.21	长风公司	采购部	2202				660

4.与总账对账

应付款期初余额与总账应付款科目余额对账。

5.付款单据录入、审核制单

开具转账支票一张,金额100 000元,其中,80 000元用于支付长风公司期初部分欠款,20 000元用于作为预付材料订金。

(1)录入付款单。
(2)审核付款单,并生成凭证。

6.核销处理

用支付给长风公司的80 000元核销其期初应付款80 000元。

7.转账处理并生成凭证

用长风公司预付款20 000元冲销期初应付款20 000元。

(1)预付冲应付。
(2)生成凭证。

8.输出账套

将操作结果输出至"强化训练\第10章\X8_04"文件夹中。

实训5

在"强化训练\第10章"文件夹下新建一个文件夹，命名为X10_05。

以系统管理员admin的身份登录用友U8系统管理，引入"强化训练素材\第10章"文件夹下的账套文件Y10_05。

以2121账套主管的身份（密码为1）登录212账套，登录日期为"2017-01-01"。

1.设置基本科目

应付科目（本币）：2202应付账款。
预付科目（本币）：1123预付账款。
采购科目：1405库存商品。

2.结算方式科目设置

结算方式：电汇；币种：人民币；科目：100201。

3.录入应付期初余额

（1）采购专用发票。应付期初余额如表10-6所示。

表10-6 应付期初余额

单据名称	开票日期	供应商	部门	科目编码	存货名称	数量（个）	含税单价（元）	价税合计（元）
普通发票	2016.10.07	新秀	采购部	2202	单肩包	200	585	117 000

（2）其他应付单。
2016年10月7日，新秀箱包皮具有限公司为我公司代垫运费300元。
（3）预付款。
2016年12月1日，向新秀箱包皮具有限公司预付新品订金10 000元，电汇支付。

4.与总账对账

应付款期初余额与总账应付款科目余额对账。

5.付款单据录入、审核制单

以电汇方式向新秀支付货款100 000元，用于支付前欠货款117 000元中的部分货款。
（1）录入付款单。
（2）审核付款单，并生成凭证。

6.核销处理

将供应商新秀本次付款与部分期初应付款进行核销。

7.转账处理并生成凭证

将预付供应商新秀的10 000元冲销其期初应付款10 000元。

(1)预付冲应付。
(2)生成凭证。

8.输出账套

将操作结果输出至"强化训练\第10章\X10_05"文件夹中。

本章小结

本章向读者详细介绍了应付款管理系统的基本功能和应用流程，内容涵盖了客户管理、发票管理、付款管理等关键功能。紧接着，深入讲解了应付款管理系统的完整应用流程，从系统的初始化设置到日常业务的处理。

在系统初始化的部分，介绍了如何设置基本科目、结算方式，以及如何正确录入应付期初余额等关键操作。在系统的日常业务处理部分介绍了如何与总账进行对账、录入和审核付款单据、处理核销以及执行转账并生成相应的会计凭证。这些技能的掌握对于保障财务数据的完整性和准确性至关重要。

案例解析环节巧妙地将理论与实操结合起来，不仅巩固了读者对应付款管理系统的基础理论理解，还通过实践操作加强了日常业务处理能力的培养。

此外，强化实训部分进一步加深了学习效果，使读者能够从容地应对实际工作中的挑战。

课后习题

1.判断题

（1）应付单据输入后需经审核才能进行结算，审核人和制单人可以为同一人。（　）

（2）在收款或付款时，告知结算时使用的结算方式，系统就能自动生成该种结算方式所使用的会计科目。（　）

（3）完成全部应付款期初余额录入后，需要通过"对账"功能将应付系统期初余额与总账系统期初余额进行核对。（　）

2.简答题

（1）简述应付管理系统的业务处理流程。

（2）简述核销时存在的3种情况。

参考答案

第1章

1. 判断题

（1）√

（2）×

解析：一个账套可以设定多个账套主管。

（3）√

2. 简答题

略

第2章

1. 判断题

（1）√

（2）√

（3）×

解析：已使用的凭证类别不能删除，也不能修改类别字。

2. 简答题

略

第3章

1. 判断题

（1）√

（2）√

（3）×

解析：如果期初余额不平衡，可以填制凭证、审核凭证，但是不允许记账。

2. 简答题

略

第4章

1. 判断题

（1）×

解析：凭证记账后，期初余额变为"只读、浏览"状态后不能再修改。

（2）√

（3）×

解析：系统要求制单人和审核人不能是同一个人，因此在审核凭证前一定要先检查当前操作员是否就是制单人，如果是，则应该更换操作员。

2. 简答题

略

第5章

1. 判断题

（1）×

解析：不能在金额公式中录入百分数。例如，如果录入6％，系统会弹出"金额公式不合法：词或语法错误"的信息提示框。

（2）√

（3）×

解析：定义转账凭证时，一定要注意

凭证的生成顺序。例如，定义了结转销售成本、计算汇兑损益、结转期间损益、计提所得税、结转所得税等五张自动转账凭证，因为销售成本、汇兑损益是期间损益的一部分，所以一定要先生成结转销售成本、计算汇兑损益的凭证并复核记账后，才能生成结转期间损益的凭证；因为要依据本期利润计提所得税，所以一定要先生成结转期间损益的凭证并复核记账后，才能生成计提所得税的凭证；因为有了所得税费用才能结转所得税至本年利润，所以一定要先生成计提所得税的凭证并复核记账后才能生成结转所得税的凭证。因此，这五张凭证的顺序是结转销售成本→计算汇兑损益→结转期间损益→计提所得税→结转所得税，并且前一张凭证必须复核记账后才能继续生成后一张凭证。

2. 简答题
略

第6章

1. 判断题
（1）√
（2）√

2. 简答题
略

第7章

1. 判断题
（1）×

解析：QC期初余额；QM期末余额。

（2）√
（3）√

2. 简答题
略

第8章

1. 判断题
（1）√
（2）√
（3）×

解析：报表的输出包括报表的查询显示和打印输出，输出时可以针对报表格式输出，也可以针对某一特定表页输出。

2. 简答题
略

第9章

1. 判断题
（1）√
（2）×

解析：商业票据保存后，系统会自动生成一张收款单，但要经过审核后才能生成记账凭证。

（3）×

解析：收回坏账时，制单并不会受到系统选项"方向相反分录是否合并"选项的控制。

2. 简答题
略

第10章

1. 判断题
（1）×

解析：应付单据的审核人和制单人不能为同一人。

（2）√
（3）√

2. 简答题
略

参考文献

[1] 刘大斌，郑惠尹，何雨谦. 会计信息化实训教程. 财务链：用友U8 V10.1. 云实训 [M]. 2版. 北京：清华大学出版社，2021.

[2] 王新玲. 用友U8（V10.1）会计信息化应用教程：微课版 [M]. 3版. 北京：人民邮电出版社，2022.

[3] 孙洁，毛卫东. 会计信息化实务 [M]. 北京：北京大学出版社，2017.

[4] 沈国兴，肖红. 会计信息化认证教程 [M]. 北京：电子工业出版社，2018.

[5] 杜丽，杨高武. 会计电算化 [M]. 北京：北京理工大学出版社，2020.

[6] 钟俊. 会计电算化实务 [M]. 上海：立信会计出版社，2017.

[7] 邹波，卢淑玲. 会计电算化 [M]. 北京：中国原子能出版社，2019.

[8] 何干君，徐璟. 用友ERP-U8 V10.1 [M]. 北京：人民邮电出版社，2018.